Wissenswege als Kulturbrücken

Wissenschaften im Islam
(8.–16. Jahrhundert)

Impressum

144 Seiten mit 74 Abbildungen

Bibliografische Information der Deutschen Nationalbibliothek
Die Deutsche Nationalbibliothek verzeichnet diese Publikation in der
Deutschen Nationalbibliografie;
detaillierte bibliografische Daten sind im Internet über http://dnb.d-nb.de abrufbar.

© 2017 by Nünnerich-Asmus Verlag & Media GmbH, Mainz am Rhein

ISBN 978-3-961760-09-1
Lektorat: Verena Caspers, Rahel Richert
Gestaltung: Addvice, Mainz. Hans Jürgen Wiehr
Gestaltung Titelbild: Addvice, Mainz. Hans Jürgen Wiehr
Druck: Schleunungdruck GmbH

Ohne ausdrückliche Genehmigung des Verlages ist es auch nicht gestattet,
dieses Buch oder Teile daraus auf fotomechanischem Wege (Fotokopie, Mikrokopie)
zu vervielfältigen oder unter Verwendung elektronischer Systeme zu verarbeiten und zu verbreiten.

Printed by Nünnerich-Asmus Verlag & Media GmbH
Weitere Titel aus unserem Verlagsprogramm finden Sie unter: www.na-verlag.de

Inhaltsverzeichnis

Vorwort   M. Fansa, D. Quintern   4

Geschichtlicher Hintergrund
- Die arabisch-islamische Kultur des 8.–16. Jhs.
  und ihre Wege nach Europa   M. Fansa   7
- Stationen des Wissenstransfers von der Antike bis in die Neuzeit   M. Fansa   14

Die einzelnen Wissenschaften
- Frühe Enzyklopädisten:
  Die Lauteren Geschwister von Basra   D. Quintern   25
- Die arabisch-islamischen Naturwissenschaften des 8.–16. Jhs.
  und ihr Einfluss auf Europa   M. Fansa   33
- Der Einfluss der arabisch-islamischen Medizin
  auf das europäische Mittelalter   J. Mayer   41
- Seelen leiden, Seelen heilen – Psychologie als Prävention   D. Quintern   50
- Arabisch-islamische Philosophie: eine Brücke zwischen den Kulturen?   M. Turki   58
- Die Welt als Kugel und Karte –
  zur Geografie- und Kartografiegeschichte im frühen Islam   D. Quintern   67
- Arabische Geschichtsschreibung   D. Quintern   75
- Politik- und Sozialwissenschaft in der Blütezeit der
  arabisch-islamischen Kultur   M. Fansa   83
- Arabisches Kunsthandwerk in Europa
  von den Omayyaden bis zum Ende des Mittelalters   B. Pedde   90
- Theorie der Musik von al-Farabi   S. Ayadi   100

Rezeptionsgeschichte
- Auf- und Abstieg arabisch-islamischer Wissenschaften?   D. Quintern   115
- Mittler zwischen Orient und Okzident:
  der Kastilier Alfons X., „der Weise"   M. Walter   124
- Dürer und der Orient:
  die Rezeption orientalisch-arabischen Wissens in der Renaissance   A. Bettag   131

Anhang
- Die Autorinnen und Autoren   140
- Bildnachweis   144

Vorwort

Mamoun Fansa, Detlev Quintern

Zurzeit erleben Europa und die arabisch-islamische Welt eine Kulturkrise, die durch das Flüchtlingsproblem verschärft zu werden scheint. Rechtsradikal gerichtete politische Parteien und Gruppierungen, einige Publizisten in Frankreich, in den Niederlanden und einigen osteuropäischen Ländern sprechen von einer „Islamisierung des Abendlandes". Die Frage, ob der Islam zu Deutschland gehört oder nicht, gewinnt an Aktualität und bewegt die Gemüter in Deutschland, aber auch in vielen anderen Ländern Europas.

Die Gegner der These, dass der Islam zu Deutschland gehöre, argumentieren nur oberflächlich religionshistorisch und gehen auf die Gemeinsamkeiten der drei abrahamitischen Religionen nicht ein. Das kulturelle Leben in Deutschland sei aus der christlich-jüdischen Tradition erwachsen.

Man kann diese Argumentation hinterfragen: In welchem Maße ist das kulturelle Leben tatsächlich aus einer behaupteten „christlich-jüdischen" Tradition erwachsen? Belegbarer als eine solche Tradition sind zunächst sicherlich staatsphilosophische und zivilrechtliche Prinzipien aus der klassischen Antike oder die Erkenntnisse der Aufklärung, die gerade gegen viele Traditionen und Dogmen des christlichen Abendlandes durchgesetzt werden mussten. In Europa werden Staat und Religion strikt voneinander getrennt.

Vielen Vertretern dieser These ist offenbar entgangen, dass der Islam bereits etwa seit dem 8. Jh. mit unterschiedlicher Intensität das Leben des christlichen Abendlandes in Europa beeinflusst hat! Auf der iberischen Halbinsel (Al-Andalus) war er zudem über Jahrhunderte präsent.

Bei der historischen Betrachtung der Geschichte der Wissenschaft vom 8.–15. Jh. und der daraus hervorgegangenen Erkenntnisse, insbesondere aus dem Zeitalter der Renaissance, stellt man fest, dass in diesem Zeitabschnitt viele Leistungen und Erkenntnisse von den Europäern aus unterschiedlichen Zweigen der arabisch-islamischen Wissenschaften übernommen wurden.

Durch die herrschende Toleranz in der Blütezeit der Länder arabisch-islamischer Kultur konnten sich auch jüdische und christliche Wissenschaftler entfalten und zur Geisteswelt erheblich beitragen. Die Entwicklung der Geistes- und Naturwissenschaften, der Philosophie und Kultur in Mitteleuropa wäre ohne den Einfluss der arabisch-islamischen Wissenschaft des Mittelalters nicht in dieser Form vorstellbar. Hätte es zur Zeit der Hochblüte der arabisch-islamischen Kultur einen Nobelpreis gegeben, wären viele arabisch-islamische Wissenschaftler zu dieser Ehrung gekommen.

Die Betrachtung der Entwicklung der arabisch-islamischen Kultur und ihrer Verbindung nach Europa darf nicht nur auf die religiöse Ebene beschränkt bleiben, sondern die Gesamtheit dieser Kultur und ihr Einfluss auf die Menschheitsentwicklung, insbesondere auf das Europa in der Zeit vom 8.–16. Jh., ist beachtlich und muss Gegenstand der gegenwärtigen öffentlichen Diskussion werden.

Für das künftige friedliche Zusammenleben zwischen beiden Kulturkreisen, dem Orient und dem Okzident, ist die Betonung des gemeinsamen kulturellen Erbes, des positiven Austausches auf dem Wege der Wissenschaft in der großen historischen Vergangenheit beider Kulturwelten wichtig.

Nur auf dieser Basis des Wissens um die Entwicklung beider Lebenswelten und deren Schnittpunkt kann eine dauerhafte Verständigung auch zwischen den beiden religiösen Sphären möglich sein.

Ein erster Schritt wurde 2008 mit der Ausstellung "Ex Oriente Lux?" im Landesmuseum Natur und Mensch getan. In der von Mamoun Fansa herausgegebenen Publikation für diese Ausstellung wurde der Einfluss der Naturwissenschaft aus dem arabisch-islamischen Kulturkreis auf Europa ausführlich behandelt. Zahlreiche Wissenschaftler haben Themen wie Medizin, Physik, Chemie, Mathematik, Vermessung und Astronomie mit dem neuesten Stand der Forschung vorgestellt. Mit dem vorliegenden Band *Wissenswege als Kulturbrücken. Wissenschaften im Islam (8.–16. Jahrhundert)* möchten die Herausgeber v. a. den Einfluss der Geisteswissenschaft aus den arabisch-islamischen Kulturen auf Europa mit Beiträgen über Geographie, Geschichte, Literatur, Kunst, Philosophie und Musik behandeln. Einige Aspekte der Rezeptionsgeschichte sind ebenfalls berücksichtigt worden. Es gibt natürlich noch einige Themen mehr, wie z. B. die Architektur, die wir aus unterschiedlichen Gründen nicht aufgenommen haben.

Mit dieser Publikation möchten wir den Einfluss der Geistes- und Kulturwissenschaften der islamischen Welt einem breiten Publikum vorstellen, das nicht notwendigerweise in den Islamwissenschaften, der Orientalistik oder Arabistik beheimatet sein muss. Sie richtet sich ebenso an alle Interessierten, die ihre Kenntnisse über die Geschichte des Islam und seine Kulturentwicklung erweitern möchten.

Um den Leser nicht überzustrapazieren, haben wir bei Personen, Ortsnamen und Fachbegriffen auf die arabische Umschrift verzichtet.

Wir möchten allen Autoren für die Unterstützung unseres Vorhabens und für die kompetente Beteiligung herzlich danken. Ohne ihre Beiträge wäre diese Publikation viel ärmer gewesen. Auch gilt unser Dank dem Verlag Nünnerich-Asmus, Mainz, für die Aufnahme der Publikation in das Verlagsprogramm und für die gute Zusammenarbeit.

Mamoun Fansa August 2017, Berlin
Detlev Quintern August 2017, Istanbul

Geschichtlicher Hintergrund

Die arabisch-islamische Kultur des 8.–16. Jhs. und ihre Wege nach Europa

Mamoun Fansa

Gegenwart und Zukunft unserer Gesellschaft werden wesentlich durch wissenschaftliche Erkenntnisse, durch technische und geistige Innovationen, geprägt. Dies ist jedoch kein modernes Phänomen. Das Buch *Wissenswege als Kulturbrücken. Wissenschaften im Islam (8.–16. Jahrhundert)* möchte ausgewählte Themen aus der Geschichte und die Wege der Geistes- und Naturwissenschaften dieser Jahrhunderte behandeln. So kann der jüngeren Generation für die Zukunft das Zusammenleben in einer globalen und offenen Gesellschaft aufgezeigt werden.

Die drei Hauptziele unserer Vorhaben sind zum einen die Herausstellung des Dialogs zwischen Orient und Okzident in der Antike und im Mittelalter, womit verdeutlicht werden soll, welchen Beitrag der Orient zur Entwicklung der neuzeitlichen Wissenschaft geleistet hat, weiterhin die Wahrung der Interdisziplinarität, um disziplinübergreifende Wechselwirkungen herauszustellen und letztlich die Kontextualisierung, die Verortung des Fortschrittes auf naturwissenschaftlichem Gebiet im jeweiligen gesellschaftlichen, politischen, religiösen, philosophischen und sozialen Kontext.

Diese Publikation soll nicht nur aus Aufzeichnungen von Fakten und Daten natur- und geisteswissenschaftlicher Forschung bestehen. Vielmehr ist es uns ein Anliegen, den interessierten Lesern einen Einblick in die Einflüsse dieser Disziplinen auf die Geschichte der Menschheit zu geben. Die Anfänge der Wissenschaft von der Natur, so wie sie sich heute darstellen, reichen in eine Zeit noch vor der Entwicklung der Hochkulturen zurück. Die experimentelle Archäologie lehrt uns, dass die Auseinandersetzung mit der Natur seit Beginn der Entwicklung des *Homo sapiens sapiens* eine unabdingbare Voraussetzung zum Überleben ist. Dennoch lässt sich von einer Entwicklung der Naturwissenschaften in strengerem Sinn, getrennt von der Geschichte der Philosophie und der Geschichte des Handwerks, nicht von Beginn an sprechen. Die Anfänge der Naturwissenschaften entspringen aus zwei Quellen. Zum einen ist dies der Transfer von praktischen, empirischen Erfahrungen, die zunächst mündlich tradiert wurden und zum anderen ist dies der schriftliche Wissenstransfer, denn mit der Erfindung der Schrift wurde es erstmals möglich, Wissen in größerem Umfang zu bewahren und zu verbreiten.

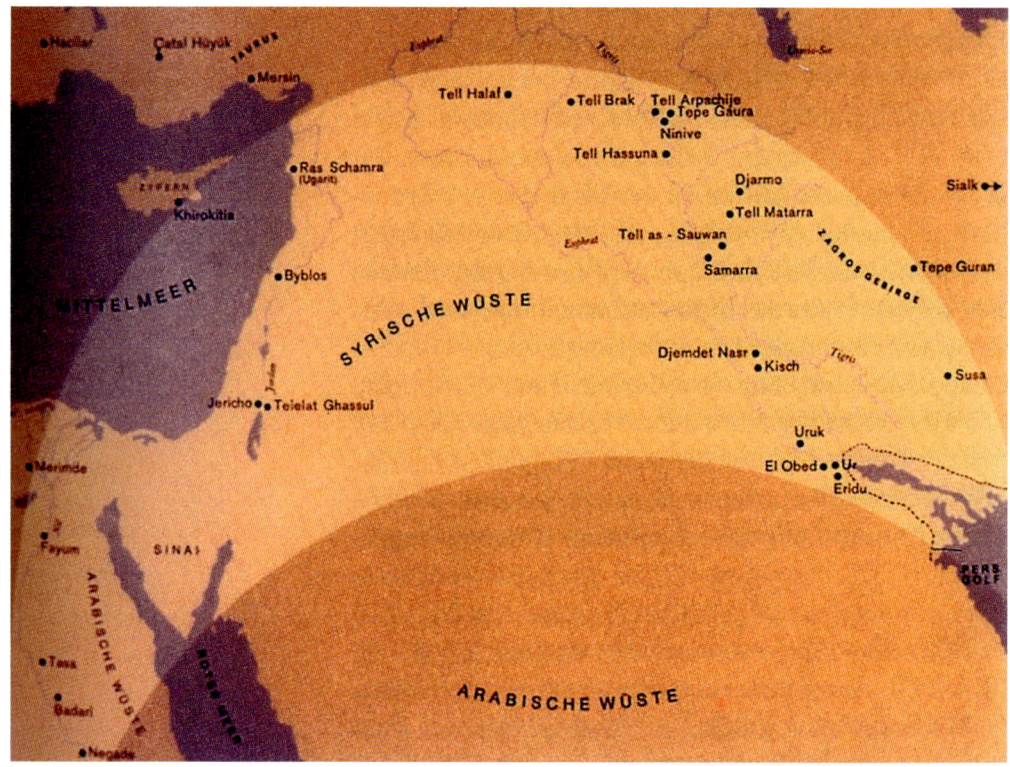

Abb. 1. Der fruchtbare Halbmond umfasst die Levante, das Zweistromland zwischen Euphrat und Tigris, den West-Iran und die ägyptische Halbinsel Sinai.

Eine der ersten und größten zivilisatorischen Leistungen der Menschheitsgeschichte – die Entdeckung und Entwicklung des Ackerbaus und der Viehzucht – stammen aus dem Orient. Für eine Zeit von vor über 10.000 Jahren wurde im sogenannten fruchtbaren Halbmond im anatolischen und vorderasiatischen Raum (Abb. 1) die erste Sesshaftigkeit mit allen dazugehörigen Merkmalen, wie z.B. die Züchtung von Haustieren, die Bestellung von Feldern, der Hausbau und die Anfertigung von Alltagsgerätschaften wie Keramik und besondere Werkzeuge für die Feldbearbeitung, nachgewiesen.

Mit der Sesshaftigkeit und der sogenannten neolithischen Revolution wurde die Grundlage für die Entstehung von Hochkulturen im vorderasiatischen und ägyptischen Raum, für die

Abb. 2. Fragment einer Tontafel mit einer Zeichnung der Babylonischen Weltkarte, 7./8. Jh. v. Chr.

Entstehung von Städten und letztlich auch für die Erfindung der Schrift geschaffen. Auch die Entstehung von Religionen ist von Bedeutung. Für die Zeit um 3000 v. Chr. sind in Mesopotamien erste größere Städte und Stadtstaaten archäologisch belegt (Abb. 2).

Um etwa 1000 v. Chr. entstand im südeuropäischen Raum eine Hochkultur, die eine Zeit lang parallel zu der mesopotamischen und ägyptischen Kultur existierte. Durch die Verschmelzung der Kultur der Antike im südeuropäischen Raum mit der vorderasiatischen und ägyptischen Hochkultur im 1. Jt. v. Chr. ist die Basis für die europäische humanistische Bildung gegeben. Zahlreiche neue Erkenntnisse erreichten den Okzident mit der Verbreitung des Christentums über den vorderasiatischen Raum, die anschließend in Mitteleuropa Wurzeln schlugen.

Durch die Ausbreitung des Islam und die relativ liberale Haltung der Herrscher in früheren Phasen der islamisch-arabischen Geschichte vom 8.–12. Jh., insbesondere in Spanien und in der Levante, konnten die naturwissenschaftlichen Erkenntnisse aus dem griechischen über den arabischen in den mitteleuropäischen Raum gelangen. Mit den arabisch-islamischen wissenschaftlichen Aktivitäten wird eine Brücke für die Vermittlung des vorderasiatischen Wissens nach Europa geschlagen.

„Auf vier Säulen ruht die Welt, auf dem Wissen der Weisen, der Gerechtigkeit der Großen, dem Gebet der Gerechten und dem Mut der Tapferen." Diese Inschrift war über dem Eingang aller Universitäten des maurischen Spanien zu lesen. Das Wissen steht an erster Stelle. In mehreren Koranversen wurden die Menschen immer wieder motiviert, sich Wissen anzueignen. So ist in den Hadith zu lesen: „Die Tinte der Gelehrten ist kostbarer als das Blut der Märtyrer." Und auch an anderen Stellen werden die Gläubigen angehalten, nach Wissen zu streben. „Strebe nach dem Wissen und wenn das in China ist", heißt es in einem anderen Hadith. Diese religiösen Gebote haben dazu beigetragen, dass Muslime in den ersten Phasen der Entstehung des Islam im Vorderen Orient das Wissen der klassischen Antike studiert, die Schriften übersetzt und sie als Basis für weiterführende Forschungen genutzt haben (Abb. 3).

Abb. 3. Eine Seite aus der Ibn al-Dschazzar-Handschrift über Heilpflanzen. Der Verfasser lebte zwischen 899 und 979.

Die Rolle der arabischen Sprache in der Wissenschaft und Kulturvermittlung

Eine große Rolle im Wissenstransfer innerhalb der arabisch-islamischen Welt spielte die einheitliche Sprache. Das Arabische etablierte sich als Sprache der Wissenschaft in einem Raum, der sich zwischen dem Vorderen Orient, Nordafrika und Spanien erstreckte.

Zwischen dem 9. und dem 12. Jh. wurden mehr philosophische, medizinische, historische, religiöse, astronomische und geographische Werke auf Arabisch hervorgebracht als in jeder anderen Sprache. Dies ist jedoch nicht allein als Leistung der Araber zu werten, es war das Werk von Völkern verschiedener Provenienz, die der Islam zu einer geistigen und übernationalen Einheit verschmolzen hat. In der islamischen Kultur sind die Spuren der Völker, die an dem gemeinsamen Werk gearbeitet haben, unschwer zu erkennen. Diese Vielfalt in der Einheit ist wohl auch der Magie der arabischen Sprache zu verdanken.

Die Rolle der Sprache ist auch im Bereich der Erziehung nicht zu unterschätzen. Arabisch wurde im Laufe der Jahrhunderte – wie das Lateinische im christlichen Mittelalter – nicht nur eine Kultursprache, sondern auch eine Sprache für Vermittlung von Wissen auf unterschiedlichen Ebenen in allen islamischen Ländern. Die arabische Sprache hat darüber hinaus auch die Sprachen der islamischen Gemeinden im Fernen Osten beeinflusst (Abb. 4).

Die Blütezeit der islamisch-arabischen Kultur

Die Anfänge der islamischen Kultur gehen auf das 7. Jh. mit der Eroberung des Vorderen Orients durch die Muslime zurück. Dort waren die griechische und römische Kultur vom Verfall bedroht. Byzanz versuchte, die Tradition Athens und Roms fortzusetzen, aber durch die Auseinandersetzung mit dem persischen Gegner konnten diese Kulturschätze nicht vollständig bewahrt werden.

Auf den Befehl von Theodosios II. wurde die Bibliothek von Alexandria verbrannt. Zenon schloss 489 die berühmte Schule von Edessa, die seit dem 2. Jh. die syrische Sprache und die altgriechische Kultur über den ganzen Orient verbreitet hatte. Kaiser Justinian ordnete die Schließung der platonischen Schule von Athen an.

Viele Philosophen und Naturwissenschaftler zogen nach Persien. Dort konnten sie aufgrund der Toleranz der Herrscher in völliger Freiheit ungestört ihre Arbeit fortsetzen. Insbesondere beschäftigten sie sich mit den Quellen der Antike und deren Übertragung ins Syrische oder Arabische. Dank der Leistung dieser Gelehrten konnten die Araber nach der Eroberung Syriens und Persiens diese Quellen nutzen. Die Eroberer des Vorderen Orients wurden die eifrigen Schüler ihrer neuen Untertanen. Sie ließen zuerst die orientalischen Übersetzungen und dann die Originaltexte der griechischen Autoren, die noch nicht ins Syrische oder Chaldäische übersetzt waren, ins Arabische übertragen.

Abb. 4. Eine Seite aus dem Buch al-Zij al-Kabir al-Hakimi *über Astronomie. Die Handschrift stammt aus dem 10. Jh.*

Die ersten Kalifen der Omayyaden gaben den Anstoß für die Anfänge der islamischen Kultur in Vorderasien. Sie unterstützten die vorhandenen Talente, ohne zwischen ihrer Herkunft oder ihrer Religion zu unterscheiden. Es wirkten zahlreiche christliche und jüdische Gelehrte und Dichter in der Verwaltung und Lehre. Durch den Einfluss dieser heterogenen Bevölkerung und der diversen religiösen Strömungen erlebten Kunst und Kultur einen besonderen Aufschwung. Der Kalif Abd al-Malik (646–705) ist bekannt für die Förderung der Kunst und insbesondere der Architektur und Literatur. Er war selbst Dichter und auf ihn geht der Bau der Omar-Moschee in Jerusalem zurück. Sein Sohn al-Walid I. (688–715) sorgte für die Ausbreitung des Islams nach Indien und China im Osten und nach Nordafrika bis nach Marokko. In seiner Regierungszeit wurde die Omayyaden-Moschee von Damaskus erbaut.

Die Blütezeit der islamischen Kultur im Vorderen Orient fällt in die Regierungszeiten von Harun ar-Rashid (786–809), einem der ersten Abbasidenkalifen, und seinem Sohn al-Ma'mun, in der Mitte des 9. Jhs. Nach der Ausbreitung und der Konsolidierung des islamischen Reichs begann mit den Abbasiden von Bagdad eine Phase des Kulturaufbaus, die gekennzeichnet ist von einer regen Beschäftigung mit unterschiedlichen geistes- und naturwissenschaftlichen Disziplinen. Die Herrschaft der Abbasiden von Bagdad (750–1258) und der Omayyaden von Spanien (755–1492) ist ein Höhepunkt der islamischen Kultur. Bagdad und Córdoba waren Kulturzentren der islamischen Welt und sorgten für die Verbreitung von Wissen nach Ost und West. Die Gründung des *Bait al-hikma* (Haus der Weisheit) in Bagdad im Jahre 830 durch den Kalifen al-Ma'mun (813–833) war ein bedeutendes Ereignis des Mittelalters im Vorderen Orient. Die Rolle, die diese Institution – zugleich Akademie, Bibliothek und Übersetzungsbüro – bei der Übermittlung der Hinterlassenschaft der Antike an den Okzident spielte, kann kaum überschätzt werden. Christliche, jüdische, arabische und islamische Gelehrte dieser Schule widmeten sich v. a. den Studien des *Wissens der Fremden*, denn so wurden die Werke von Platon, Aristoteles, Galen von Pergamon, Hippokrates und anderen bezeichnet.

Der Einfluss der Schule von Bagdad war bis in das 15. Jh. spürbar. Sie leistete zum einen durch die Rettung des Wissens der Antike und zum anderen durch die Weiterentwicklung einen unschätzbaren Dienst für die kommenden Generationen. Die Gelehrten der Schule von Bagdad haben es nicht bei der Übersetzung belassen, sondern sie haben auch neue Ansätze in den Geistes- und Naturwissenschaften entwickelt. Bagdad übernahm gewissermaßen die Aufgabe der Schule von Alexandria. Auf allen Wissenschaftsebenen wurden eigene Beiträge und unzählige technische Erfindungen und Untersuchungsmethoden erarbeitet.

Auch die wissenschaftlichen Leistungen in Zentral- und Kleinasien dürfen an dieser Stelle nicht vergessen werden, so z. B. im Iran, in der Türkei und im Großreich der Mogulen in Indien. Als Beispiele für frühe Wissenszentren sind Städte wie Samarkand, Buchara und Herat zu nennen. In diesen Städten wurden die Wissenschaften gepflegt und großartige Leistungen sowohl in der Geistes- als auch in der Naturwissenschaft erbracht. Man darf die hervorragende Leistung der berühmten persischen Dynastie der Safawiden, die die Geschichte des alten persischen Königreichs mit neuem Glanz überstrahlt, nicht vergessen. Ebenfalls darf die Bedeutung des osmanischen Reichs im späten Mittelalter in unterschiedlichen Wissenschaftsbereichen nicht vernachlässigt werden. Das osmanische Reich war zwischen dem 16. und 19. Jh. eines der kultiviertesten Länder der Welt. Der Herrscher Süleyman der Prächtige (ca. 1495–1566) zählte zu den mächtigsten

Herrschern seiner Zeit. Er war ein feinsinniger Dichter und ein freigiebiger Mäzen von Dichtern und Künstlern. Zu seiner Zeit sind zahlreiche Bücher über die Natur, die Rechtswissenschaft sowie viele literarische Werke in arabischer, persischer und türkischer Sprachen veröffentlicht worden. Die Prachtbauten von Konstantinopel sind in der frühen Phase der türkischen Herrschaft entstanden. Türkische, byzantinische und italienische Kultur verschmelzen im Kern des osmanischen Reichs.

Die Wege der Vermittlung der islamischen Kultur nach Europa

Spanien verdankt den Arabern seinen unvergleichlichen kulturellen und materiellen Aufschwung vom 9. bis zum 12. Jh., als die islamische Universität Andalus die intellektuelle Elite der westlichen Welt ausbildete. Die Araber waren es, die die islamische Kultur von Spanien und vom Maghreb auch nach Sizilien und Süditalien transportierten.

Die Wege der Ausbreitung des Wissens von der islamischen Welt nach Europa sind umstritten und vielfach diskutiert worden. Die Begegnung der islamischen und christlichen Kulturen zur Zeit der Kreuzzüge hat sicherlich einiges dazu beigetragen. Trotz dieses unbarmherzigen Kampfes, trotz beiderseitiger Intoleranz und beiderseitigem Hass sind wissenschaftliche Erkenntnisse vom Orient in den Okzident gelangt.

Der kulturelle Austausch, der in der ersten Phase der maurischen Kultur in Spanien friedlich stattgefunden hat, hat durch die Kreuzfahreraktivitäten sehr stark gelitten.

Europa verdankt aber den Kreuzzügen viele Elemente der materiellen Kultur der islamischen Welt. 200 Jahre Beherrschung des Vorderen Orients durch die Kreuzfahrer – eine Phase, die auch von friedlichen Abschnitten gekennzeichnet ist – und die Kontakte zur islamischen Kultur haben fruchtbare Ergebnisse erbracht. Viele Christen haben hautnah das soziale und kulturelle Leben der Muslime miterlebt. In der Folge der Kreuzzüge erscheinen orientalische Erzeugnisse in großen Mengen auf den europäischen Märkten. Landwirtschaft, Industrie und Gewerbe übernahmen die neuen Methoden, die im Orient genutzt wurden. Die Wirtschaft Westeuropas wurde hierdurch maßgeblich verändert und weiterentwickelt. Der Handel erfuhr einen Aufschwung. Südfrankreich und die italienischen Städte haben von dieser Entwicklung im Mittelmeerhandel profitiert. Aus dem Orient lernten die Europäer verschiedene Stoffwebarten kennen, die Samtweberei, die Herstellung von Gold- und Silberbrokat und leichten Stoffen wie Musselin. Auch die Herstellung von orientalischen Teppichen hat in Europa Einzug gehalten. Venedig war kurz nach der Kreuzfahrerzeit ein Zentrum des Glasblasens und Kristallschleifens geworden. Die Kunst der Herstellung von Papier ist ebenfalls eine Folge der Kontakte mit der orientalischen Welt.

Der Dialog zwischen islamischem Orient und christlichem Europa ist in größerem Maße auf den Handel und auf die Pilgerfahrten zurückzuführen. Der Handel im Mittelalter, sowohl zu Land als auch zur See, war in der Blütezeit der islamischen Kultur am Mittelmeer gut entwickelt. Von den Häfen Siziliens, Südspaniens und Südfrankreichs ausgehend gelangte die islamisch-arabische Kultur nach Mitteleuropa. Die regen Kontakte zwischen den christlichen Spaniern und den maurischen Arabern in Spanien waren so ausgeprägt, dass die arabische Sprache in dieser Region als Sprache der Wissenschaft verwendet wurde. Die Gründung der Übersetzungs- und Wissenschaftsschule von Toledo 1130 gilt als Fortsetzung des Hauses der Weisheit

Mamoun Fansa

von Bagdad auf der Iberischen Halbinsel (Abb. 5). Die Arbeit der Übersetzer von Toledo und ihrer Kollegen in Bagdad, Sizilien und Neapel lieferte den Gelehrten Europas die lateinische Übersetzung der Werke der arabischen Astronomie, Mathematik, Medizin, Chemie und Botanik. Diese Übersetzungen dienten dem Aufbau dieser Wissenschaften in Europa.

Der Ruf der muslimischen wissenschaftlichen Institutionen in Andalusien zog die geistige Elite der westlichen Welt dorthin und nicht wenige auch nach Sizilien und Süditalien. Gerber d'Aurillac – ein bemerkenswerter Gelehrter des 10. Jhs. unter dem französischen Papst Sylvester II. – hat in Toledo an der muslimischen Universität das Studium der Mathematik, Astronomie, Chemie und anderer Fächer absolviert. Zahlreiche französische, englische, deutsche und italienische Wissenschaftler zwischen dem 10. und 13. Jh. haben sich für längere Zeit an der maurischen Universität in Spanien aufgehalten. Südfrankreich lag über 50 Jahre unter dem sarazenischen Einfluss und hat von der Nähe zu Spanien stark profitiert. Spuren dieses Einflusses in Südfrankreich lassen sich anhand der zahlreich vorhandenen Hinterlassenschaften des islamischen Einflusses, wie z.B. an den Bewässerungssystemen arabischer Machart erkennen.

Auch nach dem Abzug der Araber aus Südfrankreich und Spanien blieb der arabische Wissenschaftseinfluss bestehen. In diesem Zusammenhang darf die Rolle jüdischer Gelehrter in der Vermittlung und Entwicklung von neuen Erkenntnissen im südeuropäischen Raum nicht vernachlässigt werden. Sie dienten zum Teil als Vermittler zwischen islamischer und christlicher Kultur. Der tiefgreifende Einfluss der arabischen Theologie auf die mittelalterlichen *Scholae* wurde v. a. durch die von Juden angefertigten Übersetzungen vermittelt.

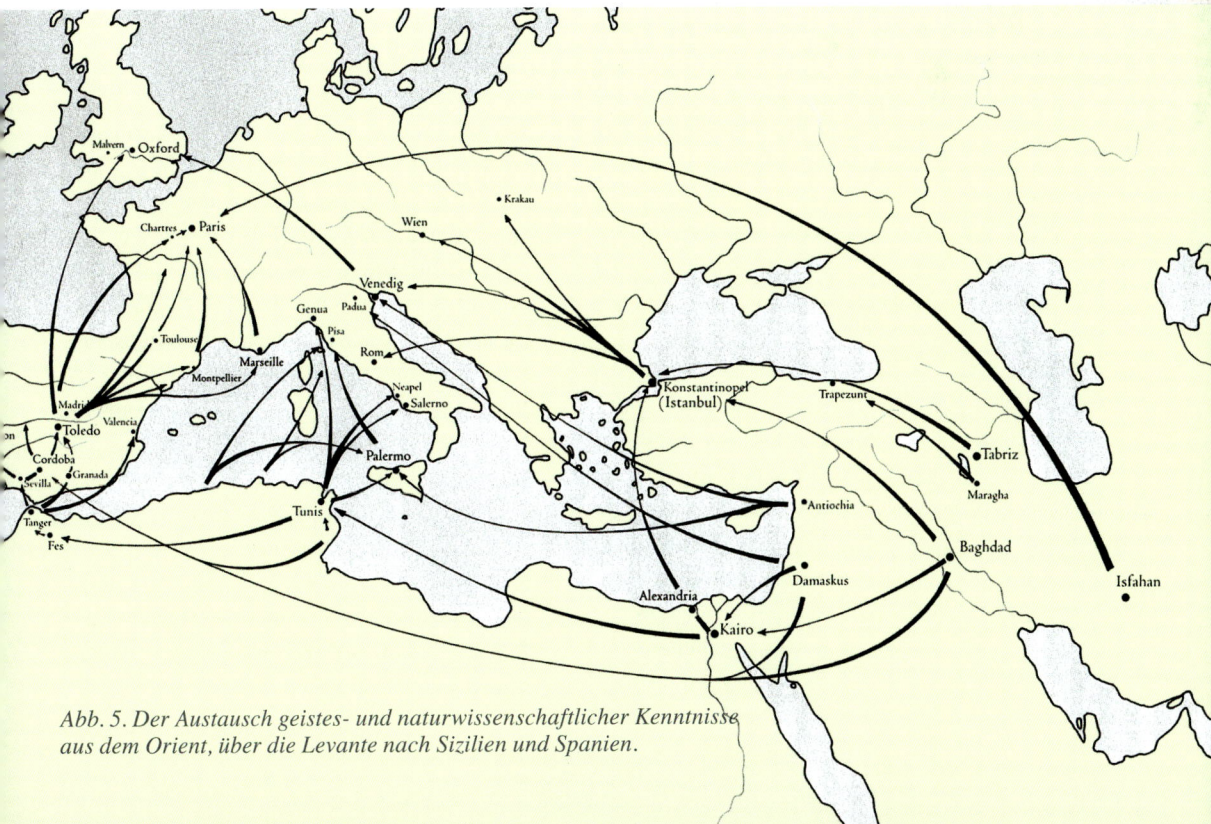

Abb. 5. Der Austausch geistes- und naturwissenschaftlicher Kenntnisse aus dem Orient, über die Levante nach Sizilien und Spanien.

Stationen des Wissenstransfers von der Antike bis in die Neuzeit

Mamoun Fansa

Die Wege der Wissenschaft aus dem Orient nach Europa sind verschlungen. Ich möchte den Lesern die Wege und Stationen vom Vorderen Orient und Ägypten über Kleinasien und das antike Europa in die arabisch-islamische Welt des hohen Mittelalters und über die Levante, Spanien und Sizilien zurück ins spätmittelalterliche und frühneuzeitliche Europa aufzeigen.

Ex oriente lux – Dieser Ausspruch bezieht sich nicht allein auf die Blütezeit der arabisch-islamischen Wissenschaften im Mittelalter, sondern auch auf die Anfänge der Naturwissenschaften im Vorderen Orient. Als im ausgehenden 4. Jt. v. Chr. die Keilschrift entstand, entwickelte sich eine frühe mediale Gesellschaft. Heute zeugen Zehntausende von Tontäfelchen und zahlreiche Überreste umfangreicher Bibliotheken von dieser ersten Wissenskultur. Die Wissensvernetzung, oftmals als Kennzeichen der multimedialen, globalisierten Welt des ausgehenden 20. und 21. Jhs. betrachtet, ist keine Erscheinung der Gegenwart. Schon das antike Griechenland profitierte stark von den ägyptischen und babylonischen Wissenschaften. Waren die Ursprünge der mathematischen oder astronomischen Kenntnisse für die antiken Wissenschaftler noch präsent und genoss zu dieser Zeit die altorientalische Gelehrtenkultur noch höchstes Prestige, so verlor sich das Wissen um die Wurzeln der Naturwissenschaften in den sogenannten Keilschriftkulturen auf ihrem Weg von der Antike in das christliche Abendland. Zwar rückten der Vordere Orient und damit auch die vorderasiatischen Naturwissenschaften seit dem 19. Jh. durch die Entzifferung der Keilschrift wieder ins Bewusstsein der Forschung, doch wird das Bild dieser Wissensgesellschaft durch die Vorstellung geprägt, dass die altorientalischen Kulturen ein im Wesentlichen mystisch-esoterisches Wissen besaßen oder allenfalls lexikalische Listen anfertigten. Nur wenige wissen, dass beispielsweise die 360-Grad-Einteilung des Kreises, oder die Unterteilung der Stunde in 60 Minuten, im Alten Orient entwickelt wurden. Um 3200 v. Chr. war die Relation zwischen dem Sonnenjahr und dem Mondjahr genau bekannt. Außer den vier Grundrechenarten kannten die Mesopotamier auch das Ziehen von Quadrat- und Kubikwurzeln und, obgleich es nicht zur Formulierung des Theorems kam, wurde der Satz des Pythagoras in der Praxis angewandt. Die ersten Schritte auf dem Weg von der rein beobachtenden zur prognostischen Astronomie waren gemacht (Abb 1).

Abb. 1. Als Grundlage für die arabisch-islamischen Wissenschaften dienten griechische und lateinische Quellen. Das Bild zeigt, wie man den Astrolab bedient, um die Höhe der Himmelskörper zu messen und so die Tageszeiten zu bestimmen.

Antike Gelehrte, die entweder selbst aus Kleinasien stammten oder die sich auf Studienreisen umfangreiches Wissen angeeignet hatten, brachten ihre Kenntnisse mit nach Europa. Im antiken Griechenland waren seit dem 6. vorchristlichen Jh. mit der Schrift, die sich im 8. Jh. aus der phönizischen entwickelt hatte, und mit dem Papyrus bzw. der Buchrolle als Beschreibstoff die Voraussetzungen für die Entstehung einer Fachliteratur, für eine umfangreiche Forschungstätigkeit und für die Wissensdistribution vorhanden. Der Buchhandel florierte, Kopisten fertigten Privatabschriften an und Bibliotheken wurden eingerichtet, zunächst rein für den privaten Gebrauch, dann auch für breitere Leserkreise wie z.B. die Schüler an der berühmten Schule des Aristoteles. Zu den bedeutendsten Bibliotheken der Antike zählt sicherlich die von Alexandria.

Die Gründung der berühmten Bibliothek von Alexandria wird in den Quellen teils dem ersten Ptolemäer, teils Ptolemaios II. Philadelphos zugesprochen. Große Summen wurden ausgegeben, um Bücher zu kaufen. Die Angaben über die Anzahl der aufbewahrten Schriftrollen schwanken. Es dürften in den ersten Jahrhunderten aber wohl um die 500.000 gewesen sein. Es wird berichtet, dass alle Schiffe, die in Alexandria anlegten, ihre mitgeführten Schriftrollen abgeben mussten, welche von Schreibern der Bibliothek kopiert wurden. Anschließend wurden diese Kopien den Eigentümern zurückgegeben, während die Originale im Besitz der Bibliothek blieben. Bibliothekare klassifizierten und unterteilten die Bücher, erstellten Abschriften und versahen Texte mit Anmerkungen. Der Benutzung dienten vorgelagerte Säulenhallen, den Zusammenkünften der Gelehrten ein großer Saal (*oikos*). Die Bibliothek stand der Öffentlichkeit nicht zur Verfügung, sondern sie war ausschließlich für die Mitglieder des *Museions* und der Königsfamilie bestimmt. Einem weiteren Benutzer- bzw. Gelehrtenkreis zugänglich war hingegen die von Ptolemaios II. Philadelphos gegründete Bibliothek im Serapeion, die in einem anderen Stadtteil, im ursprünglichen ägyptischen Viertel Rhakotis, lag und in der Mitte des 3. Jhs. v. Chr. 42.800 Rollen besessen haben soll, bei denen es sich wahrscheinlich um Kopien von Werken aus der „großen" Bibliothek handelte. Die Werke wurden nicht nur kopiert, sondern auch kommentiert und ins Griechische und Lateinische übersetzt.

In der Spätantike begannen Übersetzungen ins Lateinische, um 400 n. Chr. schwanden die Griechischkenntnisse, die vormals selbstverständlich für die römische Oberschicht waren. Nach dem Zusammenbruch des Weströmischen Reiches am Ende des 5. Jhs. befand sich Europa in einer schweren Krise. Die Etablierung stabiler Herrschaften war ein langwieriger Prozess. Im Bereich der Naturwissenschaften zeigte sich diese Krise im Westen v. a. daran, dass die Bindung an die antike Bildung verloren ging. Während sich Bereiche wie die Rechtsphilosophie oder die Geschichtsschreibung in Europa im Laufe der Jahrhunderte etablieren konnten, verloren Arithmetik, Geometrie oder Astronomie zunehmend an Bedeutung. Seit dem 9. Jh. arbeiteten Gelehrte zwischen Indien und Spanien auf allen Gebieten der Wissenschaften, in einer Gesellschaft, die vom Islam geprägt und durch die arabische Sprache verbunden war. In einer ersten Phase wurden vorislamische, indische, persische und griechische Kenntnisse gesammelt, übersetzt und kompiliert und auf diese Weise eine Basis für eine souveräne, kritische und eigenständige Forschung geschaffen. Ausgebaute Handelswege und Reiserouten und nicht zuletzt das Arabische als verbindende Sprache sorgten für einen umfangreichen Wissens- und Schriftentransfer. Fördernd wirkte sich ebenfalls das positive Verständnis von Wissenschaft aus. Nach islamischer Auffassung ist die Schöpfung sichtbare Manifestation des Göttlichen. So wurde die naturwissenschaftliche Forschung auch von den Kalifenhöfen großzügig gefördert. Die zweite Phase zwischen dem 11. und 13. Jh. kann als wahre Blütezeit der arabisch-islamischen Wissenschaften betrachtet werden. Lange Zeit wurde der Orient in Europa nur als Bewahrer antiken Wissens geschätzt. Zahlreiche Beispiele belegen jedoch, dass das arabisch-islamische Mittelalter eine Periode reger kreativer und eigenständiger Forschung war. Über Spanien, Sizilien, Byzanz und die Levante gelangten antike und arabische naturwissenschaftliche Kenntnisse nach Europa. Im 13. bis 15. Jh. entstanden fast im gesamten christlichen Abendland Übersetzungen und Kompilationen arabischer Quellen, zu den Hauptübersetzungszentren gehörten Toledo und Salerno. In der zweiten Hälfte des 11. Jhs. waren die ersten europäischen Universitäten gegründet worden. Vorreiter waren Bologna und Salerno, die auch in den folgenden Jahrhunderten den Ruf vergleichsweise progressiver und liberaler Bildungsstätten bewahrten. Das Verhältnis des lateinischen Westens zu dem gewaltigen arabisch-islamischen Wissensfundus war durchaus ambivalent. Zwar galt es einerseits, die unübersehbar überlegenen arabischen Wissenschaften in den christlich-lateinischen Lehrkanon zu integrieren, andererseits aber auch, die geistig-kulturelle Abhängigkeit von den Leistungen der Araber zu verschleiern. Mit dem Aufstieg des Osmanischen Reiches hatte die herausragende Phase arabisch-islamischer Wissenschaften ihren Zenit überschritten. Im 16. Jh. wurde Europa hingegen von einer Stimmung des Aufbruchs beherrscht, was zu einem neuen Interesse an den Naturwissenschaften und zu einer Periode reger Forschung führte. Es war eine ereignisreiche Zeit. Entdeckungsreisen nach Amerika und Indien, die erste Weltumseglung, ließen die Welt groß und unbegrenzt in ihren Möglichkeiten erscheinen, schufen gleichzeitig aber auch technische Bedürfnisse. Humanismus und Renaissance sorgten für eine Erweiterung auch des geistigen Horizonts. Durch die Reformation wurde der religiöse Alleinanspruch der katholischen Kirche in Frage gestellt. Im Bereich des Handels und Gewerbes ist eine umfangreiche wirtschaftliche Konjunktur festzustellen. Der Buchdruck war seit seiner Erfindung einen solchen Siegeszug angetreten, dass im 16. Jh. über 200.000 Titel in

Deutschland gedruckt wurden. Wissenschaftliche Kenntnisse erfuhren so eine rasche und flächendeckende Verbreitung. Dies sind einige der Faktoren, die dazu beitrugen, dass das Interesse an den Naturwissenschaften beträchtlich anstieg. Allmählich begannen die Naturwissenschaften sich in einigen Bereichen von den alten Autoritäten zu lösen. Empirische Forschung und das Experiment hielten langsam, aber stetig Einzug in die Wissenschaften.

Der Ursprung der Akademien liegt im 15. Jh. 1433 formierte sich in Neapel eine Vereinigung humanistisch gebildeter Wissenschaftler, 1474 folgte eine weitere in Florenz. Namensgebend für diese Gelehrtengesellschaften waren die antiken griechischen Philosophenschulen. Im Verlauf des 17. Jhs. schließlich traten die Akademien ihren Siegeszug in ganz Europa an. Zu den berühmtesten zählt wohl die durch Richelieu im Jahr 1634 ins Leben gerufene Académie française. Ihre Mitglieder waren exzellente Vertreter der jeweiligen Fachdisziplinen sowie hochgebildete Dilettanten. Die Gründung der Akademien bedeutete für die Entwicklung der Natur- und Geisteswissenschaften einen großen Sprung nach vorne – hin zu neuen, modernen Organisationsformen. Einen ebenfalls großen Beitrag leisteten die Salons, private gesellschaftliche Treffpunkte, in denen Lesungen abgehalten wurden, in denen diskutiert und auch experimentiert wurde.

Im Folgenden sollen ausgewählte Orte und Regionen behandelt werden, die bei der Verbreitung des Wissens aus dem Orient nach Europa eine Rolle spielten. Die Auswahl beleuchtet die historische kulturelle Entwicklung im Orient und stellt auch Orte vor, über die das Wissen in Europa aufgenommen, ergänzt und weiterverbreitet wurde. Die wichtigsten Zentren waren Alexandria für die Antike, Bagdad und Córdoba für den arabisch-islamischen Kulturraum, Florenz und Paris für den europäischen Raum.

Alexandria

In der Regierungszeit der ersten Ptolemäerherrscher wurde in Alexandria das *Museion*, ein Forschungsinstitut, gegründet. Seine Mitglieder wurden vom König ernannt. Durch diesen starken Einfluss der Monarchen

Abb. 2. Stadtplan von Alexandria. Der Plan gibt die Situation von der Gründung bis 300 n. Chr. wieder. Archäologisches Institut Trier, Inv. Nr. 1997, 6B, G. Grimm. Zeichnung: Ulrike Denis.

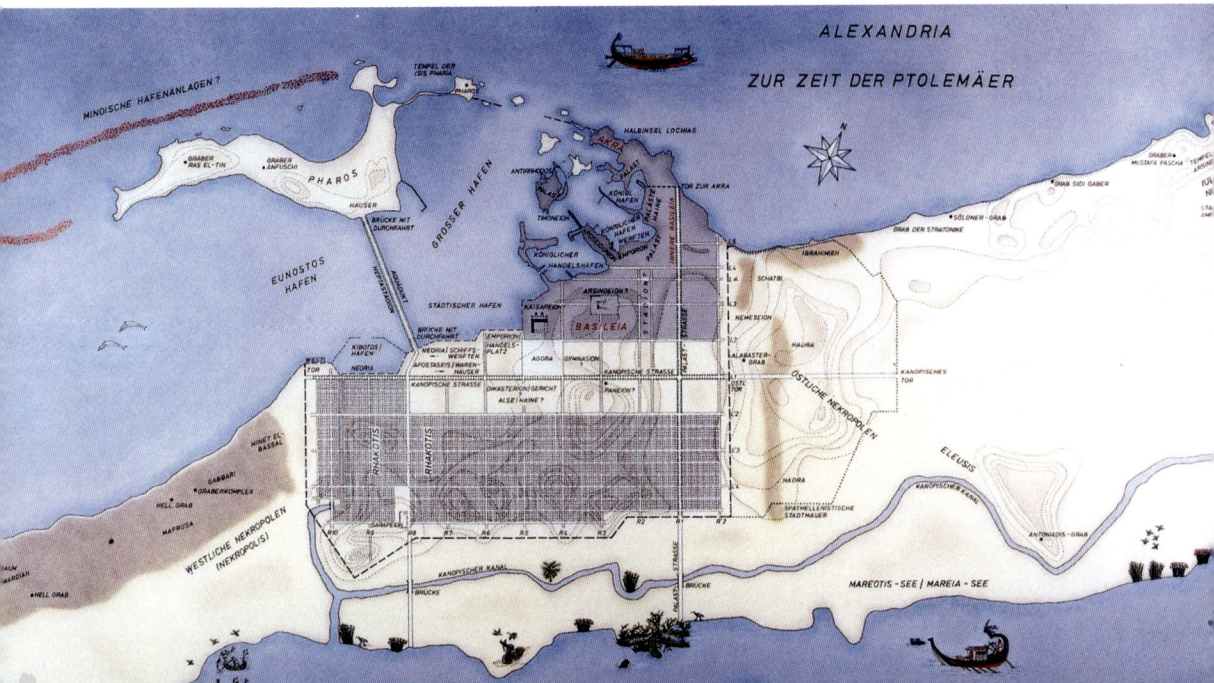

auf die Auswahl der Mitglieder und durch die königliche Förderung unterschied sich diese Institution gravierend von anderen griechischen Einrichtungen, wie z.B. den berühmten Schulen von Platon oder dem Peripatos in Athen. Die Wissenschaft hörte auf, die private Domäne der Philosophen zu sein. Die Forscher am *Museion* wurden mit großzügigen Privilegien ausgestattet: Sie erhielten freie Kost und Logis, ein festes Gehalt und genossen Steuerfreiheit. Alexandria wurde zu einem frühen, überregional bedeutsamen Wissenszentrum. Gefördert wurde am *Museion* das systematische Studium der Philologie, v. a. Homer. Erforscht wurde auch der geschichtliche und geographische Hintergrund der Dichtungen. Die Philosophie hingegen blieb auch weiterhin in Athen beheimatet. Am *Museion* waren sowohl Bibliothekare, Dichter und Philologen beschäftigt als auch Naturwissenschaftler. Alle wichtigen Naturwissenschaften, so die Mathematik, die Medizin, die Astronomie, die Geographie und die Mechanik waren vertreten. Mit der Bibliothek bestand die wichtigste Voraussetzung für eine kontinuierliche wissenschaftliche Forschung. Zu den berühmtesten Forschern zählen wohl Heron, Euklid, Eratosthenes und Archimedes (Abb. 2).

Wo innerhalb Alexandrias das *Museion* lag, ist nicht genau geklärt. Vermutlich gehör-

Abb. 3. Bagdad, Residenzstadt des Kalifen Harun ar Raschid. Stich aus der Reisebeschreibung des Adam Olearius.

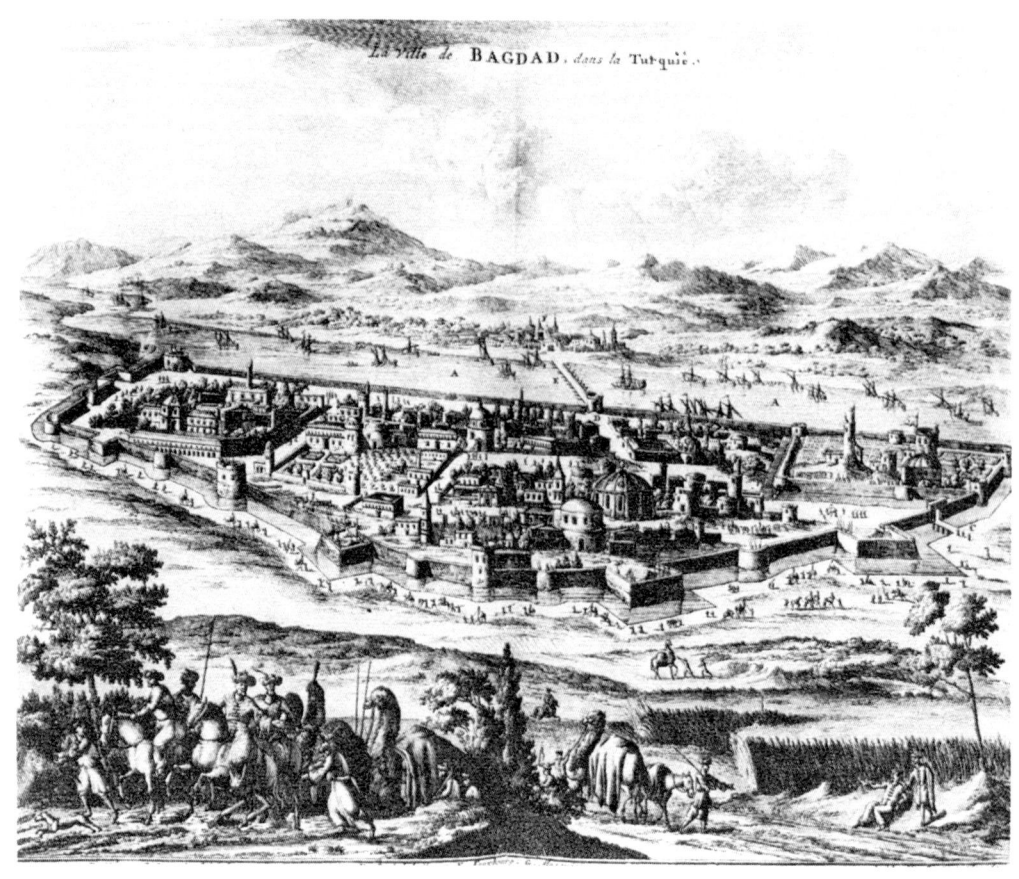

te es zum Palastbezirk und befand sich in unmittelbarer Nähe zur Bibliothek. Die höchste Blüte des *Museions* fällt in seine Frühzeit unter Ptolemaios II. und III. Seit Augustus übernahmen die römischen Kaiser die Fürsorge für das *Museion*. Unter den Unruhen des Jahres 216 n. Chr. litt es schwer. Die Gebäude wurden 269/70 n. Chr. oder 273 n. Chr. unter Aurelian zerstört, doch ging der Unterricht wohl im Serapeion weiter. Dieses wurde 389 n. Chr. zerstört. Das letzte namentlich bekannte Mitglied ist Theon, der Vater der berühmten Mathematikerin Hypatia.

Bagdad

Während im westlichen Europa das Interesse an den antiken Naturwissenschaften stetig abnahm, wuchs im Orient das Interesse der abbasidischen Kalifen, die durch die militärischen Eroberungen in Kontakt mit anderen Kulturen und ihrem schriftlich niedergelegten und mündlich tradierten Wissensschatz gekommen sind, an den geistigen Hinterlassenschaften der Antike (Abb. 3). So beginnt ab der Mitte des 8. Jhs. eine rege und systematische Förderung der Wissenschaften. Mit dem Kalifen al-Ma'mun, von dem berichtet wird, ihm sei Aristoteles im Traum erschienen, wird in Bagdad der Grundstein für den Aufbau eines bedeutsamen, überregionalen Forschungszentrums in der arabisch-islamischen Welt gelegt (Abb. 4). Es bestand im islamischen Reich eine große Vielfalt an Völkern, Sprachen, Kulturen. Viele Ärzte und Gelehrte der islamischen Welt waren Christen, Juden, Sabier, Zoroastrier, die Herkunft aus dem arabisch-islamischen Kulturkreis heißt nicht, dass die bedeutenden Vertreter allesamt Muslime waren. Beginnend mit der ersten großen islamischen Expansionswelle erwuchs ein gewaltiger Kulturraum, der von Persien über Kleinasien und den Maghreb bis nach Spanien und Sizilien reichte und in dem ein Klima religiöser und kultureller Toleranz herrschte.

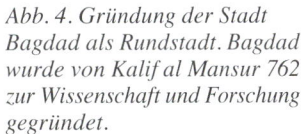

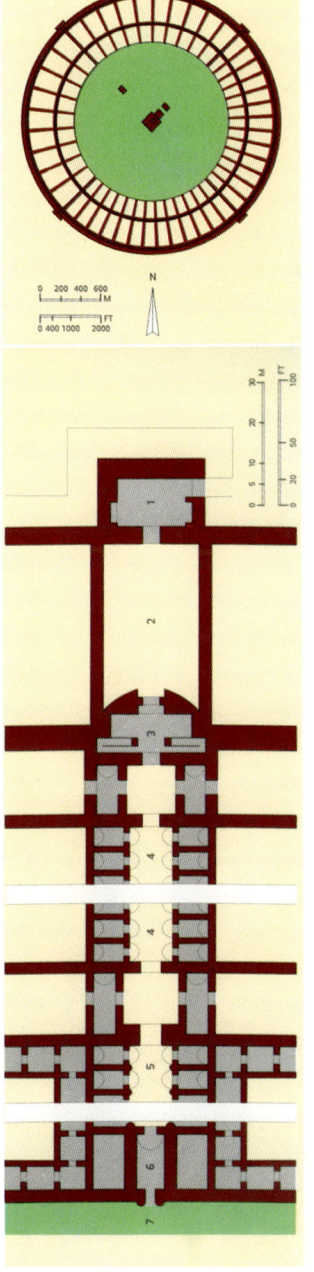

Abb. 4. Gründung der Stadt Bagdad als Rundstadt. Bagdad wurde von Kalif al Mansur 762 zur Wissenschaft und Forschung gegründet.

Im Bagdader *Bait al-hikma*, dem Haus der Weisheit wurden zahllose wissenschaftliche Übersetzungen angefertigt, die griechische Texte, z. T. erst ins Syrische, dann ins Arabische übertrugen. Eine eigene Übersetzerschule gründete im Bagdad des 9. Jhs. der nestorianische Christ Hunain ibn Ishaq, in der er, zusammen mit seinem Sohn und seinem Neffen, Übersetzungen von 129 Galen-Handschriften ins Arabische oder ins Syrisch-Aramäische anfertigte. Dabei legte er Wert darauf, dass

Stationen des Wissenstransfers 19

die Werke nicht mehr – wie bislang üblich – Wort für Wort, sondern den Gesamtsinn erfassend übertragen werden. Zudem schuf er zahllose prägnante Fachbegriffe. Die geistige Regheit Bagdads zog auch Gelehrte der berühmten iranischen Übersetzerschule von Gundischapur an: Philosophen, Geographen, Astronomen, Ärzte und Mathematiker versammelten sich am Hof der Kalifen. Zu der Wissensverbreitung trug maßgeblich die Einführung des Papiers, einem leicht und günstig herzustellenden Beschreibstoff, bei. Auf dem *Suq al-Warraqin*, dem Bagdader Papier- und Büchermarkt, reihten sich vermutlich an die 100 Papiergeschäfte aneinander, zumeist von Lehrern oder Schriftstellern betrieben. Viele davon waren kleine Wissenschafts- und Literaturzentren. Es ist anzunehmen, dass die Papiergeschäfte wie private, kleine Forschungsbibliotheken funktioniert haben. Das Arabische wird zur Sprache der Intellektuellen des Vorderen Orients (Abb. 5).

Al-Andalus

Im 8. Jh. begann die islamische Eroberung Spaniens. Im Mai 756 konnte Prinz Abd ar-Rahman Córdoba einnehmen, das in der Folgezeit eine immer stärkere islamische Prägung erfuhr. Unter seinen Nachfolgern wurde der Hof von Córdoba immer stärker den orientalischen Residenzen von Bagdad und Samarra angeglichen und zur *„Heimat der Wissens- und Vernunftbegabten"*, wie der islamische Historiker Ibn Bassam die Stadt nannte (Abb. 6). Abd ar-Rahman II.

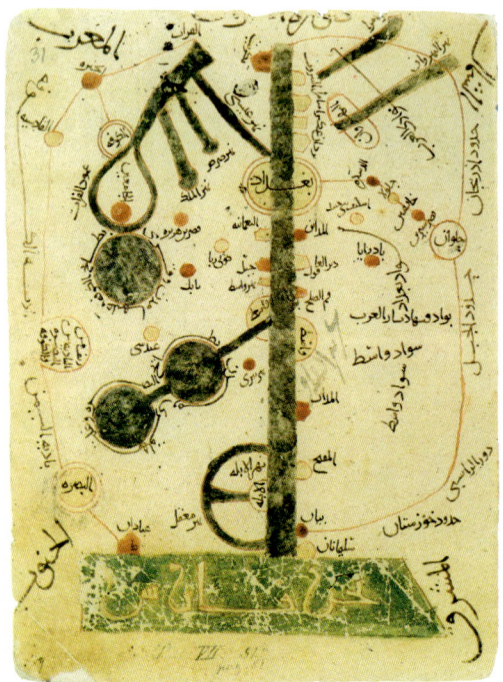

Abb. 5. Karte vom südlichen Teil Iraks. Bagdad ist im Zentrum der Karte zu sehen.

(822–856) förderte die intensive Beschäftigung mit der Poesie sowie der Musik, und er begann mit dem Ankauf gelehrter Schriften sowie Übersetzungen aus dem Griechischen und Indischen. Eine geschickte Steuerpolitik und umfassende Verwaltungsmaßnahmen machten Córdoba zu einem lebendigen Wirtschafts- und Kulturzentrum; im Jahr 936 wurde mit dem Bau der Medina az-Zahra begonnen, einer Palaststadt, in der zahlreiche Dichter und Gelehrte ansässig wurden. Dem Kalifen al-Hakam II. (961–976) und seinem persönlichen Engagement ist es zu verdanken, dass in Córdoba eine Bibliothek angelegt wurde, die 400.000 Bücher umfasst haben soll. Die Forschungen im Bereich der Naturwissenschaften, die Geographie, die Astronomie, die Medizin, die Mathematik und Vermessungstechnik wurden intensiv gefördert. Übersetzungen wurden häufig in direkter Zusammenarbeit christlicher, jüdischer und muslimischer Gelehrter angefertigt. Al-Hakam II. soll selbst mit Hilfe von Agenten neu entstehende Werke und Kompendien im Orient angekauft und zum Teil auch mit eigenen Kommentaren versehen haben. Neben Córdoba, das im 11. Jh. durch die Berber zerstört wurde, wurden auch Toledo, Pamplona, Barcelona, Tarazona und León zu Wissenszentren ausgebaut (Abb. 7).

Abb. 6. „Tabula Rogeriana", 1154 von al-Idrisi im Auftrag König Rogers II. von Sizilien angefertigt. Sie ist, wie bei arabischen Karten üblich, gesüdet.

Stationen des Wissenstransfers

Abb. 7. Christen und Muslime spielen gemeinsam Schach. Das spanische Schachzabelbuch des Königs Alfons des Weisen (1283).

So wurde das maurische Spanien zu einem Einfallstor naturwissenschaftlichen Wissens nach Europa. Eine weitere bedeutende Rolle spielten das sarazenische Sizilien sowie die Levante.

Florenz

Nach dem Ende der Stauferherrschaft (Friedrich Barbarossa, Friedrich II.) im 13. Jh. verlagerte sich der kulturelle Schwerpunkt von Oberitalien und Sizilien auf die mittelitalienischen Stadtstaaten. An den Universitäten trafen Gelehrte und Wissenschaftler aus ganz Europa zusammen. Gerade im Bereich der Medizin und der Naturwissenschaften gaben toskanische Universitäten und Forschungseinrichtungen wichtige Forschungsimpulse.

Die Naturforschung und die Medizin waren intensiv mit der Entwicklung der Universitäten verbunden. In Oberitalien und der Toskana entstanden Universitäten in Arezzo (1215), Neapel (1224), Florenz (1321), Siena (1322) und Pisa (1339). In der Renaissance entstanden zudem zahlreiche gelehrte Gesellschaften, die sich in ihrer ersten Phase v. a. für historische, theologische und philosophische Themen interessierten. Unter diesen gelehrtkünstlerischen Akademien zählte die im 15. Jh. gegründete Platonische Akademie in Florenz wohl zu den bedeutendsten. Mit der Er-

Abb. 8. Stadtansicht von Florenz aus dem Liber Chronicarum *des H. Schedel von 1493 in Nürnberg. Bild aus: Mori, Attilo und Boffito, Giuseppe:* Firenze nelle vedute e piante. *Firenze 1926, Seite 25. Es handelt sich um einen Holzschnitt, mit südwestlichem Blick auf die Stadt.*

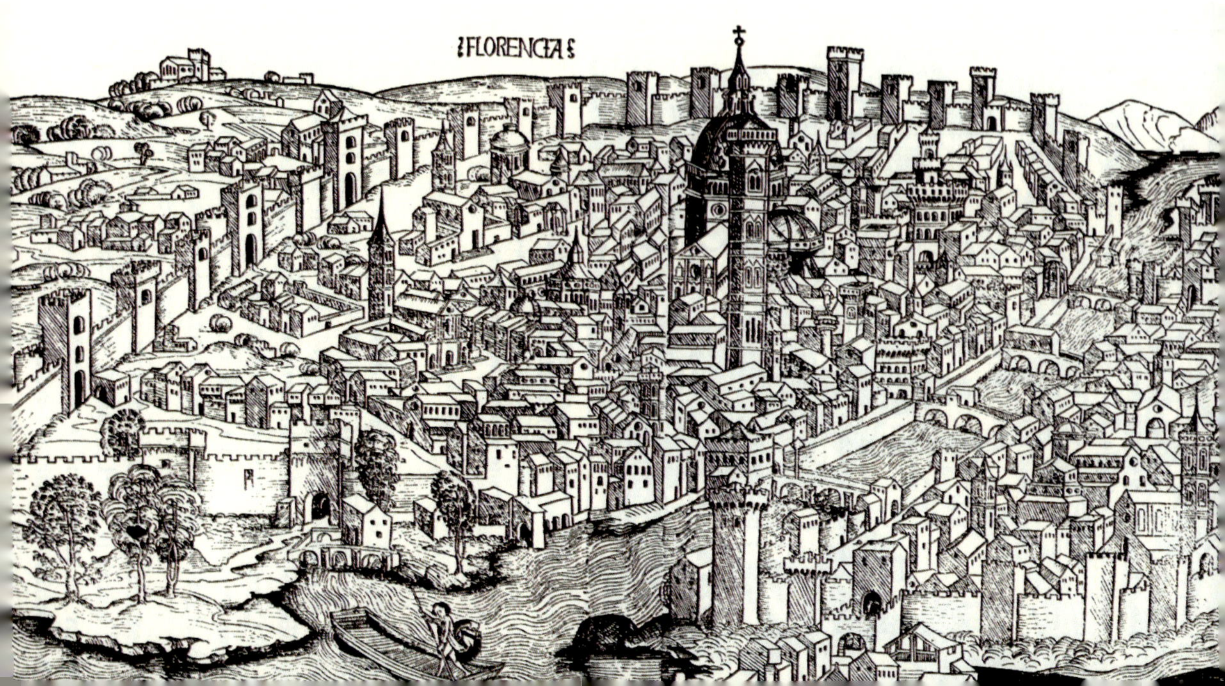

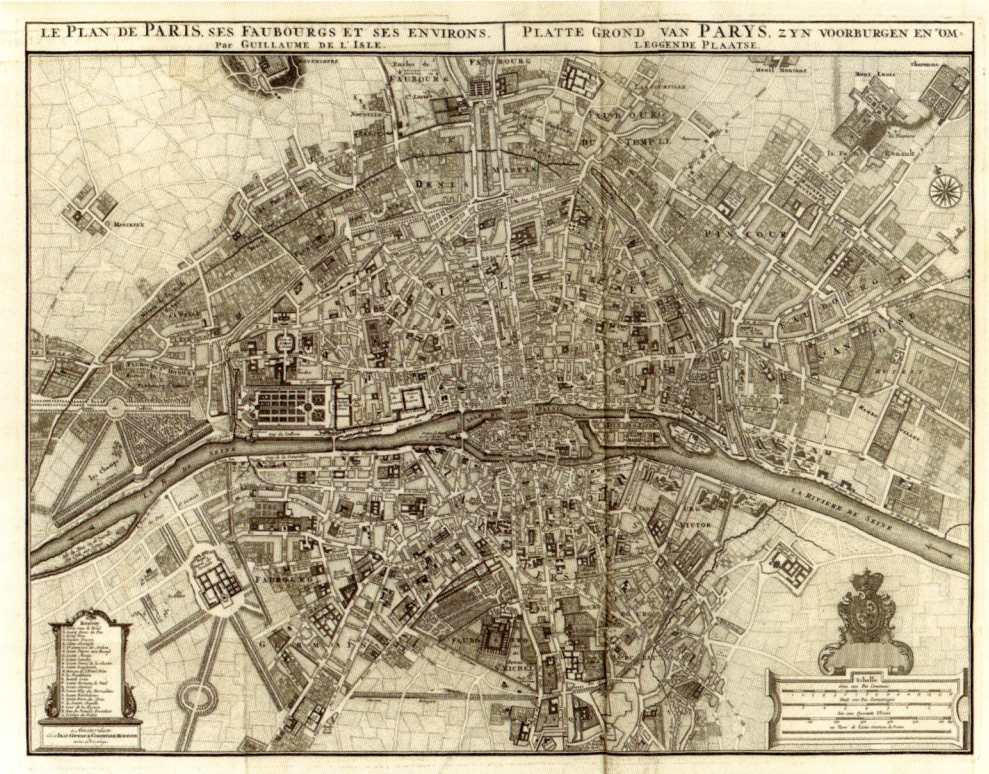

Abb. 9. Stadtplan von Paris aus dem 18. Jh.

findung des Buchdrucks im 15. Jh. veränderte sich auch die literarische Produktivität und die internationale Verbindung der Gelehrten Europas: Zahlreiche Texte erschienen als Druck und konnten damit viel einfacher, schneller und in größerer Anzahl verbreitet werden. Ebenso erschienen viele Werke erstmals in der Volkssprache und wurden damit einem größeren Publikum zugänglich gemacht (Abb. 8).

Paris

Die Beschäftigung mit wissenschaftlichen Fragestellungen ist eine wesentliche Aktivität des modernen Menschen im Paris der 1770er-Jahre. Privatpersonen, bürgerliche wie adelige, verfügten über entsprechende Gerätschaften; in den Salons wurden neben Lesungen und philosophischen Diskussionen auch naturwissenschaftliche Experimente durch- oder vorgeführt. Es gibt eine Vielzahl von Demonstratoren, die Vorführungen der bekanntesten werden in Reiseführern aufgelistet. Ein wichtiger Aspekt der Kultur bestand in der eigenen Auseinandersetzung mit naturwissenschaftlichen Erkenntnissen, sei es in Experimenten oder im Diskurs über Ergebnisse (Abb. 9 und 10).

Abb. 10. Stadtansicht Paris, Mitte des 18. Jhs.

Stationen des Wissenstransfers 23

Die einzelnen Wissenschaften

„Das Unglück der Wissenschaft ist die Vergessenheit"
(Arabische Spruchweisheit)

Frühe Enzyklopädisten: Die Lauteren Geschwister von Basra

Detlev Quintern

Das Unglück der Vergesslichkeit der Wissenschaft stellt sich nicht zuletzt auch als ein Problem der Wissenschafts- und Ideengeschichte dar. Das wird besonders dann deutlich, wenn es um mögliche historische Bezüge der europäischen Aufklärung geht, die sich auf nicht-europäische Entwicklungspfade, hier arabisch-islamische, zurückführen lassen. Die französischen Enzyklopädisten, darunter Denis Diderot (1713–1784), gelten gemeinhin als Mitbegründer einer sich gegen kirchliche Dogmen-Herrschaft bahnbrechenden Wissenschaft. Die *Encyclopédie ou Dictionnaire raisonné des sciences, des arts et des métiers* erschien seit 1751; der letzte und 35. Band 1780. An dem monumentalen Werk hatten bekannte Namen der französischen Aufklärung wie Montesquieu, Voltaire und Jean-Jacques Rousseau mitgewirkt.

Im Jahr 1857 publizierte der Wiener Orientalist Joseph von Hammer-Purgstall seine *Fortsetzung der Auszüge aus enzyklopädischen Werken der Araber, Perser und Türken.*[1] Darin wiedergegeben ist auch die siebte Abhandlung zur Einteilung der Wissenschaften von Ihwan as-Safa, einem Gelehrtenkollegium, das um die Mitte des 10. Jhs. eine umfangreiche Enzyklopädie der Wissenschaften geschrieben hatte: „*1. die humanistischen, 2. die positiven Gesetzeswissenschaften, 3. die mathematischen, 4. die logischen, 5. die physischen, 6. die metaphysischen ….*"[2]

Abb. 1. Der Mediziner und Philosoph ar-Razi in Gerhard Cremonas Übersetzung Sammlung medizinischer Abhandlungen, *Mitte des 13. Jhs.*

Für Hammer-Purgstall war es kein Problem, den Terminus Humanismus im Kontext arabischer und islamisch geprägter Wissenschaften zu gebrauchen.

Der Orientalist Friedrich Dieterici – er übersetzte seit der zweiten Hälfte des 19. Jhs. philosophische Werke aus dem Arabischen, darunter das Korpus Ihwan as-Safa, in das Deutsche – schrieb einleitend zu einem der Bände:

„*Die Enzyklopädisten Diderot, d'Alembert, Maupertius, Grimm, Hollbach, hatten alle jenen großartigen Zug, den Drang des Wissens dem Ursprung nach zu, ein Ringen nach Einheit. Die Einzelheit der Wissenschaft gewann Leben in Bezug auf ihre Allgemeinheit.*"[3]

Dieterici gab seiner Übersetzung den Titel *Darwinismus bei den Arabern im 9. und 10. Jahrhundert*. Im weiteren Verlauf seiner Ausführungen wird der Bezug der europäischen Aufklärung zum Werk von Ihwan as-Safa deutlich; dieses erscheint zunächst enzyklopädisch aufgebaut, verwebt jedoch die einzelnen Disziplinen viel stärker zu einem einheitlichen Wissensfeld, als es in den europäischen Enzyklopädien der Fall ist. Es beinhaltet zudem eine Theorie der Entfaltung des Lebens, welche an Darwins Lehre der Evolution erinnert, aber auch Unterschiede aufweist, wie wir im weiteren Verlauf sehen werden. Unabhängig davon können wir von einer frühen Aufklärung sprechen, die ihre Anfänge unter den Abbasiden im ausgehenden 8. Jh. hatte. Bagdad stieg von da an rasch zu einer globalen Wissens- und Kulturmetropole auf, von der aus die Frühaufklärung in das weitere Asien, Afrika und nach Europa ausstrahlte.

Ihwan as-Safa, die lauteren Geschwister von Basra – sie wirkten an verschiedenen Orten, v. a. auf dem Boden des heutigen Iraks und Syriens – zählen zu den herausragenden Vertretern dieser frühen Aufklärung. Der vollständige Name des Kollegiums lautet *Die lauteren Brüder, Freunde der Treue und der Gerechtigkeit, Söhne der Bescheidenheit und der Dankbarkeit*. Die älteste erhaltene Handschrift ist die in der Istanbuler Bibliothek bewahrte *Atif Efendi 1681*, die von Fuat Sezgin jüngst als Faksimile herausgegeben wurde.[4]

Den Namen Ihwan as-Safa finden wir bereits in der Tierfabel *Kalila wa Dimna* von Ibn al-Muqaffa (st. 756), geschrieben um die Mitte des 8. Jhs., wahrscheinlich in

Abb. 2. Die Maus, vom Raben beobachtet, befreit die Tauben aus dem Netz. Illustration der Tierfabel Kalila wa Dimna *des Ibn al-Muqaffa.*

Bagdad. Der Name bezieht sich auf das vorbildliche und solidarische Verhalten einer Gemeinschaft von Tieren, die angesichts der unnachgiebigen Nachstellung eines Jägers zusammenstehen und sich gegenseitig helfen. Auf diese Weise gelingt es den Tieren immer wieder, sich aus den Fängen und Fallen des Jägers zu befreien und so ihre Gemeinschaft zu vergrößern. Nachdem der Jäger die Jagd aufgegeben hat, leben die Tiere an einem Teich in Frieden und Eintracht fern menschlicher Ansiedlungen. Auch diese arabische Tierfabel erfreute sich prominenter Rezeption in den frühen Keimen der französischen Aufklärung. Der Schriftsteller Jean de la Fontaine (1621–1695) widmete die Fabel *Le Corbeau, la Gazelle, la Tortue et le Rat* seiner geliebten Patronin Marguerite Heissen, Madame de la Salabière.[5]

Abb. 3. *Männliche und weibliche Taube. Illustration der Tierfabel* Kalila wa Dimna *des Ibn al-Muqaffa.*

Ihwan as-Safa hatten sich aller Wahrscheinlichkeit nach in ihrem Selbstverständnis auf die Fabel von der Ringeltaube aus der Sammlung von Ibn al-Muqaffa bezogen und sich deshalb als *Brüder der Lauterkeit* (Ihwan as-Safa) bezeichnet. Da sich nicht mit aller Gewissheit sagen lässt, dass es sich bei dem Kollektiv ausschließlich um Männer handelte – genaue Kenntnisse der Embryologie und der Schwangerschaftsstadien lassen vermuten, dass Frauen wenn sie nicht im Kollektiv mitwirkten, diesem zumindest nahe gestanden hatten – ist die Bezeichnung Geschwister vorzuziehen. Zudem erlaubt eine Übersetzung von *Safa'* Sinnverschiebungen.[6] Am geeignetsten erscheint eine Übersetzung mit „aufrichtig", also wird im Folgenden stehen: *Die aufrechten Geschwister*.

Über die personale Zusammensetzung des Autorenkollektives wissen wir wenig, v. a. auch nicht, warum sich dieses der Anonymität bediente, um eine umfangreiche Enzyklopädie zu verfassen. Lediglich der Literat und Philosoph Abu Hayyan al-Tawhidi (923–1023) nennt uns einige Namen: az-Zangani, an-Nahraguri, al-Aufi, al-Busti, genannt al-Maqdisi.[7]

Verschiedene Autoren sehen in al-Maqdisi den Autor der Enzyklopädie – eine Frage, die hier nicht weiter ausgeführt werden soll.[8] In dem von Tauhidi wiedergegebenen Streitgespräch unterstreicht al-Maqdisi die Integration von Philosophie und Religion: „*Wir haben indes Philosophie und Religionsgesetz zusammengefügt, weil die Philosophie das Religionsgesetz anerkennt, obwohl diese sie verneint.*"[9]

Ihwan as-Safa gehören zu den Wegbereitern für einen lang anhaltenden Streit, in dem sich Philosophie und Religion wechselseitig beflügeln oder eben gegenseitig ausschließen sollten. Der Disput erstreckte sich über Ibn Sina/Avicenna (980–1037) gegen al-Ghazali (1058–1111), gegen Ibn Rushd/Averroes (1126–1198) und fand schließlich seinen Widerhall in der europäischen Scholastik, darunter bei Thomas von Aquin (1224/6–1274), der sich zum Sieger über Avicenna und Averroes erklären ließ. Noch Kants (1724–1804) Scheidung von

Erfahrungswissen und rationalem Glauben erinnert an den langen Streit. Erst Karl Marx wird einen Bruch mit Religion vollziehen, die er in Anlehnung an Hegel als Opium für das Volk brandmarkt; seine Philosophie zählt mit Sicherheit zu den radikalsten Strömungen der europäischen Aufklärung. Und er ist am ehesten mit dem radikalen Denker Abu Bakr ar-Razi (854–925) vergleichbar, dem an anderer Stelle in diesem Band Aufmerksamkeit zukommt.

Gebrauch zu machen. Nun höre ich aber von allen Seiten rufen: räsonniert nicht!"[10]

Schon Ihwan as-Safa hatten jegliche Autoritätshörigkeit (*taqlid*) abgelehnt,[11] war doch die menschliche Vernunft die alleinige Richtschnur, wie im Folgenden zu zeigen sein wird. Als hätte sich der Streit knapp 700 Jahre später wiederholt, ist es schon al-Gariri, der Widersacher von al-Maqdisi, den dieser auffordert, einzugestehen, dass *„dieses Religionsgesetz ganz ohne Fehler, unerschütter-*

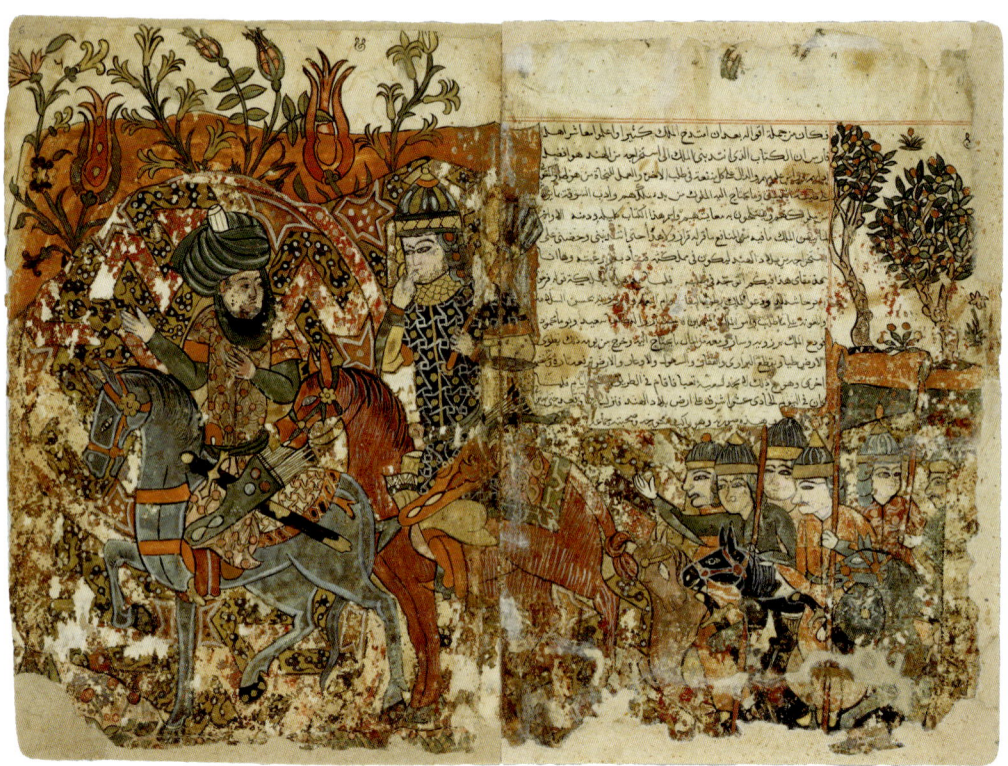

Abb. 4. *Illustration der Tierfabel* Kalila wa Dimna *des Ibn al-Muqaffa.*

Kant fasste sein Verständnis der Aufklärung, gleich seiner Schrift *Was ist Aufklärung?*, folgendermaßen auf: „*Zu dieser Aufklärung aber wird nichts erfordert als Freiheit; und zwar die unschädlichste unter allem, was nur Freiheit heißen mag, nämlich die: von seiner Vernunft in allen Stücken öffentlichen*

lich fest und existent ist, dass es daran keinen Zweifel und Verdacht gibt, dass es ohne Auslegung und Verfälschung, ohne Erklärung und Täuschung auskommt."[12] Es scheint als habe schließlich der Philosoph Sulaiman al-Mantiqi schlichtend in die Debatte eingegriffen:

„*Wer sich mit der Philosophie beschäftigen will, muss sich in seinen Überlegungen von der Religion abwenden. Wer das religiöse Bekenntnis erwählt hat, muss bei seiner Beschäftigung die Philosophie beiseitelassen und sich mit beiden Dingen getrennt an zwei verschiedenen Orten unter verschiedenartigen Umständen schmücken.*"[13]

Die aufrechten Geschwister folgten dabei der von Vernunft geleiteten Schule; der rational abgeleitete Beweis (*al-burhan*) war der Prophetie und den Religionsgesetzen übergeordnet. Im Zusammenhang mit der Embryologie des menschlichen Lebens diskutierten Ihwan as-Safa die Grenzen des sinnlichen und erfahrungsbasierten, aber auch prophetischen Wissens. So kann vom ausgewachsenen Menschen nicht rein sinnlich auf seine embryonale Entwicklung geschlossen werden.[14] Nur die höchsten Stufen rationaler Erkenntnis machen Wissen über die Evolution des Seins in seiner Bewegung von Zeit und Raum möglich. Hier stoßen auch Glauben und Prophetie schnell an ihre Grenzen, was auch für den Propheten Muhammad gilt, „der", wie es bei Dieterici heißt, „*so fleißig auf dem Felde der Liebe pflügte, mögen wir es ihm wohl verzeihen, wenn er in seiner aufgeregten Phantasie bei Tage von dem oft sprach, was ihn bei Nacht besonders beschäftigte. Im heiligen Koran spielt die Nutfe, der Samentropfen, eine gar große Rolle. Mit besonderer Vorliebe verweilt der Geist des Propheten dabei, freilich immer denselben mit der Allmacht Gottes in Beziehung setzend, er konnte nun einmal nicht anders.*"[15]

Die Qualitäten des Propheten Muhammad lagen nun einmal nicht auf dem Felde der Wissenschaften. Ibn Khaldun hatte in seinem Werk *Muqqadima* Medizin von prophetischem Wissen, das er beduinischem Wissen zuordnete, getrennt, und er unterstrich, dass Muhammad gesandt wurde, um das religiöse Gesetz zu lehren, nicht weltliche Dinge.[16]

Der Mensch bei Ihwan as-Safa wird als erkennendes, frei und willentlich handelndes Subjekt verstanden. Will er sprechen, dann spricht er, sonst schweigt er; der Mensch handelt zielgerichtet.[17] Er handelt nicht nur auf diese Weise, sondern ist neurologisch und epistemologisch dazu befähigt – und hier unterscheidet sich der Mensch von weiteren Lebensformen (Pflanzen, Tiere) –, dass er Ziel, Zweck, Gestalt, Form und Nutzen seines Tuns vorwegnehmen kann.[18] Sich die Wissenschaften unermüdlich anzueignen, und diese ethisch einzubetten, ermöglicht es dem Menschen, seinem ersten bzw. göttlichen Ursprung so nahe wie möglich zu kommen. Die aufrechten Geschwister kannten keine andere Art der Unterscheidung von Menschen als den Grad der Motivation, sich in den Wissenschaften zu vervollkommnen.[19]

Die Enzyklopädie der Ihwan as-Safa diente dem Lernziel der Vervollkommnung des Menschen, denn sie ist didaktisch aufgebaut und spricht Leserin und Leser oftmals unmittelbar an. Die Adressaten, an welche sich das Werk wendet, werden zunächst in die Probleme der Wissenschaften, die entlang einfacher, nachvollziehbarer und konkreter Beispiele dargelegt werden, eingeführt, um sich im zweiten Schritt der Darstellung komplexer, schwieriger und abstrakter Zusammenhänge zu nähern. Gegen Ende einer Abhandlung werden verschiedene Lehrmeinungen zu den angeschnittenen Problemen vorgestellt, gegeneinander abgewogen und diskutiert.

Die Struktur der Enzyklopädie in ihren 52 Abhandlungen – es wird an dieser Stelle nicht auf die vorangegangenen Einteilungen der Wissenschaften bei al-Farabi (872–951) und seine alexandrinischen bzw. spätantiken Vorbilder, darunter Adaptionen der Zweiten Analytik des Aristoteles und pseudo-aristotelischer Werke, eingegangen werden können[20] – folgt einem Aufbau, der von lerntheoretischen

Überlegungen angeleitet ist. Aufsteigend schreiten Ihwan as-Safa in der Vermittlung der Lehrinhalte von einfachen zu komplexen und schwierigen Zusammenhängen fort. Den didaktischen Erwägungen entsprechend, ist es kein Zufall, dass das Werk mit der Abstraktion (Zahlenlehre, Mathematik) beginnt, dann zu Fragen der Entfaltung von Natur und Mensch übergeht, bevor es behutsam in komplexe Zusammenhänge von erkenntnistheoretischen und weltanschaulichen Fragestellungen einführt:

1.) Ein mathematisch-logisch ausgerichtetes Feld, worunter neben der reinen Mathematik, Arithmetik und Geometrie, Astronomie, Geographie, Musik, Kunst, Ethik und Logik subsumiert sind und in die wissenschaftstheoretischen Fragen eingeführt wird. 2.) Ein Feld, das Naturwissenschaften im weiteren Sinne umfasst; es behandelt das Verhältnis von Zeit und Raum sowie die Entwicklung des Kosmos (Sphärik), der Mineralien (Mineralogie), der Pflanzen (Botanik), Tiere (Zoologie), der Biologie und Entfaltung des Menschen. 3.) Ein Feld, das heutigen Disziplinen, wie Psychologie, Epistemologie, Theologie und (vergleichenden) Religionswissenschaften entspricht.

Einer jeden Disziplin ist eine eigenständige Abhandlung gewidmet, wobei diese Fächer nicht für sich allein betrachtet, sondern dem mikro-makro-kosmologischen Zusammenspiel des Lebens entsprechend alle in Beziehung zueinander stehen. Die unterschiedlichen Wissenschaften werden auf diese Weise zu einer Einheit verwoben, ein Ansatz, der heute am ehesten mit dem Begriff der Transdisziplinarität zu erfassen ist. Die Zahl, und hier folgen die aufrechten Geschwister pythagoreischer Zahlenphilosophie, wird von ihnen weiterentwickelt. Heisenberg hatte die Revolution in der Mathematik, die Zahl in ihrer Abstraktion als mathematischen Kern der Naturgesetze zu erfassen, bereits im Zusammenhang mit Pythagoras erwähnt: *„die pythagoreische Entdeckung gehört zu den stärksten Impulsen menschlicher Wissenschaft überhaupt ... Wenn in einer musikalischen Harmonie ... die mathematische Struktur als Wesenskern erkannt wird, so muss auch die sinnvolle Ordnung der uns umgebenden Natur ihren Grund in dem mathematischen Kern der Naturgesetze haben."*[21]

Der Philosophie der Zahlen folgend entwickeln Ihwan as-Safa ihre Lehre von der Entfaltung des Lebens. Angelehnt an die Emanationslehre von Plotin (205–270 n. Chr.) strömt die universale Vernunft aus der Selbstkenntnis des Einen (Gott), individualisiert sich schließlich schöpferisch in Lebensformen und entfaltet sich vom Zentrum der Erde, den Mineralien, über die Pflanzen und Tiere hin zum Menschen. Mit der Kosmologie korrespondierend sind die einzelnen Abhandlungen in der Weise aufgebaut, als dass eine jede Disziplin nach einem Kulminationspunkt aus der vorangegangenen hervorgeht. Um dies verständlicher zu machen, seien die jeweiligen Übergänge der Lebensformen kurz skizziert. Susanne Diwald hat die Feindifferenzierung in den Übergängen der Klassifikation von Mineralien zu Pflanzen bei Ihwan as-Safa mit neuerem Forschungsstand verglichen:

„Hier wurden also die Thallophyten (Pilze, Algen, Flechten, Moose) als unterste Abteilung der Sporenpflanzen (Kryptogamen) botanisch bestimmt. Auch der Unterschied zwischen Pilzen und Flechten wird hervorgehoben; die Flechten (Lichenes) schließen sich als selbstständige Thallophytenklasse an die Pilze an, denn sie haben sich aus ihnen entwickelt."[22]

Aus der Entwicklung der Pflanzen gehen die Dattelpalmen als höchste Stufe hervor, die, weil doppelgeschlechtlich, zu den Tieren überleiten. Hier deutet sich eine Theorie der Evolution des Lebens an, die nicht biologistisch die

Durchsetzungskraft des Stärkeren propagiert, sondern das kommunikative Zusammenspiel allen Lebens als eine Entwicklungslinie auffasst, an deren Ende, aristotelischer Seelenlehre entsprechend, der Mensch gewissermaßen als Krönung der Schöpfung steht. Er ähnelt gleichwohl nur in seiner körperlichen Form dem Affen. *„Was den Affen betrifft, so gleicht das Verhalten seiner Seele dem Verhalten der menschlichen Seele, weil die Form seines Körpers derjenigen des Menschen ähnlich ist."*[23]

Einen Rang, den der Mensch jedoch nur deshalb einnimmt, weil er ihn sich als Träger ethisch eingebetteter Vernunft permanent erarbeitet. Es ist interessant, und auch ein Lehrstück im Kontext heutiger Wissenschaftskrisen, dass die aufrechten Geschwister, zwischen Natur- und Geisteswissenschaften eine Tierfabel einbauen. Am Ende der 21. *Risala* (Abhandlung) befindet sich die Fabel *Der Streit zwischen Mensch und Tier*. Sie ist eine ethische Mahnung an den Menschen, sich in seiner Urteilskraft auf die Vernunft geleiteten Wissenschaften zu stützen. Der Streit wird schließlich durch einen weisen Richter entschieden, der unterschiedliche Weltanschauungen in sich verkörpert.[24] Die Fabel lädt im Kontext heutiger Debatten um Tierethik dazu ein, ein humaneres Verständnis von Tierhaltung mitzudenken.

Die Entfaltung des Lebens in seinem unaufhörlichen Zusammenspiel, seinen, modern gesprochen, unauflöslichen Interdependenzen, als Einheit wissenschaftlich aufzubereiten und didaktisch zu vermitteln, ist Gegenstand des Werkes der aufrechten Geschwister. Dabei ist es weit mehr als eine Enzyklopädie, welche die Wirklichkeit ordnend nebeneinander stellt. Bei Ihwan as-Safa ist das Leben zur Einheit verwoben. Eine Sichtweise, welche auch zur Empathie mit anderen Weltanschauungen einlädt.

„Die Gelehrten und Philosophen (hukama) der Einheitsbekenner haben die Prinzipien alles Existierenden und die Wurzeln der Schöpfung untersucht. All diese Leute kamen jeweils auf einen besonderen Gedanken. Die Dualisten stießen auf die doppelt vorhandenen Dinge, die Christen auf die dreifach vorhandenen, die Naturwissenschaftler auf die vierfach vorhandenen, die Hurramiya auf die fünffach vorhandenen, andere, die Philosophen auf die sechsfach vorhandenen, die Batiniten auf die siebenfach vorhandenen, die Leute, die sich mit der Musik beschäftigten, auf die achtfach vorhanden und die Leute aus Indien auf die neunfach vorhandenen. Jede Gruppe übertrieb ihre Entdeckung, sie wurde leidenschaftlich davon eingenommen und interessierte sich für nichts anderes mehr. Die pythagoreischen Weisen gaben jedoch jedem sein Recht. Sie sagten, die vorhandenen Dinge entsprechen der Natur der Zahl."[25]

Ihwan as-Safa, die aufrechten Geschwister, begründeten einen frühen Humanismus[26] in einer heute weitestgehend aus dem Geschichtsdenken verdrängten Ära einer frühen Aufklärung im Irak der späten Abbasiden am Ende des ersten Millenniums.

---

1 Hammer-Purgstall, Joseph v.: *Fortsetzung der Auszüge aus enzyklopädischen Werken der Araber, Perser und Türken*, Wien: Kaiserlich-königliche Hof- und Staatsdruckerei, 1857.
2 Ebd., 39.
3 Dieterici, Friedrich: *Der Darwinismus im zehnten und neunzehnten Jahrhundert*, Leipzig: Hinrichs'sche Buchhandlung, 1878, 6.
4 Kitab Ikhwan as-Safa: *The Book of the Brethren of Purity, The oldest known manuscript edited in facsimile by Fuat Sezgin*, 2. Vols, Frankfurt: Institute for the History of Arabic-Islamic Science at the Johann Wolfgang Goethe University, Frankfurt a. M., 2015.
5 Quintern, Detlev: *The Lion and the Mouse. Travelling Ethics*, in: Guilhou, Nadine (Ed.): *Liber Amicorum – Speculum Siderum, Nut Astrophoros*, Papers presented to Alicia Maravelia, Archaeopress Egyptology 17, Oxford: Archaeopress, 2016, 273.

6. Hans Wehr gibt *S afa* mit „*Klarheit, Reinheit, Ungetrübtheit, Lauterkeit; Glück, Heiterkeit, heitere Gesinnung, Aufrichtigkeit*" an. Im 10. Jh. mag es weitere Konnotationen gegeben haben und am ehesten scheint das Wort alle Substantive in der Aufzählung semantisch zu vereinen, daher ist es kaum möglich ein Äquivalent im Deutschen zu finden. Wehr, Hans (Hg.): *Arabisches Wörterbuch für die Schriftsprache der Gegenwart,* Wiesbaden: Otto Harrasowitz, 1968, 471.
7. Fleischhammer, Manfred: *Altarabische Prosa*, Leipzig: Reclam, 1991, 290.
8. Sezgin, Fuat: *Einleitung. Kitab Ikhwan as-Safa*, 2015.
9. Fleischhammer: 297.
10. Kant, Immanuel: *An answer to the question: What is enlightenment?* London: Penguin, 3. ("*rässoniert nicht!*" im engl.: "*Don't argue!*")
11. Diwald, Susanne: *Arabische Philosophie und Wissenschaft in der Enzyklopädie Kitab Ihwan as-Safa (III), Die Lehre von Seele und Intellekt,* Wiesbaden: Otto Harrasowitz, 1975, 27.
12. Fleischhammer, 303.
13. Ebd., 304.
14. Dieterici, Friedrich: *Die Anthropologie der Araber im 10. Jahrhundert n. Chr.,* Leipzig 1871, 36.
15. Dieterici, Friedrich: *Die Philosophie bei den Arabern im 10. Jahrhundert n. Chr.*, 2. Teil, Mikrokosmos, Leipzig 1879, 77.
16. Ibn Khaldun: *Muqaddima, Vol. III*, transl. Franz Rosenthal, Princeton: University Press, 1980, 150.
17. „*1. Der frei willentlich Handelnde* (al-fail al-muhtar) – Gott möge dir helfen – ist derjenige, der imstande ist, die Handlung auszuführen oder die zu unterlassen, wann er will. Dies ist eine verbindliche, wahre Prämisse." Diwald, Kitab Ihwan as-Safa (III), 412.
18. Ebd., 412 f.
19. Hier ist sicherlich ein Unterschied zu Kant festzustellen. Kant führte den Begriff Race in den deutschen Sprachgebrauch ein, und er versuchte Menschen in seiner Schrift *Von der Bestimmung des Begriffs einer Menschenrace (1785)* entsprechend ihrer Hautfarbe zu klassifizieren. Immanuel Kant, Vermischte Schriften und Briefwechsel, Krichmann, J. H.v., Berlin: Heimann's Verlag, 1875, 123.
20. Ihwan as-Safa unterschieden gleich al-Farabi zwischen den arabischen und „fremden" Wissenschaften; letztere umfassten vordergründig Mathematik, Naturwissenschaften, Metaphysik und praktische Philosophie, erstere Koranwissenschaften (*fiqh* etc.). Al-Farabi: *Über die Wissenschaften, De scientiis,* nach der lateinischen Übersetzung Gerhard von Cremona, Franz, Schupp (Hg.), Hamburg: Felix Meiner, 2005, XLVI-XLVII.
21. Heisenberg, zit. nach Böhlig, Alexander: *Gnosis und Synkretismus, Gesammelte Aufsätze zur spätantiken Religionsgeschichte, Teil 1,* Tübingen: Mohr, 1989, 351.
22. Diwald: *Kitab Ihwan as-Safa (III)*, 156.
23. Ebd., 160.
24. *Die Naturanschauung und Naturphilosophie bei den Arabern im zehnten Jahrhundert n. Chr.,* nach den Schriften der lauteren Brüder, übers. von Friedrich Dieterici, Posen 1864, 216.
25. Diwald: *Kitab Ihwan as-Safa*, 102.
26. Ich habe an anderer Stelle den Begriff *Insaniyat* im Kontext des Humanismus bei Ihwan as-Safa verwendet. Siehe: Quintern, Detlev: *Horizonte eines neuen Humanismus, Ihwan as-Safa interkulturell gelesen,* Nordhausen: Traugott Bautz, 2010, 123.

Die arabisch-islamischen Naturwissenschaften des 8.–16. Jhs. und ihr Einfluss auf Europa

Mamoun Fansa

Unser Buch befasst sich hauptsächlich mit dem Einfluss der arabisch-islamischen Wissenschaften im 8.–16. Jh. auf Europa. Um dem Leser einen Einblick in den Bereich der Naturwissenschaften zu geben, sei hier eine kurze Zusammenfassung der wichtigsten Erkenntnisse und Erfindungen der arabisch-islamischen Gelehrten und deren Einfluss auf die europäischen Naturwissenschaftsdisziplinen gegeben.

Astronomie

Die Wiege der Astronomie liegt in Mesopotamien. Die Araber haben die Forschungstradition in dieser Region fortgesetzt. Die Notwendigkeit, sich in der Wüste zu orientieren, führte dazu, dass die Araber sich den exakten wissenschaftlichen Berechnungen von Himmelskörperpositionen zugewandt haben.

Nicht nur Gelehrte im orientalischen und zentralasiatischen Raum waren an dieser Disziplin interessiert, auch Kalifen und Herrscher verfügten über Grundlagen astronomischen Wissens. Die Seldschuken-Sultane, die mongolischen Herrscher und die chinesischen Könige beherrschten die Himmelskunde. Observatorien wurden in zahlreichen arabisch-islamischen Ländern eingerichtet. Die Observatorien in Bagdad, Kairo, Córdoba, Toledo und Samarkand gehören zu den bekanntesten der arabisch-islamischen Kultur (Abb. 1 und 2).

Abb. 1. Der einzige erhaltene judäo-arabische Astrolab befindet sich in einer Privatsammlung in London.

Abb. 2. Astrolabium aus Messing, Valencia, 1086 n. Chr. (478 islamischer Zeitrechnung).

Der Kalif al-Mansur (reg. 754–775), einer der bekanntesten Abbasiden-Kalifen, beschäftigte sich eingehend mit der Astronomie. Er gründete kurz nach Beginn seiner Regierungszeit die astronomische Schule von Bagdad. Zu seiner Zeit wurden die Theorien der Antike revidiert, mehrere Fehler in den Schriften des Ptolemaios entdeckt und die griechische Tabelle berichtigt. Zu den wichtigsten Entdeckungen der Schule von Bagdad zählen die Erkenntnisse der Bewegung des Sonnenhöchststands, die Berechnung der Schräge der Sonnenbahn und die progressive Abnahme und eine sehr genaue Schätzung der Dauer des Jahres. Die Gelehrten von Bagdad entdeckten eine dritte Ungleichheit des Mondes, die unter dem Namen „Variation" bekannt ist. Sie sagten die Sonnenflecken voraus, beobachteten Sonnenfinsternisse, das Auftauchen von Kometen und anderen Himmelserscheinungen. Sie stellten die Unbeweglichkeit der Erde infrage und waren Kopernikus und Kepler weit voraus.

Die sogenannte geprüfte Tabelle der Astronomie geht auf den Hauptverfasser Abu Mansur zurück. Zu den berühmtesten Gelehrten der Astronomieschule von Bagdad sind hier al-Battani, Abu'l Wafa al-Buzdani und Ali ibn Yunus zu zählen. Der Erfinder der Pendel- und Sonnenuhr ist der bekannteste Astronom der Fatimidenzeit, Ali ibn Yunus, der unter dem Kalifen al-Hakim (reg. 996–1021) tätig war. Er war maßgeblich an dem Bau des Observatoriums von Kairo beteiligt. Er gab die sogenannten Großen Hakimitischen Planetentafeln heraus, die die Genauigkeit aller bisherigen Tabellen übertrafen und schließlich im ganzen Orient und sogar bis nach China verbreitet waren.

Zu gleicher Zeit verfasste al-Hasan ibn al-Haitam, latinisiert Alhazen, ein weiterer Astronom und Mathematiker der Schule von Kairo, eine bekannte Abhandlung über die Optik, die später Kepler und anderen Forschern des späten Mittelalters als Grundlage diente. Die Idee zum Bau eines Staudamms in Assuan am Nil geht ebenfalls auf Ibn al-Haitam zurück.

Im maurischen Spanien war das Studium der Astronomie nicht weniger geschätzt als in östlichen Regionen des Vorderen Orients. Abd ar-Rahman II. (reg. 822–852), Emir von Córdoba, förderte diese Wissenschaft sehr intensiv. Leider liegen uns keine schriftlichen Überlieferungen vor, da diese Epoche sehr stark von religiösen und politischen Unruhen geprägt war. Wir wissen, dass die Observatorien von Toledo und Córdoba im 11. und 12. Jh. einen ausgezeichneten Ruf hatten. Aus dem maurischen Spanien sind uns einige Namen der Gelehrten der Astronomie bekannt, z.B. Maslama al-Majriti oder Averroes. Die christlichen Verfasser astronomischer Abhandlungen erwähnen arabische Gelehrte aus dem maurischen Spanien als beste Kenner der Materie. Die bekannte astronomische Tabelle von Alfons X. geht eindeutig auf arabischen Einfluss zurück.

Der Seldschuken-Sultan Malik Shah I. (reg. 1072–1092) hat die Geistes- und Naturwissenschaften sehr unterstützt. Er zeigte ein ausgeprägtes Interesse für die Astronomie und führte eine Kalenderreform durch, 500 Jahre vor der gregorianischen.

Die Mongolenherrscher widmeten sich diesem Wissenschaftszweig ebenfalls intensiv. Der berühmte Hülegü, der für die Zerstörung Bagdads verantwortlich war, gab 1259 Nasir ad-Din at-Tusi den Auftrag, die Sternwarte Rasad-e Khan nahe der Stadt Maragha zu errichten. At-Tusi verfasste die Zij-Ilkhani (Tafel der Ilchane), welche die Position der Sterne und Planeten nach den Ergebnissen seiner Forschung beschreibt. Ihm ist ebenfalls die Verbesserung der Beobachtungen von Himmelskörpern mit neuen Instrumenten zu verdanken. Der Höhepunkt der islamisch-mongolischen Astronomie besteht in der künstlerischen und literarischen Bewegung, die wir als die Tamerlansche Renaissance bezeichnen. Der bedeutendste Vertreter, Ulugh Bek, war leidenschaftlicher Astronom und gilt als der letzte Vertreter der Schule von Bagdad. Seine Werke, die 1437 veröffentlicht wurden, geben uns einen umfassenden Überblick über den Stand der Astronomie zu seiner Zeit. Ein Jahrhundert vor Kepler schuf er das Bindeglied zwischen der Antike und der modernen Astronomie (Abb. 3).

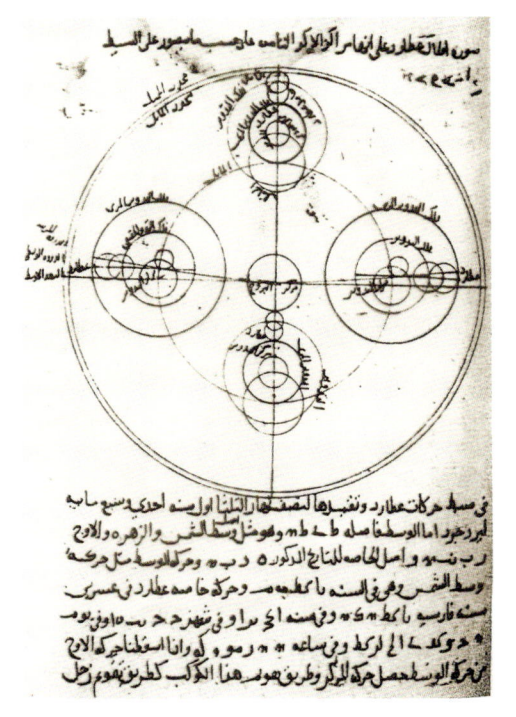

Abb. 3. Modell des Planeten Merkur von Ibn al-Shatir.

Mathematik

Die Mathematik ist neben der Astronomie eine der wichtigsten Disziplinen, derer sich die Araber intensiv gewidmet und die sie in hohem Maße weiterentwickelt haben. Die Grundlagen der Arithmetik, der Geometrie und der Algebra wurden von den arabisch-islamischen Wissenschaftlern entwickelt. Die Erfindung der Algebra wird arabischen Mathematikern zugeschrieben. In der Praxis hatten die Araber die indische Positionsarithmetik übernommen. Gerade in den Bereichen des Handels und der Wirtschaft bot dieses System gegenüber den römischen Zahlen große Vorteile.

Der Kalif al-Ma'mun ernannte den Gelehrten Muhammad ibn Musa al-Hwarizmi zum Leiter des Instituts für Mathematik im Haus der Weisheit. Al-Hwarizmi verfasste um 825 das Werk *Al-Kitab al-Dscham wal-tafriq bi-hisab al-Hind* (*Über das Rechnen mit indischen Ziffern*) über die Arbeit mit Dezimalzahlen und die Zahl Null. Die lateinische Fassung dieser Schrift trug den Titel *Algorismi de...* (*Das Werk des Algorismus über...*). Daraus entstand die Bezeichnung „Algorithmus".

Durch die Einführung des Dezimalsystems wurde das Algebra-Rechnen möglich. Die Arbeit von al-Hwarizmi wurde von Tabit ibn Qurra fortgesetzt. Er legte ebenfalls das Werk *Almagest* des Ptolemaios seiner Arbeit zu Grunde. Auf ihn gehen auch die Anwendungsmöglichkeiten der Algebra im Bereich der Geometrie zurück. Die Trigonometrie pflegten die Araber besonders wegen ihrer Anwendbarkeit in der Astronomie. Die ersten Entdeckungen auf diesem Gebiet der Mathematik sind al-Battani zu verdanken. Er hatte die geniale Idee, die Gegenseite von Bögen, die die Griechen zu ihren geometrischen Berechnungen benutzten, durch die halbe Gegenseite des doppelten Bogens, d. h. durch dessen Sinus zu ersetzen.

Al-Battani gebrauchte als erster in seinem Werk die Ausdrücke Sinus und Cosinus. Die Erfindung der Tangente ist in der Trigonometrie von entscheidender Bedeutung. Die modernen Mathematiker machten diese fruchtbare Entdeckung erst 500 Jahre später. Sie wird allgemein Johannes Regiomontan zugeschrieben. Aber fast 100 Jahre später war sie Kopernikus noch unbekannt.

Im Jahre 976 führte Muhammad ibn Ahmad al-Biruni die Ziffer Null ein, die die Mathematik revolutionierte. Im Westen wird die Null erst im 13. Jh. allgemein gebräuchlich (Abb 4–6).

Abb. 4. Mathematische Berechnung aus Babylon (seleukidisch).

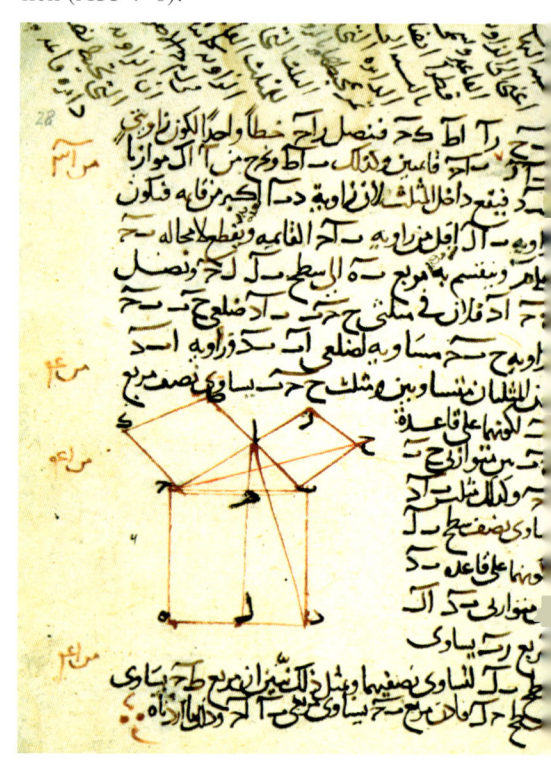

Abb. 6. Seite eines Manuskripts aus dem 13. Jh. Die arabische Geometrie und Mathematik stützen sich auf griechische Quellen wie Euklid, Archimedes und Apollonius. Kalif al-Ma'mun unterstützte die Übersetzung sehr aktiv.

Physik

Alexander von Humboldt bezeichnete die Araber als Begründer der Physik. Leider sind zahlreiche Schriften dieser Disziplin verloren gegangen. Ibn al-Haitams (Alhazen) (965–1039) Abhandlung über Optik bildete eine Grundlage, die diesem Teil der Physik über lange Zeit als Nachschlagwerk diente.

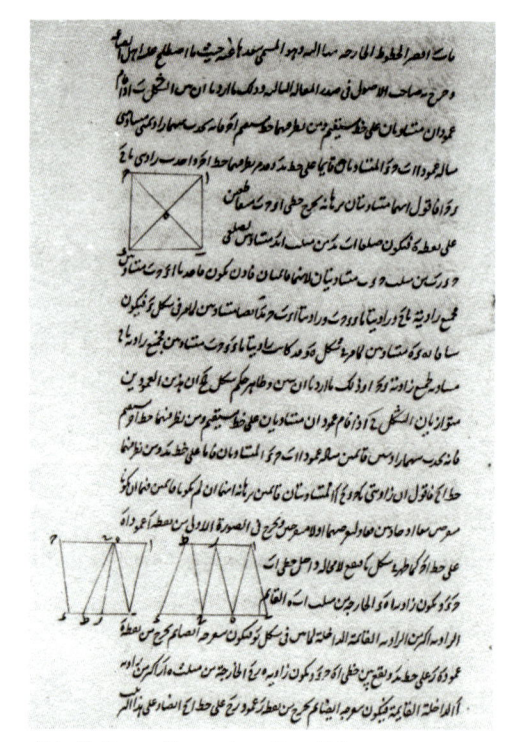

Abb. 5. Darstellung eines Parallelogramms aus Naser ad-din at Tusis al-Risala ash-Shafya.

Seine Arbeit gilt auch als eine Grundlage für die moderne Optik. Er beschäftigte sich mit der scheinbaren Lage eines Bildes im Spiegel, mit der Brechung, der scheinbaren Größe von Gegenständen und dem Gebrauch der Dunkelkammer, die für die Fotografie eine wichtige Erfindung darstellt. Seine Untersuchung der Eigenschaften von Vergrößerungsgläsern ergab die Grundlage für die Arbeit von Kepler und anderen Wissenschaftlern in der Zeit der Aufklärung. Ohne seine Erfindung wären Mikroskop und Teleskop unvorstellbar. Er war der erste, der eine fundierte Beschreibung des menschlichen Auges lieferte und dessen Funktion schriftlich dokumentierte (Abb. 7).

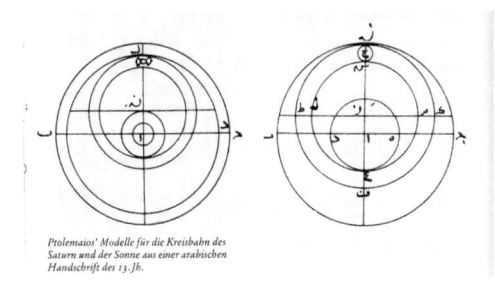

Abb. 7. Ptolemäus Modell für die Kreisbahn des Saturn und der Sonne aus einer arabischen Handschrift des 13. Jh.

Mechanik

Im Bereich der Mechanik waren die arabisch-islamischen Wissenschaftler denjenigen des europäischen Mittelalters weit voraus. Sie konstruierten zahlreiche Instrumente für Messungen, die später im europäischen Mittelalter Verwendung fanden. Edward Bernard, Professor der Astronomie zu Oxford (1638–1696) schrieb die Erfindung der Pendeluhr den arabischen Wissenschaftlern zu. Ebenso waren arabische Wissenschaftler die ersten, die eine mit Gewichten betriebene Uhr erfanden. Benjamin von Toledo, der im 12. Jh. die jüdische

Abb. 8. Al-Jazaris hat zahlreiche Erfindungen handschriftlich und mit Abbildungen dokumentiert. Sein Buch entstand 1206 n. Chr. (603 islamischer Zeitrechnung). Oben: Gerät zur Messung von Blutmengen. Unten: Eine mechanische Wasserschüssel.

Die arabisch-islamischen Naturwissenschaften 37

Gemeinde in Vorderasien besuchte, beschreibt die berühmte Uhr der Moschee von Damaskus. Die Araber haben zudem den Kompass, der auf eine chinesische Erfindung zurückgeht, verbessert und für die Navigation eingesetzt. (Abb. 8).

Chemie

Auch in der Chemie haben arabische Gelehrte die europäische Wissenschaft befruchtet. Die Natur von Stoffen wie Alkohol, Schwefelsäure und Salpetersäure war den Griechen zunächst unbekannt. Die Araber entdeckten das Kalium, Ammoniumsalz sowie das Silbernitrat und setzten es für die Herstellung von Quecksilber als Element ein. Die Destilliertechnik, die erstmals in Mesopotamien betrieben wurde, konnte im arabisch-islamischen Mittelalter entscheidend weiterentwickelt werden. Zahlreiche Fachausdrücke dieser Disziplin wie Alkohol, Alkali, Elixier usw. haben einen arabischen Ursprung.

Gabir ibn Hayyans (lat. Geber) Werke galten als Nachschlagewerke für das Fach Chemie. Sie wurden ins Lateinische übersetzt. Eines der wichtigsten Werke, die *Summe der Vollkommenheit* wurde 1672 ins Französische übersetzt. Ein zweiter bekannter Chemiker ist Abu Bakr Muhammad ibn Zakariya ar-Razi (Rhazes).

Auch in der Metallverarbeitung wie z.B. in den Stahlschmieden und Bronze- und Kupferverarbeitungen waren die arabisch-islamischen Wissenschaftler führend. Die Herstellung von Schießpulver und Papier, die Verarbeitung von Baumwolle und Leinen sind später industrialisiert worden.

Die Anwendung chemischer Erkenntnisse in der Pharmazie ist auf arabische Gelehrte zurückzuführen: Kampfer, destilliertes Wasser, Pflaster, Sirup und viele Salben haben arabische Ursprünge (Abb. 9 und 10). So sind die Erkenntnisse der arabisch-islamischen Forscher im Hinblick auf die Verwendung von Pflanzen nicht zu vernachlässigen. Zu den griechischen Naturbeobachtungen und Forschungen sind durch die Araber zahlreiche neue Erkenntnisse hinzugekommen. Es konnten dem Pflanzenbuch des Dioskurides zusätzlich 2.000

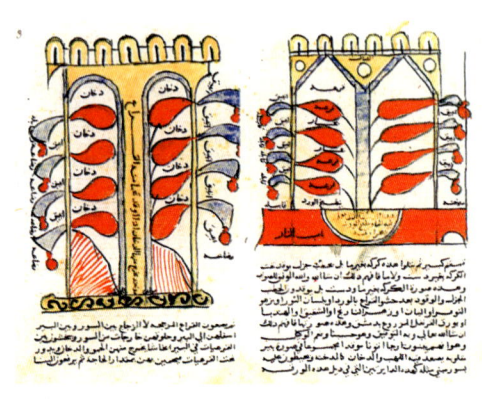

Abb. 9. Destilliergerät. Darstellung aus einer Handschrift des Shams ad-Din ad-Dimashqi.

Abb. 10. Chemischer Ofen mit Destillationsapparat, aus der Abhandlung über den Stein der Weisen, 13. Jh.

neue Pflanzenarten hinzugefügt werden. Auch die Verwendung bestimmter Pflanzen in der Heilkunde, die von den Arabern eingeführt worden sind, war den Griechen unbekannt. Die Araber führten Zucker als Konservierungsmittel für verschiedene Pflanzen und insbesondere Obstarten ein.

Die Nutzung von Parfüms und Gewürzen geht auf die arabischen Erkenntnisse und den arabischen Handel zurück. Der Weihrauch gehört zu den ältesten Düften der Menschheitsgeschichte. Seine Verwendung sowohl im Alltagsleben als auch in der Liturgie war in der Zeit des Frühen Christentums im Nahen Osten bekannt. Die Araber haben das Rosenöl und Muskat sowie Harze, Nelken und Pfeffer in verschiedenen Bereichen verwendet. Jasmin, Tulpen und Kamille sowie japanische Rosen sind von den Arabern in Europa eingeführt worden. Das gilt auch für verschiedene Gemüsearten wie z. B. Artischocken und Oliven.

Medizin

In der ersten Phase der Ausbreitung des Islams im Vorderen Orient gehörte das Studium der Medizin als vorrangige Disziplin neben die Mathematik und Chemie. Die Erkenntnisse der arabisch-islamischen Medizin des 8.–12. Jhs. haben die europäische Medizin im späten Mittelalter stark geprägt. Die Schriften der Mediziner Rhazes oder Avicenna sowie eines Abulkasim wurden zur Grundlage des Medizinstudiums in vielen europäischen Universitäten. Die medizinische Fakultät von Salerno und besondere Zentren in Europa erlangten durch den Einfluss der arabischen Medizin auf Forschung und Lehre in diesem Bereich großen Ruhm. Wegweisend für das Medizinstudium war das Sammelwerk des Abu Bakr Muhammad ibn Zakariya ar-Razi. Seine Werke wurden ins Lateinische übersetzt und erlebten mehrere Auflagen, 1509 in Venedig, 1558 und 1578 in Paris wurden die Bücher verlegt. Die Abhandlung über Wasserpocken wurde 1745 zum ersten Mal in der Literatur erwähnt. Abu Ali al-Husayn ibn Abdullah ibn Sina, im Orient Ibn Sina und in der europäischen Literatur Avicenna genannt, war zweifellos der größte Mediziner der islamischen Kulturepoche. Sein grundlegendes Buch der Medizin mit der Bezeichnung *Al Qanun fi al-tibb* ist in Rom 1593 in fünf Bänden auf Arabisch erschienen. Titel dieser Bände waren die *Psychologie, Hygiene, Pathologie, Therapie* und *Heilmittel*.

An allen italienischen und französischen Universitäten wurden vom 12.–17. Jh. aus den Lehrbüchern von Ibn Sina gelehrt. Im 15. Jh. erschienen 15 lateinische und eine hebräische Ausgabe. Ein ungewöhnliches Buch ist das Buch *Heilmittel für das Herz*, das in Gedichtform abgefasst ist. Sein Buch über die Pharmazie enthält 760 von ihm identifizierte Drogen.

Abb. 11. Der Mediziner Ibn an Nafis, nach der Vorstellung des Künstlers Wahid Magariba, 1972.

Die größte Leistung der islamischen Medizin ist im Bereich der Chirurgie zu verzeichnen. Schon im 11. Jh. behandelte man schwere Krankheiten durch Operationen, wie z. B. beim Grauen Star durch die Entfernung der Linse. Es wurden Steinoperationen durchgeführt und Pflanzen als Betäubungsmittel verwendet. Bei den maurischen Ärzten spielte v. a. die wissenschaftliche Beobachtung eine große Rolle.

Averroes verfasste zahlreiche Abhandlungen zur Pharmazie, die auf eigenen Erfahrungen beruhten, war jedoch in erster Linie Mediziner und Chirurg. Die Methode des Luftröhrenschnittes ist eine seiner bekanntesten Entwicklungen. Averroes' medizinisches Hauptwerk wurde 1490 erstmals in Venedig publiziert und erschien später auch in anderen Ländern. Bekannt sind auch seine Kommentare zu den Schriften des Aristoteles. Die Medizin verdankt ihm die Abhandlung über das Gegengift, ein Buch über Gifte und Fieberkrankheiten sowie umfassende Arbeiten über Knochenbrüche und Verrenkungen.

Nicht nur die ärztliche Behandlung und neue Entdeckungen hatten ihre Blütezeit zwischen dem 8. und 14. Jh.; auch die Entstehung vieler Krankenhäuser, z. B. für psychisch Kranke, fällt in diese Zeit (Abb. 12).

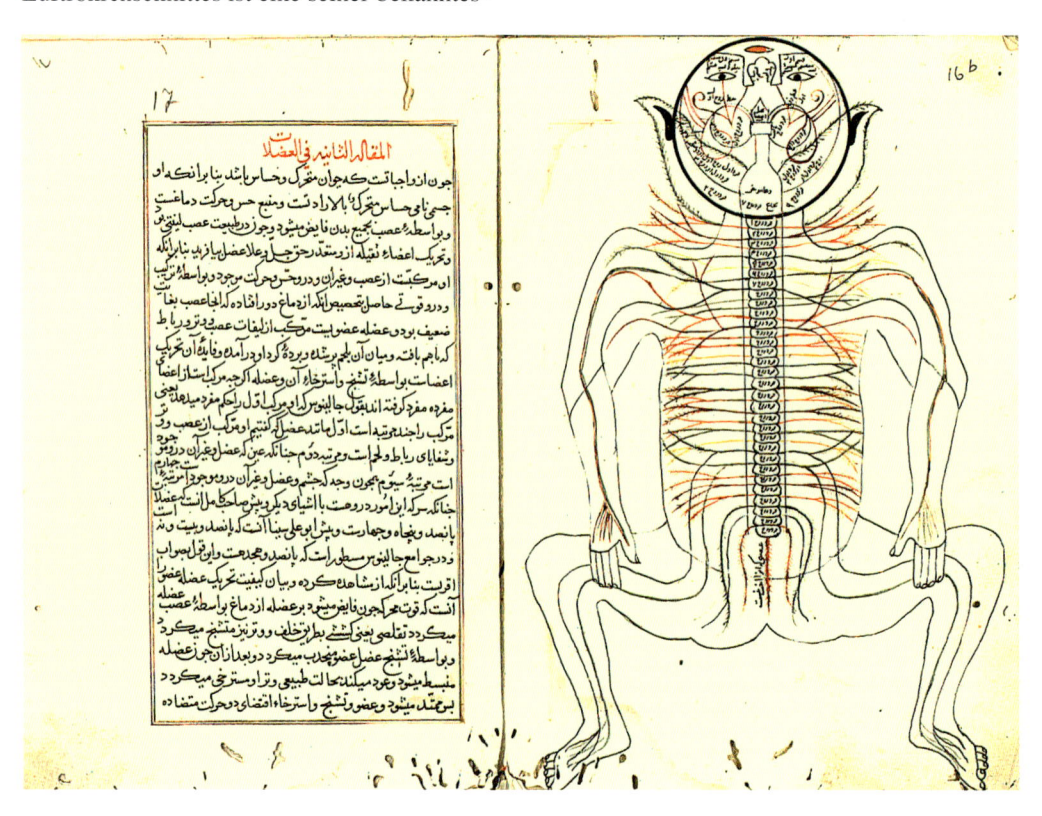

Abb. 12. Darstellung des Nervensystems aus dem Buch Kitab: Tashrih-i badan-i insan *von Mansur Ibn Ilyas, 14./15. Jh.*

Der Einfluss der arabisch-islamischen Medizin auf das europäische Mittelalter

Johannes Gottfried Mayer

Dass die europäische Zivilisation im Zeitalter der Kreuzzüge von dem Kontakt mit der arabisch-islamischen Kultur sehr profitiert hat, ist sogar Stoff des Geschichtsunterrichts, zumindest der höheren Schulen. Neben der Esskultur wäre da auch die Baukunst der Gothik zu nennen und neben verschiedenen Disziplinen der Wissenschaft insbesondere die Medizin. Allerdings begann der Austausch zwischen den beiden Kulturkreisen auf dem Gebiet der Medizin bereits deutlich vor dem ersten Kreuzzug (1095/99) im ausgehenden 10. Jh. Nicht zuletzt der sehr erfolgreiche Roman *Der Medicus (The Physician)* von Noah Gordon von 1986 und die (inhaltlich nur mäßig gelungene) filmische Umsetzung des Romans im Jahr 2013 brachte einem breiteren Publikum zu Bewusstsein, dass die Medizin der arabisch-islamischen Welt der europäischen Heilkunde im hohen Mittelalter überlegen war. Allerdings ist der Begriff arabisch-islamische Medizin problematisch, denn diese Heilkunde wurde weder vorwiegend von Arabern, noch ausschließlich von Ärzten islamischen Glaubens getragen. Vielmehr spielten Perser und Angehörige anderer Volksgruppen eine überragende Rolle, prominente Ärzte waren außerdem Juden oder gehörten einer christlichen Kirche des Orients an. Der gemeinsame Nenner der Autoren ist die Sprache, in der sie geschrieben haben. Ähnlich wie die im westeuropäischen Mittelalter völkerübergreifende Wissenschafts- und Kultursprache Latein, war in der islamisch geprägten Welt, die im Mittelalter den vorderen Orient, Nordafrika und große Teile Spaniens umfasste, Arabisch die Sprache der Wissenschaft. Es handelte sich also um die Medizin und Wissenschaft in der arabisch-sprachigen Welt.

Der große Vorsprung der Medizin in der arabisch-islamisch geprägten Welt liegt darin begründet, dass es hier zu keinem radikalen Abbruch der antiken Tradition der Wissenschaft kam. Im Okzident war die Kenntnis des Griechischen nach der Völkerwanderung völlig verloren gegangen und nur wenige Werke der griechisch-antiken Medizin lagen in Teilübersetzungen ins Lateinische vor, wie etwa die für die Arzneimittellehre zentrale *Materia medica* des Dioskurides (1. Jh. n. Chr.). So musste die Heilkunde im westlichen Europa des Frühen Mittelalters nahezu ohne theoretische Grundlagen arbeiten. Der Orient konnte dagegen auf der Humoralpathologie („Viersäftelehre") der hippokratischen Schriften und insbesondere von Galenos von Pergamon (129 oder 136, bis um 200 oder 215) aufbauen. (Abb. 1).

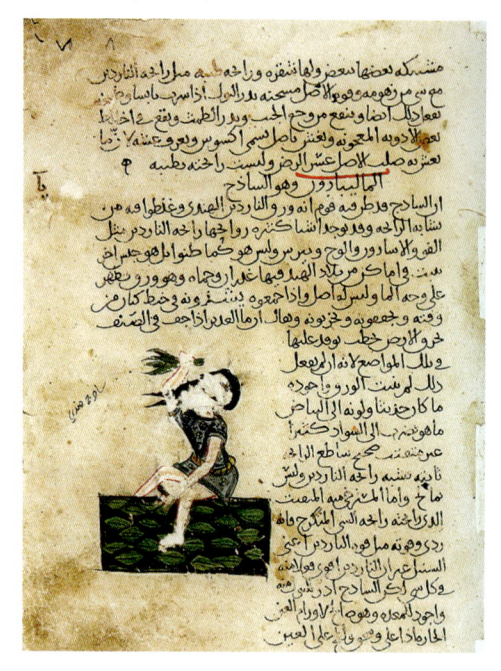

Abb. 1. De materia medica *ist ein Nachschlagwerk für Medizin, Pharmazie und Botanik, das 850 von Hunayn ibn Ishaq und Istifan ibn Basil ins Arabische übersetzt worden ist.*

Die Voraussetzungen dafür bildete die Aristoteles-Rezeption der seit dem 3. Jh. bestehenden philosophisch-theologischen Akademie in Gondischapur (Gondischapur, Süd-West-Iran), wo 555 unter Chosrau Anuschirwan (Chosrau I., persischer Großkönig von 531–579) eine medizinische Fakultät entstand. In der Schule von Gondischapur sind neben der antiken-griechischen Medizin bereits Einflüsse der altindischen Medizin feststellbar.[1, 2, 3]

Schon während der Eroberungszüge kam es wahrscheinlich auch zu direkten Kontakten mit Ärzten der hellenistischen Tradition, etwa in Damaskus. Am Hof der Omayyaden wirkten beispielweise die christlichen Ärzte Ibn Atal und Abu l-Hakam sowie dessen Sohn, Enkel und Urenkel.[4] Daneben hat das medizinische Wissen vermutlich von Alexandria aus, unter Vermittlung syrischer Übersetzer und Gelehrter, Eingang in die noch im Entstehen begriffene islamische Kultur gefunden.[5]

Große Bedeutung erlangte das nach dem Vorbild der Akademie von Gundischapur im Jahr 825 durch den Kalifen al-Ma'mun gegründete Haus der Weisheit in Bagdad. Unter der Leitung des christlichen Arztes Hunayn ibn Ishaq (Johannitius 808–873), der in Syrien, Palästina und Ägypten nach griechischen Manuskripten suchte, wurden hier alle auffindbaren Werke der griechischen Philoso-

Abb. 2. Darstellung des Auges nach Hunayn ibn Ishaq, 9. Jh.

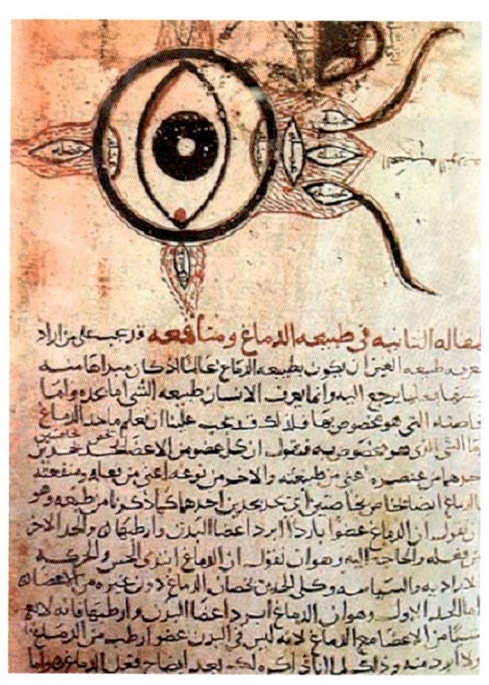

phie und Medizin der Antike übersetzt, u. a. von Galen, Hippokrates, Platon und Aristoteles. Dem Haus war auch ein Krankenhaus angeschlossen (Abb. 2).

Auf diesen Grundlagen erreichte die islamische Medizin im 10. Jh. ihre erste Blüte, deren berühmte Ärzte und Philosophen wie die Perser Rhazes (864–925) und Haly Abbas sowie der Jude Isaak Judaeus (840/850–932), maßgeblich auch die europäische Medizin beeinflussten.

Rhazes (Abu Bakr Muhammad ibn Zakariya ar-Razi) war neben Ibn Sina (Avicenna) der bedeutendste Arzt des Mittelalters. Er wurde in Ray (südlich Teheran) geboren, wirkte zwischenzeitlich auch in Bagdad, bevor er wieder in seine Heimatstadt zurückkehrte. Dort wurde er Direktor des Krankenhauses, verlor jedoch das Amt aufgrund seiner philosophisch begründeten Kritik am Propheten und am Koran. Er übersetzte und strukturierte das riesige Werk Galens und entwickelte daraus einen Studienplan der Medizin. Außerdem soll ihm erstmals gelungen sein, durch Destillation aus Wein höherprozentigen Alkohol herzustellen. Sein medizinisches Hauptwerk *Kitab al-Mansuri fi at-Tibb* (vor 903), das Abu Salih Mansur ibn Ishaq (latinisiert *Almansor*) gewidmet ist, wurde 1175 von Gerhard von Cremona in Toledo unter dem Titel *Liber ad Almansorem* ins Lateinische übersetzt.

Haly Abbas (Ali ibn al-Abbas al-Madschusi, kurz al-Magusi) wurde in Ahvaz im südwestlichen Persien geboren. Das Geburtsjahr ist völlig unbekannt. Er starb um 982/984 in Bagdad. In Emir Adud ad-Daula (Reg. 949–983) fand Haly Abbas einen großen Gönner. Ihm widmete er sein medizinisches Hauptwerk *Kitab Kamil as-sinaa at-tibbiiya* (*Vollständiges Buch der ärztlichen Kunst*), das im lateinischen auch *Liber regalis* (*Das königliche Buch*) genannt wurde. Haly Abbas versuchte über das große Lehrbuch von Rhazes (*Kitab al-Mansuri fi at-Tibb*) hinauszukommen, an dem er kritisierte, dass bei Rhazes die Anatomie und Chirurgie nicht ausführlich genug dargestellt sei. Außerdem fehle dem ganzen Werk der innere Zusammenhang.[6] Constantinus Africanus hat das Werk in Teilen als *Liber pantegni* (auch *Liber pantechni*) ins Lateinische übertragen. Diese Teilübersetzung bildete eine Grundlage der Medizinschule von Salerno, der *Schola Medica Salernitana*, der ersten medizinischen Hochschule in Europa. 1127 schuf Stephan von Antiochia eine vollständigere und genauere Übersetzung, die 1492 und 1523 in Venedig gedruckt wurde.[7]

Isaak Judaeus (Isaac Israeli ben Salomon) wurde zwischen 840 und 850 in Kairo geboren, wirkte dort als Augenarzt, bevor er zwischen 905 und 909 an den Hof von Kairouan (Tunesien) berufen wurde. Er starb um 932. Seine für das lateinische Europa wichtigen medizinischen Schriften sind seine Fieberlehre *Kitab al-hummayat* (lat. *De febribus*), die Harnschau *Kitab al-baul* (lat. *Liber de urinis*), eine Pulsschau und eine Abhandlung über die Diätetik, *Kitab al-agdiya* (lat. *Liber diaetarum universalium et particularium* = Buch über die allgemeinen und besonderen Diäten). Hauptquelle ist hier Haly Abbas. Mit dem *Liber de urinis* prägte Isaak Judaeus die gesamte Uroskopie des Abendlandes maßgeblich. Alle drei Schriften wurden von Constantinus Africanus ins Lateinische übertragen.

Die erste Rezeption der Medizin aus der arabisch-sprachigen Welt – die Rückkehr der Humoralpathologie

Von überragender Bedeutung für die Medizin des Abendlandes wurde ein aus dem nordafrikanischen Karthago stammender Berber, der sich unter dem Namen Constantinus Africanus (Konstantin der Afrikaner) unauslöschlich in die Medizingeschichte eingetragen hat. Er wurde zwischen 1010 und 1020 geboren und starb 1087 im Kloster Monte Cassino zwischen Rom und Neapel. Seine Biographie verfasste der Archivar des Klosters Petrus Diaconus (ca. 1107–1140). Demnach soll Constantinus Medizin in Bagdad und Kairo studiert haben und umfangreiche Reisen in den Orient unternommen haben. Seinen Lebensunterhalt bestritt er durch den Handel mit Heilpflanzen. In der Heimat wurde er Arzt, wurde jedoch so angefeindet, dass er über Sizilien 1057 nach Salerno kam. In Salerno hatte sich noch im 10. Jh. eine Medizinschule gegründet, zu der nun Constantinus stieß, der sofort erkannte, wie dürftig die medizinische Literatur vor Ort war. Auf einer dreijährigen Studienreise trug er – ähnlich wie Rhazes – Werke der arabisch-griechischen Welt zusammen. Im Jahr 1078 trat er in das Kloster Monte Cassino ein, und übersetzte eine große Zahl arabischer Werke ins Lateinische, wobei es sich oft um gekürzte Fassungen handelte.

Constantinus übersetzte Werke der folgenden Autoren:

Von Hunayn ibn Ishaq die *Isagoge ad Techni Galeni*.[8]

Von Issak Judaeus die bereits erwähnten Schriften über Fieber, die Harnschau, die Pulsdiagnostik und die Diätetik.

Von dem Nordafrikaner Ibn al-Dschazzar (um 932–009), einem Schüler des Isaak Judaeus, übertrug er das Gesamtwerk: Die Arzneimittellehre über die Simplizien, die einfachen Arzneimittel *Itimad*, wurde zum *Liber de gradibus* oder *Liber graduum*. Hier werden die einfachen, nicht zusammengesetzten Heilmittel nach ihren Wirkungsgraden beschrieben. *Zad al-Musafir* (*Viaticum*), ein Handbuch für reisende Ärzte, das eine handliche Kurzfassung der Heilkunst bietet. Der *Liber de stomacho* ist eine Schrift über Magenkrankheiten.

Von Ishac Ibn Imran, Arzt in Bagdad um die Wende des 9. zum 10. Jh., übernahm Constantinus das Buch über die Melancholie: *al-Maqala fi al-Malikhukiya*.

Kitab al-Hawi fi tebb (kurz *Al-Hawi*), eine posthume Kompilation aus Rhazes und anderen Schriften zur Medizin.

Aus hippokratischen Schriften und Galens *Megatechne* (*Über die therapeutische Methodik*) schuf er ein medizinisches Kompendium.

Constantinus wurde noch zu Lebzeiten vorgeworfen, dass er bei vielen Texten die Autorschaft im Unklaren ließ, sogar der Vorwurf, Plagiate geschaffen zu haben, stand und steht im Raum. Mit diesen Übersetzungen wurde die Medizinschule von Salerno in kürzester Zeit zur wichtigsten Ausbildungsstätte für Ärzte im Okzident. Die Ärzte von Salerno konnten nun nach der Humoralpathologie lehren und arbeiten. Auf dieser Basis entwickelte sich in Salerno eine rationale, kompakte Theorie der Medizin. Diese Medizin wurde in der ersten Hälfte des 12. Jhs. durch Werke wie die *Curae* oder *Practica* des Johannes Platearius ergänzt, eine Krankheits- und Therapielehre, die jedes Kapitel streng in Ursachen (*causae*), Zeichen bzw. Diagnostik (*signa*) und Therapie (*curae*) gliedert. Als ebenso streng gegliedert erweist sich das *Circa instans* des Matthäus Platearius zu den einfachen Arzneimitteln (*simplicia*). Dieses führt nach den Namen der Drogen die Hauptwirkungen (Primärqualitäten), Beschreibung und Herkunft, Haltbarkeit, Fälschungen (!) und wichtige Anwendungen an und umfasst damit die Aufgaben der Apotheker. Das *Antidotarium Nicolai* des Nikolaus von Salerno behandelt die Komplexmittel.

Durch die Übersetzungen des Constantinus Africanus wurde die Medizin in Europa auf der Basis des arabischen medizinischen Schrifttums revolutioniert. Salerno konnte sich bis ins 13. Jh. hinein als führende Ärzteschule des Okzidents behaupten, geriet jedoch in eine Krise, als der Stauferkaiser Friedrich II. versuchte, in Neapel eine Universität zu gründen. Ganz neue Impulse hatten sich inzwischen jedoch durch die Übersetzungen aus Toledo im 12. Jh. ergeben.

Zweite Phase der Medizin in der arabisch-sprachigen Welt – 11. und 12. Jh.

Im 11. Jh. erreichte die Medizin in der arabisch-sprachigen Welt ihre Hochblüte, insbesondere durch den aus Afschana bei Buchara (Uzbekistan) – vermutlich aus einer persischen Familie stammenden – Ibn Sina (Abu Ali al-Husain ibn Abd Allah ibn Sina), der latinisiert Avicenna (um 980–1037) genannt wird. Das in der Jurisprudenz, Philosophie und Medizin ausgebildete Genie wurde zum bedeutendsten Arzt des Mittelalters und darüber hinaus, sowohl im Orient als auch im Okzident. Die Grundlage für den überragenden Ruf ist sein medizinisches Hauptwerk, der *Qanun* (*Qanun fi t-Tibb* oder *Qanun at-Tibb*), den er im zweiten Jahrzehnt des 11. Jhs. verfasste. Das in fünf Bücher gegliederte Werk behandelt in bestechend systematisierter Form alle Bereiche der Medizin. Das erste, äußerst anspruchsvolle Buch behandelt die theoretischen und praktischen Grundlagen der Medizin. Im zweiten werden nach einer umfangreichen Einleitung über die Wirkungen der Arzneien, wobei die Ausführungen über das medizinische Experiment beeindrucken, die einfachen Mittel vorgestellt. Das dritte Buch stellt die einzelnen Organe und ihre Erkrankungen mit entsprechender Therapie vor, während das vierte Buch den Krankheiten gewidmet ist, die den ganzen Körper befallen können, wobei hier auch die Chirurgie zum Zuge kommt. Im fünften Buch werden schließlich die zusammengesetzten Mittel besprochen.

Wie Rhazes orientiert sich Ibn Sina an den Schriften Galens von Pergamon. So findet sich der oft angeführte Zusammenhang von Psyche und Krankheit, etwa die Liebeskrankheit, bereits in den Schriften des griechischen Arztes. Dennoch bringt Ibn Sina viele einzelne Neuerungen ein. Sein größter Verdienst liegt jedoch darin, die gesamte Medizin seiner Zeit in einem logischen System dargestellt zu haben.

Abgesehen von Avicenna, der als Berater und Arzt in u. a. Buchara, Choresm (West-Uzbekistan), Gorgan (Dschurdschan) und zuletzt an den persischen Höfen von Ray, Hamadan und Isfahan gewirkt hatte, wechselte das Zentrum der arabisch-sprachigen Wissenschaften nach Westen in die muslimisch beherrschten Teile Spaniens. Ein kulturelles Zentrum war dort Córdoba, das seit dem 10. Jh. mehrere Universitäten, öffentliche Bibliotheken und Krankenhäuser besaß. Muslime, Juden und Christen konnten hier friedlich zusammenwirken. Die bedeutendsten Ärzte und Philosophen dieser Periode waren Abulcasis (936–1013) auf dem Gebiet der Chirurgie, Averroes (1126–1198) in der Medizintheorie und als Kommentator der Werke des Aristoteles sowie der Jude Maimonides (1135/1138–1204).

Abulcasis oder Abulcasim (Abu l-Qasim Chalaf ibn al-Abbas az-Zahrawi) wurde 936 in Madinat az-zahra in der Nähe von Córdoba geboren, wo er auch 1013 verstarb. Über sein Leben ist wenig bekannt, er scheint sich vorwiegend in seinem Heimatort bewegt zu haben. Er verfasste ein 30-bändiges Werk, *Kitab at-Tasrif* oder *At-Tasrif*, das von Gerhard von Cremona ins Lateinische übersetzt wurde. Abulcasis befasste sich besonders mit der Chirurgie und Kauterisation, erfand Instrumente zur Untersuchung des Ohres, der Speise- und der Harnröhre. Eine bedeutende Quelle Abulcasis war der griechische Arzt Paulos von Aigina aus dem 7. Jh., der in Alexandria wirkte.

Averroes (Abu l-Walid Muhammad b. Ahmad b. Muhammad Ibn Rushd oder einfach Ibn Rushd) wurde 1126 in Córdoba geboren und starb 1198 in Marrakesch. Mit der Aufforderung, dass der Mensch v. a. seine Vernunft gebrauchen solle, kam er in Konflikt mit der orthodoxen Theologie, weshalb seine Werke verboten wurden. Sein medizinisches Hauptwerk ist *Kitab al-kulliyat fit-tibb* (kurz *Kulliyat*, latinisiert *Colliget*), das *Generelle Buch der Medizin*, welches Themen wie Anatomie mit Physiologie und Pathologie sowie Diätetik, Arzneimittellehre, Hygiene und Therapie umfasst.⁹ Außerdem erstellte er eine Kompilation aus Werken Galens und einen Kommentar zum *Qanun* Ibn Sinas. Berühmt wurde er aber v. a. durch seine Kommentare zu den Werken des Aristoteles, weshalb er den Ehrennamen „Der Kommentator" in der christlichen Gelehrtenwelt Europas erhielt. Der *Colliget* wurde an den europäischen Universitäten durchaus studiert, konnte aber nicht an die Bedeutung des *Canon medicinae* heranreichen (Abb. 3).

Abb. 3. Der griechische Philosoph Aristoteles war für die arabische Wissenschaft von großer Bedeutung. Hier eine Seite aus dem Manuskript von Ibn Buhtishu aus dem 13. Jh.

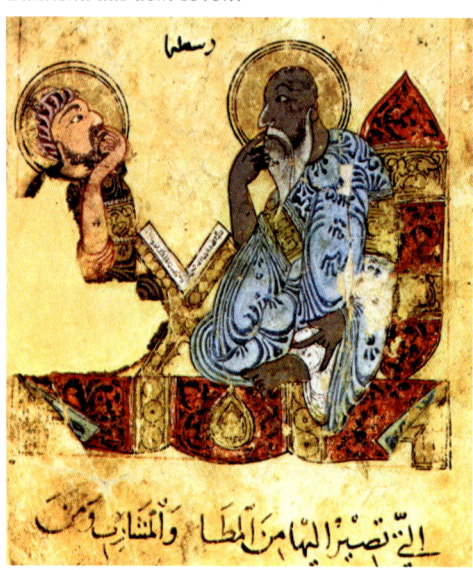

Moses Maimonides (Mosche ben Maimon) stammte ebenfalls aus Córdoba, wo er zwischen 1135 und 1138 geboren wurde. Er starb 1204 in Kairo. Sein Hauptwirken lag auf den Gebieten der Theologie und Philosophie, er arbeitete auch als Arzt und verfasste gegen Ende seines Lebens in Kairo zehn medizinische Schriften. Darunter finden sich zwei Sammlungen mit Auszügen aus Galen, ein Gesundheitsregimen (*Regimen sanitatis*, *Fi tadbir as-sihha*) sowie Traktate über Asthma (*Maqala fi r-rabw*), Hämorrhoiden (*Maqala fi l-bawasir*) und den Geschlechtsverkehr (*Kitab fi l-jima*) und eine Abhandlung über Gifte und ihre Gegenmittel (*Kitab as-sumum*).

Abgesehen vom *Qanun* wurden die Werke dieser Periode der arabisch-sprachigen Medizin relativ bald ins Lateinische übertragen, was der Verdienst der Übersetzer von Toledo war.

Die Übersetzungen von Toledo

In Toledo hatte sich im 12. Jh. eine einmalige Situation ergeben. Bedingt durch eine liberale maurische Regierung konnten hier Muslime, Christen und Juden zusammenleben und zusammen arbeiten. Dies wurde genutzt, um wichtige Werke aus dem Arabischen ins Lateinische zu übertragen. Man konnte Übersetzungen bestellen. So hat Petrus Venerabilis, der Abt von Cluny, 1142 eine Übersetzung des Korans in Auftrag gegeben, die 1143 vollendet wurde. Im Zentrum standen jedoch philosophische und naturwissenschaftlich-medizinische Werke.¹⁰

Für die Medizingeschichte von größter Bedeutung waren die Übersetzungen des Gerhard von Cremona (1114–1187). Der aus dem italienischen Cremona stammende Gelehrte hatte wahrscheinlich ein Kanonikat an der Kathedrale von Toledo inne und konnte selbst wohl kaum oder überhaupt nicht Arabisch. Nach einem

Bericht seines englischen Schülers Daniel von Morley ging der Übersetzungsvorgang folgendermaßen vonstatten. Der Mozaraber Ghalib übertrug die arabischen Texte mündlich ins Kastillische, diesen Text übersetzte Gerhard direkt ins Lateinische. Es liegt auf der Hand, dass dieser Übersetzungsvorgang sehr fehleranfällig war. Insgesamt wurden auf diese Weise über 70 philosophische, naturwissenschaftliche und medizinische Werke ins Lateinische übersetzt.

Gerhard von Cremona wurde nicht nur durch seine Übersetzungen des *Amalgest* von Ptolemäus und des *De caelo et mundo* von Aristoteles bekannt, sein bedeutendstes Werk bleibt wohl die Übertragung des *Qanun at-Tibb* des Ibn Sina um 1170 als *Canon medicinae*. Trotz des sehr schwierigen Übersetzungsverfahrens ist es gelungen, v. a. das erste Buch relativ genau zu übersetzen. Im zweiten Buch über die einfachen Arzneimittel stellen die Einzelkapitel oft nur Kurzfassungen des arabischen Textes dar. So ist etwa das Kapitel zum Fenchel (*Foeniculum vulgare*) nur etwa halb so umfangreich wie das Original. Dennoch hatte die lateinische Fassung einen riesigen Erfolg. Gut 100 Jahre nach der Übersetzung wurde der *Canon* – wahrscheinlich ausgehend von Montpellier und kurz darauf in Paris – zum Standardwerk des Medizinstudiums und blieb dies bis in das 16. Jh. hinein.

Neben dem *Qanun* wurde durch Gerhard von Cremona 1175 auch das Hauptwerk des Rhazes unter dem Titel *Liber ad Almansorem* in einer lateinischen Version geschaffen, die ebenfalls die Medizin Europas beeinflusste, aber nicht die Bedeutung Ibn Sinas erreichte.

Die Übersetzungen des medizinischen Schrifttums der arabisch-sprachigen Welt in Salerno bzw. Monte Cassino im 11. Jh. sowie im Toledo des 12. Jhs. wurden die Grundlage für das Medizinstudium an europäischen Universitäten. Ohne sie wäre eine Akademisierung der Medizin in Europa wohl nicht möglich gewesen (Abb. 4).

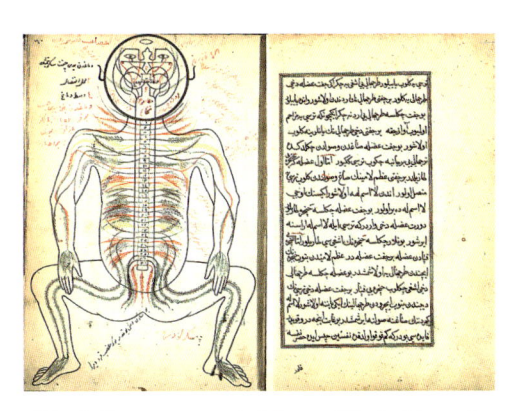

Abb. 4. Nervensystem bei Semseddin Itaki aus der Zeit um 1632.

Wichtige Übersetzungen des 13. Jhs. – Pseudo-Serapions *Aggregator* und der *Taquinum sanitatis* des Ibn Butlan

Zwei Übersetzungen aus dem 13. Jh. hatten großen Einfluss auf die akademische und sogar auf die einsetzende populäre Literatur. In der Mitte des 13. Jhs. entstand eine arabischsprachige Arzneimittellehre, die nur in der lateinischen Übersetzung vorliegt und um 1290 von Simon von Genua und Abraham von Tortosa mit dem Titel *Liber aggregatus in medicinis simplicibus* erstellt wurde. Die Vorlage für die arabische Fassung könnte das nur in Fragmenten fassbare Simplizienbuch *Kitab al-adwiya al mufrada* des Ibn Wafid aus der Mitte des 11. Jhs. (Córdoba) gewesen sein, dessen Urquelle wiederum der *Gami al-adwiya al mufrada* des Arabers Abu Bakr Hamid b. Samagun aus dem 10. Jh. gewesen sein dürfte.[11]

Simon von Genua hat das Werk einem Serapion zugeschrieben, gemeint ist vielleicht Yahya ibn Sarafiyun (Johannes Serapion), ein Autor des 9. Jhs. Da der Autor jedoch nicht identifizierbar ist, läuft das Werk unter *Pseudo-Serapion* bzw. *Aggregator* oder genauer *Liber Aggregatus*. Bemerkenswert ist der Aufbau. Die pflanzlichen Simplizien werden nach ihrem Wirkungsgrad gegliedert.

Die Einzelkapitel bzw. Monographien zu den Drogen bestehen vornehmlich aus einer Kompilation aus der *Materia medica* des Dioskurides und *De simplicium medicamentorum temperamentis et facultatibus* des Galen von Pergamon und damit der beiden wichtigsten Autoritäten der Spätantike, auch auf dem Gebiet der Arzneimittel. Jedes Kapitel beginnt mit dem arabischen und lateinischen Namen der Droge, dem folgt in der Regel die Pflanzenbeschreibung nach Dioskurides, dann die Wirkungen und Indikationen nach Galen, denen sich das restliche Kapitel aus der *Materia medica* mit den Indikationen und Rezepten anschließt. Den Schluss der Monographie bilden oft Zitate weiterer Autoritäten. Die Zitate aus Dioskurides und Galen sind stets mit „D" oder „G" gekennzeichnet. So werden insgesamt 365 Pflanzen (in der Druckfassung) und 49 mineralische sowie 48 tierische Mittel beschrieben. Mit dem *Aggregator* standen also die Arzneimittellehren von Dioskurides und Galen in großen Teilen zur Verfügung. Kein Wunder, dass er sehr häufig abgeschrieben wurde und als eines der ersten Werke der Medizin gedruckt wurde.

Der *Aggregator* zählt neben dem *Canon medicinae* Avicennas, dem *Circa instans* von Salerno und Plinius dem Älteren zu den Hauptquellen des *Gart der Gesundheit* des Johann Wonnecke von Kaub, gedruckt bei Peter Schöffer (Mainz 1485). Dies ist das erste durchgehend illustrierte gedruckte Kräuterbuch, das über die Bearbeitungen durch die Frankfurter Stadtärzte schließlich als Kräuterbuch des Adam Lonitzer bis 1786 immer wieder aufgelegt wurde.

Das *Taqwim as-sihha* des Ibn Butlan

Von großer Bedeutung für die Medizin der Antike und des gesamten Mittelalters war Prävention, also die Frage: wie bleibe ich gesund bzw. wie werde ich nicht krank. Daraus entstanden zahlreiche Gesundheitslehren, sog. Gesundheitsregimen. Schon die Hippokratiker befassten sich von Beginn an mit dieser Frage. Prägend wurde schließlich Galen, in dessen pathophysiologischem Konzept die Möglichkeiten der persönlichen Einflussnahme zur *preservatio* (Prophylaxe) beschrieben werden, die dann unter den „*sex res non naturales*" in die Medizingeschichte des Orients und Okzidents eingingen.

Zu den ganz prominenten Werken unter den Gesundheitsregimen gehört das *Taqwim as-sihha* des Ibn Butlan. Er stammte aus Bagdad und gehörte zu den Nestorianern. Im Jahr 1049 verließ er seine Heimatstadt. Stationen seines Lebens waren Kairo, Konstantinopel und Aleppo. In Antiochia trat er in ein Kloster ein, wo er zwischen 1064 und 1066 verstarb.

Das *Taqwim as-sihha* oder lateinisch *Tacuinum sanitatis* gilt als Hauptwerk Ibn Butlans, obwohl es eigentlich eine Kompilation aus sehr vielen Quellen ist. Die Besonderheit des Werkes ist die tabellarische Darstellung der Themen. Daher auch der Titel *Taqwim* = tabellarische Übersicht. Da diese Tabellen an das Schachbrett erinnern, lautete der Titel der deutschen Übertragung *Schachtafeln der Gesundheit*. Im Zentrum des Werkes stehen 40 Tabellen zu den wichtigsten Lebensmitteln, wie Früchte, Korn, Getränke, Fleisch von Vögeln, Fischen und Säugetieren, aber auch fertige Speisen, Zubereitungsarten und Getränke. Sie werden nach einem festen Schema behandelt. Jede Tafel enthält sieben Lebensmittel, die nach folgenden Gesichtspunkten dargestellt werden:

1. Primärqualitäten: warm oder kalt, feucht oder trocken, mit Angabe der Quelle und abweichenden Meinungen.
2. Der optimale Zustand: etwa frisch oder getrocknet, gebraten oder roh gegessen.

3. Gesundheitliche Effekte: führt ab, hilft bei Fieber …
4. Schädliche Effekte: verursacht Blähungen, Verstopfungen …
5. Gegenmittel zu 4.: Wie man die schädlichen Effekte abwenden kann.
6. Wirkungen: Wo, wann und wem die Speise besonders nützt, aufgeteilt nach Klima (gemäßigtes, heißes oder kaltes Klima); nach Jahreszeit; Lebensalter; Komplexion und allgemeinem Effekt.

Das *Taqwim* wurde Mitte des 13. Jhs. im Auftrag von König Manfred von Sizilien ins Lateinische übersetzt und war bald auch in Europa weit verbreitet.

Sehr bekannt ist heute eine reich bebilderte Gruppe von Handschriften, die unter dem Titel *Tacuinum sanitatis* laufen, wobei *Tacuinum* die latinisierte Form von *Taqwim* ist. Diese Handschriften gehen auf eine gekürzte Fassung der lateinischen Übersetzung aus der Mitte des 13. Jhs. zurück, die um 1380 von Giovanni de' Grassi mit 169 Bildern und Federzeichnungen versehen wurde. Diese Handschriften wurden für den hohen Adel geschaffen. Hier stehen meist die Abbildungen im Vordergrund, lediglich kurze Bildunterschriften nehmen Bezug auf die Aussagen aus der jeweiligen Tabelle. Die Texte aus den Kommentaren und dem Regelbuch fehlen in der Regel völlig.

So wurde die Arzneimittellehre – also die Pharmazie – des europäischen Mittelalters zu einem guten Teil durch Übersetzungen aus arabischen Werken wie dem *Aggregator*, aber auch durch das zweite Buch des *Canon medicinae* geprägt. Die Gesundheitsregime fußten derweil nahezu ausschließlich auf den arabischsprachigen Vorbildern, nicht nur auf dem *Taqwim*, sondern auch auf entsprechenden Passagen aus dem *Canon* und anderen einschlägigen Texten der arabischsprachigen Welt.

---

1 Fuat Sezgin: *Syrische und persische Quellen.* In: *Geschichte des arabischen Schrifttums* Bd. III: *Medizin – Pharmazie – Zoologie – Tierheilkunde.* E. J. Brill, Leiden 1970, S. 175.
2 Friedrun R. Hau: *Arabische Medizin im Mittelalter.* In: Werner E. Gerabek, Bernhard D. Haage, Gundolf Keil, Wolfgang Wegner (Hrsg.): *Enzyklopädie Medizingeschichte.* De Gruyter, Berlin, New York 2005, S. 87–90; hier: S. 87 f.
3 Wolfgang U. Eckart: *Byzantinische Medizin – Die Rezeption der antiken Heilkunst.* Springer-Verlag Heidelberg, Berlin, New York, 2009, S. 43 f.
4 Fuat Sezgin: *Geschichte des arabischen Schrifttums* Bd. III: *Medizin – Pharmazie – Zoologie – Tierheilkunde.* E. J. Brill, Leiden 1970, S. 203–204.
5 Fuat Sezgin, ebd., S. 3 f.
6 Fuat Sezgin, ebd., S. 320–322.
7 Charles S. F. Burnett, Danielle Jacquart (Hrsg.): *Constantine the African and Ali Ibn Al-Abbas Al-Magusi: The Pantegni and Related Texts.* E. J. Brill, Leiden 1995.
8 Heinrich Schipperges: *Die Assimilation der arabischen Medizin durch das lateinische Mittelalter.* Wiesbaden 1964 (Sudhoffs Archiv, Beiheft 3), S. 33.
9 Heinrich Schipperges: *Averroës,* in: Eckart, Wolfgang U., Gradmann, Christoph: *Ärztelexikon. Von der Antike bis zum 20. Jh.,* 3. Aufl. Springer Heidelberg, Berlin, New York, 2006, S. 17 f.
10 Heinrich Schipperges: *Die Schulen von Toledo in ihrer Bedeutung für die abendländische Wissenschaft.* In: Sitzungsberichte der Marburger Akademie der Wissenschaften 82, 1960, S. 3–18.
11 Jochem Starberger-Schneider: *Pseudo-Serapion: Eine große arabische Arzneimittellehre.* Der Liber aggregatus in medicinis simplicibus *des Pseudo-Serapion aus der Mitte des 13. Jahrhunderts.* Deutsche Übersetzung nach der Druckfassung von 1531. Deutscher Wissenschaftsverlag (DWV), Baden-Baden 2009, S. 3.

Seelen leiden, Seelen heilen – Psychologie als Prävention

Detlev Quintern

Bereits der englische Dichter Geoffrey Chaucer (1342–1400) wird in seinen die Canterbury Tales einleitenden 40 Zeilen *Der Doktor der Medizin* den arabischen Arzt Abu Bakr Muhammad Zakariya ar-Razi (865–925) vor Augen gehabt haben, als er neben Dioskurides, Gallen, Avicenna, Averroes und anderen auch Rhases aufführte und schrieb: „*Of his diete mesurable was he. For it was no superflutiee, but of greet nourishing and digestable. His studie was but little on the bible.*" Der erfahrene Arzt trägt also nicht zuletzt Sorge für sich selbst, indem er sich gut ernährt und Exzesse vermeidet.[1] Jedoch trifft das Urteil von Chaucer, der Arzt liebe Gold über alles[2], nicht auf Rhases (*ar-Razi*) zu (Abb. 1). Dieser war bekannt dafür, auch Mittellose kostenlos zu behandeln, bevor er selbst in ärmlichen Verhältnissen starb. Was jedoch der historischen Wahrheit näher kommt, ist, dass ar-Razi das Studium der Bibel – gemeint war der Koran – im Vergleich zu seinen medizinischen, pharmazeutischen und philosophischen Studien vernachlässigte. Ar-Razi war ein kritischer Geist.[3] In der arabisch-islamischen Toleranzkultur stellte dies kein Problem dar, schließlich leitete ar-Razi zeitweilig ein Krankenhaus in Bagdad – eine verantwortungsvolle Stellung, die zudem kaum Zeit für Koranstudien ließ.

Abb. 1. Ar-Razi (Rhases), QUIETE ET ABSTINENTE *(Seid ruhig und enthaltsam), Apothekenerker Lemgo, Foto: Heiner Borgrefe.*

Entlang der Fassade der Ratsapotheke in Lemgo zeigt ein Fries zwei arabische Gelehrte, den Arzt und Philosophen Abu Bakr Muhammad Zakariya ar-Razi und Dshabir Ibn Haiyan, einen wahrscheinlich in der zweiten Hälfte des 8. Jhs. wirkenden Naturphilosophen und Alchemisten.[4] Das baugeschichtlich bedeutende Zeugnis der norddeutschen Weser-Renaissance würdigte im Jahre 1612 arabische Wissenschaftler, was einmal mehr belegt, dass sich eine Ausblendung arabisch-islamischer Beiträge aus dem universellen Wissenskanon erst sehr viel später durchzusetzen begann. Schon in der europäisch-mittelalterlichen Scholastik kamen Ansätze einer Arabophobie auf und schließlich entbrannte im 16. und 17. Jh. ein Streit zwischen Humanisten, besser Gräzisten und Arabisten. Letztere waren ja nicht weniger Humanisten. Der Medizinhistoriker Heinrich Schipperges dokumentierte und diskutierte diesen lange währenden Disput.[5] Sehen wir von Paracelsus (ca. 1493–1541) einmal ab – er verwarf Humoralpathologie, Galen und die arabischen Werke des Ibn Sina/Avicenna gleichermaßen – dann gelangen mit den Drucklegungen von Galen und Hippokrates im Venedig des ersten Drittels des 16. Jhs. die Humanisten zu neuer Autorität. Dabei spielten oftmals Fragen der Philologie eine entscheidende Rolle. Für den süddeutschen Raum kommt dabei Leonhardt Fuchs (1501–1566) eine entscheidende Rolle zu. In Tübingen lässt er 1538 Galen in griechischer Sprache drucken. Zugleich fordert er die Verbannung arabischer Werke aus der Lehre.[6]

Im beginnenden 17. Jh. und seinem historisch-kulturellen Milieu stellen die Sandsteinportraits an der Lemgo Ratsapotheke eine Besonderheit dar, bilden sie doch neben Hippokrates, Aristoteles, Dioskurides, Galen, Raimundus Lullus und Paracelsus auch Rhases (ar-Razi) und Geber Arabs (Dshabir) ab. Der Apothekenerker zeugt somit von einem Bewusstsein der Einheit der Medizingeschichte (Abb. 2 und 3). Im Folgenden werden wir uns vordergründig dem Arzt, Pharmazeuten und Philosophen ar-Razi zuwenden, welchen schon der Leibarzt des Herzogs von Lothringen Champier (ca. 1471–1537) als ausgezeichneten Arzt bezeichnet hatte (*medicus excellentissimus*)[7].

Die in das Lateinische übertragenen medizinischen Werke von ar-Razi zählen neben der Bibel zu den meist gedruckten Büchern im Europa des 16. Jhs., darunter das *Kitab al-Hawi fi at-Tibb*, das unter dem lateinischen

Abb. 2. Frontalansicht auf den Apothekenerker in Lemgo. In der Figurenreihe links ar-Razi/Rhases, daneben Galen, Hippokrates, Hermes, Lullius und Dshabir/Geber. Foto: Heiner Borggrefe.

Seelen leiden, Seelen heilen 51

Namen *Liber Continens* zugleich eines der umfangreichsten Druckwerke zu Beginn des Buchdrucks war. Für die medizinische Enzyklopädie, die bis in das 17. Jh. nach Übersetzung in das Lateinische auch unter dem Titel *Comprehensor* in Europa bekannt war, hatte ar-Razi rund 15 Jahre gebraucht, nachdem er sorgfältig indische, griechische und arabische Quellen eingearbeitet hatte. Die Druckausgabe umfasste 25 Bände und wurde fünfmal zwischen 1488 und 1542 gedruckt. Unter den insgesamt neun Büchern, welche die Bibliothek in Paris im Jahre 1279 besaß – die handschriftliche Übersetzung war im selben Jahr auf Sizilien abgeschlossen worden – befand sich auch das *Liber Continens*.[8] Der Medizinhistoriker Meyerhoff vermutete, dass der jüdische Arzt Faraj ibn Salem, der es noch vor dem Buchdruck übersetzt hatte, dafür vermutlich sein ganzes Leben gebraucht habe. Es wurde 1279 in Neapel publiziert. In Fragen, darunter nach der Ursache des Fiebers, widersprach ar-Razi der medizinischen Autorität eines Galen, gleichwohl er sich als Schüler Galens bezeichnete. Mit den *Zweifeln an Galen*, so auch der Titel seines Buches (*Fi' l-Shukuk ala Dshalinus*), treten erste Risse in der Vier-Säfte-Lehre (Humoralpathologie) auf.[9]

In vielen Bereichen der Medizin, darunter der Diagnostik und Therapeutik, u. a. von Pocken, Masern und Gelenkrheumatismus, stellen seine Werke Meilensteine der Medizingeschichte dar.[10] Das gilt insbesondere auch für die Chemiatrie, die Anwendung der Chemie in der Pharmazie.[11] Zudem leistete ar-Razi einen wichtigen Beitrag zur Kinderheilkunde.[12] Der Universalwissenschaftler al-Biruni (973–1048) verfasste eine Bibliographie, welche die 184 Arbeiten von Zakariya ar-Razi, darunter 89 spezifisch medizinischen Inhalts, auflistete.[13] Wir werden uns hier im Folgenden mit ar-Razis Abhandlung *Spirituelle Medizin* (*At-Tibb ar-ruhani*) eingehender auseinandersetzen.

Für arabische Ärzte, darunter ar-Razi, Ibn Sina, Ibn Rushd (Averroes) oder Ibn Maimun al-Qurtubi (Maimonides), war Prävention nicht nur Gegenstand von Abhandlungen, sondern auch Bestandteil von Therapeutik und ärztlicher Praxis in einem weiteren, gesellschaftsbezogenen Sinne. Die Mediziner verfügten über eine interdisziplinäre sowie Disziplinen übergreifende Ausbildung; sie waren in unterschiedlichen Fächern zu Hause und oft zu gleicher Zeit praktisch tätig. Sei es als Leiter einer Klinik in Bagdad, wie ar-Razi oder als Leibarzt herausragender Persönlichkeiten des öffentlichen Lebens, so Ibn Maimun, der 1185, zwei Jahre vor der berühmten und siegreichen Schlacht gegen die Kreuzritter in Palästina im Sommer 1187, als vertrauter Arzt des Beraters und Sekretärs von Salah ad-Din, al-Qadi al-Fadil, tätig war. Kaum einer der

Abb. 3. Geber Arabs, Dshabir der Araber, IN SOLE ET SALE NATURAE SUNT OMNIA („In der Sonne und im Salz ist die gesamte Natur enthalten"), Apothekenerker Lemgo, Foto: Heiner Borggrefe.

herausragenden Ärzte aus der vom 8. bis zum 16. Jh. reichenden arabisch-islamischen Blütezeit hatte nicht auch philosophische Werke verfasst. Medizin war eingebettet in ein kosmologisch-philosophisches Verständnis von Leben, Mensch und Kosmos, ein Wechselspiel eines sich gegenseitig durchdringenden Mikro- und Makrokosmos. Philosophie, Psychologie und Medizin verschmolzen zu einer transdisziplinären Gelehrsamkeit, welche in der ärztlichen Praxis erprobt war. *At-Tibb ar-ruhani*, die *Spirituelle Medizin* von ar-Razi steht beispielhaft hierfür.

Die philosophisch-psychologische Abhandlung hatte ar-Razi wahrscheinlich für den samanidischen, in Buchara regierenden Amir Mansur Ibn Nuh Ibn Nasr geschrieben, als eine Ergänzung zu seinem ihm ebenfalls gewidmeten medizinischen Werk (*al-Mansuri*) und als eine Art verständlich geschriebene Handreichung für eine seelisch ausgeglichene Lebensweise. Die beiden Werke sollten den Amir soweit in Stand setzen, dass er keines Arztes mehr bedürfe. *„Ich bin dieses Buch, aus dem Du das Nötige erfahren kannst. So brauchst Du mich nicht mehr."*[14]

Die Krankheiten vorbeugende Lehre von einer seelisch ausgeglichenen Lebensweise leitete Rhases aus einer von der Vernunft angeleiteten Philosophie ab, wobei er sich auf die Seelenlehre von Platon und Galen stützt. Das Zusammenspiel von vegetativen, animalischen und rationalen Anteilen der Seele wird durch die Vernunft austariert. Die Eindämmung und Zurückdrängung von Begierden gewährleistet eine harmonische,

Abb. 4. Eröffnungsseite des Kanons der Medizin von Ibn Sina (Avicenna) mit dem islamischen Glaubensbekenntnis am Textanfang.

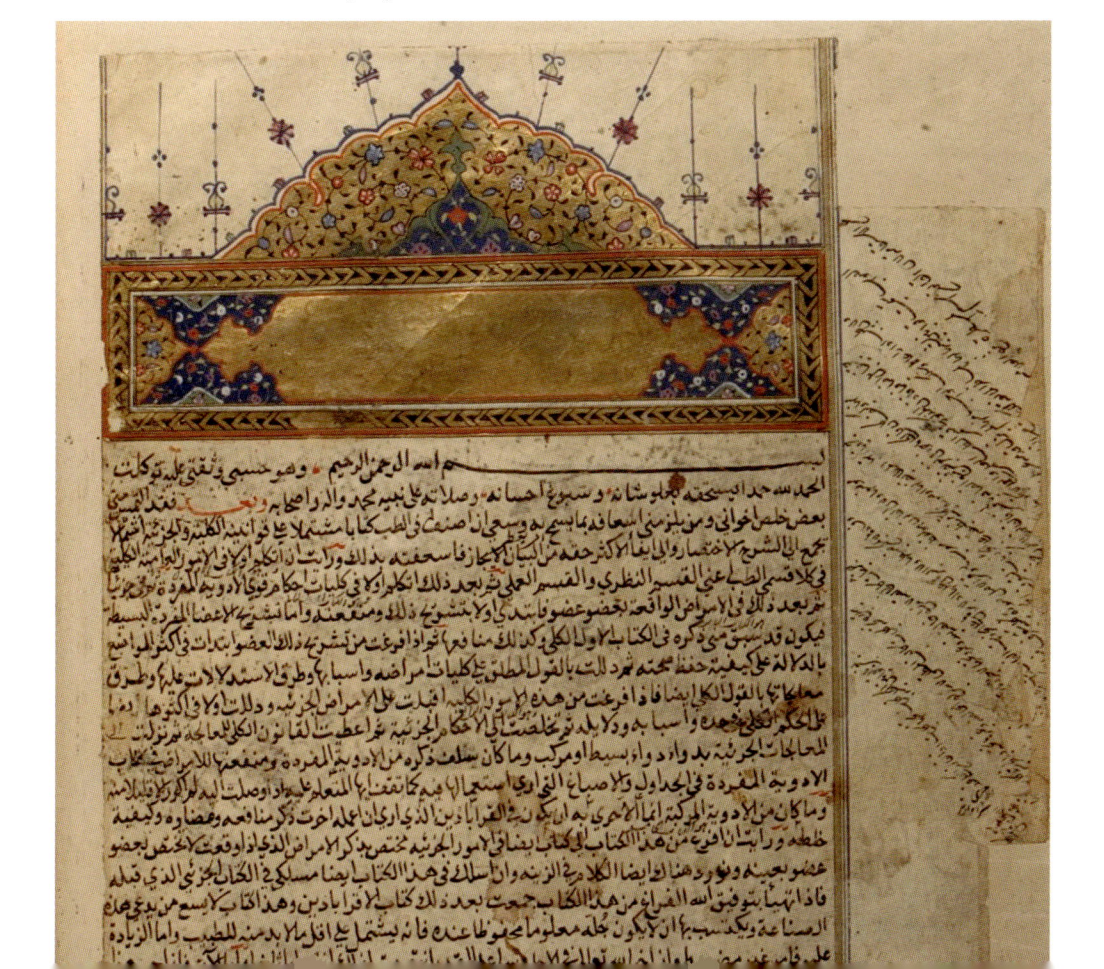

sprich ausgeglichene Persönlichkeitsstruktur. Jegliches Übermaß führt dazu, dass der Mensch aus dem Gleichgewicht gerät. Das sprichwörtliche „Maß halten", erinnert an die philosophische Tradition, welche bis in die altägyptische Weisheitslehre der *Ma'at* reicht, an die Platon in seiner Konzeption von der Seele anknüpfte.[15] Abu Bakr sieht in der Zügelung der Begierden eine rationale Orientierung, der alle Religionen folgten.[16]

Gerät die durch Vernunft geleitete Ausbalancierung von Freude und Schmerz, Verlangen und Entsagen aus dem Gleichgewicht, dann kann sie in Sucht umschlagen. Hierfür führt ar-Razi verschiedene Beispiele an, darunter Sexualität und Trinkgenuss. Das geht so weit, als dass ein übermäßiges Verlangen – heute als Sucht bezeichnet – anstelle eines Glücksgefühls Unglück, anstatt Freude Traurigkeit und anstelle von Genuss Qualen hervorruft, was den Anfang eines Selbstzerstörungsprozesses einleiten kann. Trinken empfiehlt ar-Razi lediglich als Therapeutikum, um Kummer und Ängste zu überwinden.[17] Ein Phänomen, was dem heutigen Burn-Out-Phänomen nahekommt, stellt nach Rhases einen zwar durch Vernunft geleiteten, aber übersteigerten Ehrgeiz dar, der aus dem Drang heraus erwächst, alles in kürzester Zeit erreichen zu wollen. Der Körper macht nicht mit, Depression ist die Folge.[18]

Ar-Razi vertritt eine ethisch-moralische Psychologie, deren Wertekanon schlechte Charaktereigenschaften eindämmt und nach Möglichkeiten überwindet. Fehlverhalten wie Eingebildet-Sein oder Neid, die Rhases als eine schwere psychische Krankheit deutet, weil sie die Seele ihrer Kräfte berauben,[19] Verlogenheit und Autoritätshörigkeit, die bis zur Aufgabe des Selbstrespektes führen können, Geiz, der Phobien aller Art hervorruft oder Gier, z. B. Esssucht, und Reinlichkeitswahn im Rahmen von rituellen Waschungen – all diese Entgleisungen führen zu seelischen, mitunter auch körperlichen Schäden.

Abu Bakr folgt einer strikten Sexualmoral. Ein vernünftiger Mann enthalte sich nach Möglichkeiten dem Sexualtrieb; er weist körperliche Liebe zurück, ist doch die sexuelle Lust die verruchteste aller Begierden, welche in Folge des Kontrollverlustes gar die Grenzen des Animalischen überschreite.[20] Ibn Sina/Avicenna folgt ar-Razi in seiner strikten Sexuallehre nicht, vielmehr empfiehlt er eine ausgeglichene Beziehung zwischen Gefühl und Verstand und er gesteht auch der Frau Sexualität zu. Eine übermäßige Vernunftsteuerung der Liebesgefühle in Richtung Triebverzicht kann Seele und Körper schaden.[21] Ibn Sina untersuchte und therapierte psychosomatische Folgen von Liebeskummer oder Wahnvorstellungen, wie die eines jungen Angehörigen aus der Buyiden Dynastie, der davon überzeugt war, ein Ochse zu sein. Ibn Sina nahm den „*Ochsen*" beim Wort, ließ den abgemagerten Jüngling „*mästen*" und heilte ihn auf diese Weise (Abb. 4).[22]

Für die historische arabisch-islamische Psychologie ist es charakteristisch, Vernunft zum Guten hin zu orientieren. Prävention wurde vor diesem Hintergrund, um ein Beispiel aus heutiger Praxis aufzuführen, nicht nur als Suchtprävention verstanden, sondern setzte bereits in frühkindlicher Erziehung ein, wobei Werte, darunter Gerechtigkeit, Aufrichtigkeit, Bescheidenheit etc. vermittelt wurden. Die zahlreichen überlieferten und erhaltenen Fabeln, darunter *Kalila wa Dimna* von Ibn al-Muqaffa (gest. ca. 756), belegen diese ethische Literaturgattung.

Die spirituelle Medizin von ar-Razi, als ethisch ausgerichtetes Mahnschreiben, um seelischen Entgleisungen vorzubeugen, stellt eine Anleitung zum ausgeglichenen Leben dar; aber auf einem abstrakteren, philosophisch-psychologischen Niveau als es die Fabeln vermitteln. Handreichungen für seelisch-körperliches Wohlbefinden stellen eine eigene Literaturgattung dar. Die Ratgeber wurden oft für politisch Verantwortliche geschrieben.[23] Sie dienten dazu – ar-Razi erwähnt Alexander den Großen als Negativbeispiel für Herrschsucht – im Sinne einer Fürstenlehre gutes Regieren anzuleiten. Vor dem Hintergrund, dass Alexander der Große als ein Beispiel für übermäßiges Herrschen erwähnt wird, stellt sich die Frage – Aufbau, Struktur und Inhalte, z. B. das Kapitel „*Of evylles that folowe flesshely desyre*", weisen Übereinstimmungen auf –, ob nicht die spirituelle Medizin von ar-Razi in die lange, bis in die erste Hälfte des 12. Jhs. zurückreichende lateinische Tradition des *Secretum Secretorum* (Geheimnis der Geheimnisse) eingegangen ist. Die pseudo-aristotelische Schrift stellt eine Tugendlehre in der Tradition der Fürstenlehre dar, welche durch einen Dialog von Alexander und Aristoteles eingeleitet wird.[24]

War die frühe arabische Psychoprävention darauf ausgerichtet, mögliche Seelenleiden vorzubeugen, so waren der Psychotherapie Rückwirkungen seelischer Unstimmigkeiten auf den Körper durchaus bewusst. Ein herausragender Vertreter der Psychosomatik war Abu Zaid al-Balhi (850–934), geboren in, wie sein Name bereits verrät, Balh, dem Norden des heutigen Afghanistans. Er verfasste neben rund weiteren 70 Werken in unterschiedlichen Disziplinen – bekannt ist er v. a. durch die auf ihn häufig zurückgeführte geografisch-kartografische Schule[25] – ein Werk zur Psychosomatik. Das Werk *Masalih al-abdan al-anfus* (Instandhaltung des Körpers und der Seele) wurde in Teilen von Zaide Özkan-Rashed auf Basis einer Istanbuler arabischen Handschrift in das Deutsche übertragen, eingeleitet, kommentiert und im Rahmen neuester Therapeutik diskutiert.[26] Gleich ar-Razi ist auch al-Balhi ein Körper-Seele-Dualismus nicht unbekannt, leidet die Seele, dann kann durchaus der Körper beeinträchtigt werden und umgekehrt. Phobien, Ängste (Angst = *hauf*) und Panik (*faza'*) wurden im Hinblick auf mögliche körperliche Folgen beschrieben. Seelenleiden können nach al-Balhi in menschlicher Gemeinschaft aufgefangen werden; vertrauensvolle Freundinnen oder Freude, die einem Ratschläge geben, werden von ihm als wichtig herausgestellt. Nach al-Balhi beugt eine ausgeglichene Lebensweise Depressionen, Ängsten und anderen Seelenleiden vor; hier scheint er anders als ar-Razi, der Sexualität stark einschränkte, wenn nicht gar vollends verneinte, gutem Essen und Trinken, „*sexuellen Vergnügungen, kulturellen Aktivitäten darunter Musik und Kunst*" nicht abgeneigt zu sein.[27]

Machte ein schweres Seelenleiden jedoch eine längere therapeutische Behandlung notwendig, so wurde in Krankenhäusern, darunter im Qalawun-Krankenhaus im Kairo gegen Ende des 13. Jhs. und andernorts im arabischen und türkischen (Seldschuken) Raum Musik therapeutisch angewandt. Das Krankenhaus, das unter Sultan Beyazid II zusammen mit einer Akademie (*Madrasa*), einer Moschee und einer Armenküche (*Imarat*) am Fluss Tunca in Edirne eingerichtet wurde, stellt ein beeindruckendes Beispiel für die lange Tradition der Musiktherapie im Orient dar. Der reisende Kulturwissenschaftler Evliya Celebi beschrieb die Seelen heilende Einrichtung, in der zehn Musiker angestellt waren, zu Beginn des 16. Jhs. eindrücklich:

„*3 davon sind Sänger, die übrigen je ein Spieler der Rohrflöte (*nayzen*), der Stachelviola (*kemani*), der Panflöte (*musiqari*), des*

*Dulcimer (*santuri*), der Harfe (*cengi*), eines Harfenpsalteriums (*cengi-santuri*) und der Laute (*udi*). Sie kommen wöchentlich dreimal und spielen für die Kranken und Wahnsinnigen. Mit der Erlaubnis des Allmächtigen fühlen sich viele von ihnen erleichtert. Tatsächlich sind nach der Wissenschaft von der Musik die* Makamen neva, rast, dügah, segah, argah *und* suzinak *besonders für diese [Kranke und Wahnsinnige] bestimmt. Werden jedoch die* Makamen zengule *und* buselik *[gespielt und] mit dem* Makam rast *abgeschlossen, so ist es, als ob sie neues Leben brächten. In allen Instrumenten und* Makamen *liegt Nahrung für die Seele* (Abb. 5).“[28]

Als der Reisende Ulrich Jasper Seetzen im Jahre 1802 Konstantinopel, darunter auch das Krankenhaus als Bestandteil des Süleymanie Komplexes, besuchte, schien diese Tradition verloren gegangen zu sein. Seelenleidende wurden zu Beginn des 19. Jhs. angebunden und verwahrt und sie wurden nun

Abb. 5. Die Stachelvioline und die Laute kamen in der Arabischen und später Osmanischen Musiktherapie zum Einsatz. Fotos: Detlev Quintern.

eher bestraft denn geheilt. Erst jüngst wird Musiktherapie als vielversprechender Weg zur Seelenheilung wiederentdeckt.

---

1 Cartweight, John A., Baker, Brian: *Literature and Science, Social impact and interaction*, Science and Society Series, Santa Barbara 2005, S. 23.
2 „*For gold in physic is a cordial, therefore he especially loved gold*". Hallissy, Margaret: *A Companion to Chaucer's Canterbury tales*, Westpoint, Connecticut, London 1995, S. 45.
3 „*He rejected prophecy, …*" Israel, Jonathan I.: *Philosophy, Modernity, and the Emancipation of Man*, 1650–1752, Oxford: University Press, 2006, S. 634.
4 Sezgin, Fuat: *Geschichte des Arabischen Schrifttums (GAS)*, Bd. IV *Alchimie-Chemie, Botanik-Agrikultur bis ca. 430*, H., Leiden: E.J. Brill, 1971, S. 133–135.
5 Schipperges, Heinrich: *Ideologie und Historiographie des Arabismus*, Sudhoffs Archiv für Geschichte der Medizin und der Naturwissenschaften, Beiheft 1, Stuttgart 1961.
6 Compier, Abdul Haq: *Rhazes in the Renaissance of Andreas Vesalius*, Medical History, Cambridge 2012, Vol. 56, S. 3–25.
7 Schipperges, Heinrich: *Ideologie und Historiographie des Arabismus*, S. 21.
8 Campbell, Donald: *Arabian Medicine and its Influence on the Middle Ages*, Amsterdam 1974, S. 68, Fußnote 8.
9 Sezgin, Fuat: *Geschichte des Arabischen Schrifttums (GAS)*, Bd. III, *Medizin-Pharmazie, Zoologie-Tierheilkunde bis ca. 430*, H., Leiden: E.J. Brill, 1970, S. 274–294. Iskandar, Albert, Z., Al-Razi, in: *Religion, Learning and Science in the Abbasid Period* (Young, M. J. L., Latham, J. D., Serjeant, R. B., Eds.), Cambridge: University Press, 1990, S. 370–377.
10 Sigrid Hunke: *Allahs Sonne über dem Abendland, Unser Arabisches Erbe*, Stuttgart 1960, S. 132.
11 Viele der heute noch im chemischen und pharmazeutischen Labor gebräuchlichen Apparaturen wurden bereits von Razi erprobt. Detlev Quintern: *Sirup, Elixier und Alkohol – Zur öst-westlichen Geschichte der Apotheke*, in: *Ex Oriente Lux? Wege zur neuzeitlichen Wissenschaft*, Mamoun Fansa, Karen Aydin (Eds.), Mainz: Philipp von Zabern.

12 Razi schrieb wohl die erste kinderheilkundliche Monographie. Kahlert, Ute: *Buch des Rhazes über Kinderkrankheiten, Übersetzung des Liber de morbis infantium in den Opera exquisitiora (Basel 1544) und Sammlung der Rezepturen für zusammengesetzte Arzneimittel im Kontext lateinischer pädiatrischer Wiegendrucke und ausgewählter pharmazeutischer Fachliteratur des 16. Jahrhunderts*, Dissertationsschrift, Universität Bonn, 2015, S. 9.

13 Pingree, D., Biruni, Abu Rayhan, in: Bibliography, in Encyclopedia Iranica, 2010, Volume IV, Issue 3, S. 276–277.

14 Arberry, Arthur J.: *The Spiritual Physick of Rhazes* (im Folgenden zit. als *Spiritual Physick*): London 1950, S. 9.

15 Platon hat seine Seelenlehre der altägyptischen Ma'at Philosophie entlehnt. Mathieu, Frédéric: *Platon, L'Egypte et la Question de L'Âme*, Paris 2013, S. 403. „Auch der Begriff der Eunomia ist wie jener der Ma'at ein kompakter Begriff, der fasslich gebraucht werden kann." Eunomia bedeutet (erst seit Solon!) – wie Ma'at: „Wahrheit, Gerechtigkeit, Recht, Ordnung, Weisheit, Echtheit, Aufrichtigkeit" und bezieht sich „auf Moral und Manieren im menschlichen Zusammenleben." Barta, Heinz: *Solons Eunomia und das Konzept der ägyptischen Ma'at, Ein Vergleich zu Volker Fadingers Übernahme-These*, in: *Altertum und Mittelmeerraum, Die antike Welt diesseits und jenseits der Levante, Festschrift für Peter W. Haider zum 60. Geburtstag, Oriens et occidens*, Bd. 12, Josef Wiesehöfer in Zusammenarbeit mit Pierre Briant, Geoffrey Greatrex, Amélie Kuhrt und Robert Rollinger (Hrsg.), Stuttgart 2006, S. 29

16 *Spiritual Physick*, S. 33.

17 Ebd., S. 79.

18 Ebd., S. 31 f.

19 Ebd., S. 55.

20 Ebd., S. 41.

21 Babai, Amir: *Zur Psychologie und Psychotherapie Ibn Sinas*, Berlin, Cambridge Massachusetts, S. 81.

22 Ebd., S. 140.

23 Ya'qub ibn Ishaq al-Israili (st. 1198) schrieb einen Wegweiser für das Wohlbefinden von Seele und Körper für den Berater und Sekretär von al-Qadi al-Fadil. Chipman, Leigh: *The World of Pharmacy and Pharmacists in Mamluk Cairo*, Leiden, Boston 2010, S. 19.

24 Das als Grundlage angenommene K. Sirr al-Ssrar von Rhases ist vordergründig chemischen Inhalts, vgl. die englische Ausgabe des pseudoaristotelischen *Secretum Secretorum* aus dem Jahre 1528: http://www.colourcountry.net/secretum/ Zur Fürstenlehre siehe: Regula Forster: *Das Geheimnis der Geheimnisse, Die arabischen und deutschen Fassungen des pseudo-aristotelischen Sirr al-asrar /Secretum Secretorum*, Reichert, Wiesbaden 2006, S. 56 ff.

25 Tibbets, Gerald R.: *The Balkhi School of Geographers*, in: *History of Cartography*, Vol. II, Book 1, *Cartography in the traditional Islamic and South Asian Societies*, Harley, E.B., Woodward, D. (Eds.), Chicago: University Press, 1992, S. 108–136.

26 Özkan-Rashed, Zahide: *Die Psychosomatische Medizin bei Abu Zaid al-Balhi*, Achen: Shaker, 2016.

27 *„Sein Optimismus ist gesund und an der Realität orientiert."* Özkan-Rashed, S. 77.

28 Sezgin, Fuat: *Geschichte der Wissenschaften und Technik im Islam*, Bd. V., Institut für die Geschichte der Arabisch-Islamischen Wissenschaften: Frankfurt, 2003, S. 77.

Arabisch-islamische Philosophie: eine Brücke zwischen den Kulturen?

Mohamed Turki

Über Jahrhunderte haben westliche Philosophen und Orientalisten die arabisch-islamische Philosophie für unbedeutend erklärt und sie als bloße Vermittlerin antiken Wissens betrachtet, ihr aber selten eine eigenständige Rolle zugestanden. Von Hegel über Ernest Renan bis zu Felix-Klein[1] wurde sie marginalisiert und meistens zu einer Randerscheinung innerhalb der Geschichte der Philosophie herabgestuft. Schon im Antichrist beklagt sich Nietzsche in einem seiner Aphorismen über den Verlust der arabisch-islamischen Kultur, die in Spanien zwischen dem 8. und dem 15. Jh. entstanden ist. Er drückt seine Trauer darüber folgendermaßen aus:

„Das Christentum hat uns um die Ernte der antiken Cultur gebracht. Es hat uns später um die Ernte der Islam-Cultur gebracht. Die wunderbare maurische Cultur-Welt Spaniens, uns im Grunde verwandter, zu Sinn und Geschmack redender als Rom und Griechenland wurde niedergetreten – ich sage nicht von was für Füssen – warum? (…), weil sie zum Leben Ja sagte auch noch mit den selten und raffinierten Kostbarkeiten des maurischen Lebens! … – eine Cultur, gegen die sich selbst unser neunzehntes Jahrhundert sehr arm, sehr „spät" vorkommen dürfte."[2]

Damit bringt er nicht nur seine Kritik am Christentum zum Ausdruck, sondern auch seine Bewunderung für diese Kultur, die seinen ästhetischen Vorstellungen näher ist als die der Antike und ihm sogar zeitgemäßer erscheint als die seines Jahrhunderts. Nietzsche erinnert in der Tat an jene glanzvolle „Cultur-Welt Spaniens", in der das philosophische Denken das Leben bejahte und im Sinne der Convivencia und der Toleranz gehandelt wurde.[3] Er entdeckt darin das Dionysische Ideal, das er im zeitgenössischen Denken vermisst und in den „raffinierten Kostbarkeiten des maurischen Lebens" findet.

Mit seiner Einschätzung stellt Nietzsche die arabisch-islamische Kultur und speziell die Philosophie wahrlich ins rechte Licht. Er verleiht ihr die zustehende Bedeutung, sie als „Fortsetzung der griechischen Philosophie (zu) betrachten, d. h. als eine Fortsetzung jener Suche nach Wahrheit und Weisheit, die ihre Ursprünge im alten Griechenland hat", worauf Michael Marmura zu Recht verweist.[4] Mit anderen Worten, die arabisch-islamische Philosophie bildet nicht nur eine Brücke zwischen den Kulturen, sie stellt zugleich, wie es Ernst Bloch nennt, *„den Merk- und Wendepunkt"*[5] in der Betrachtung und Entwicklung der antiken Philosophie dar. Diese Bestimmung hat bereits der erste arabische Philosoph al-Kindi formuliert, als er den *„Zweck der Philosophie"* darin sah, *„die wahre Natur aller Dinge in dem Ausmaß zu erkennen, in welchem der Mensch des Erkennens fähig ist."*[6] An dieser Zielsetzung haben später die meisten arabisch-islamischen Denker festgehalten und sie zur Aufgabe ihrer Forschung gemacht. Damit leisteten sie, wie es heute noch zu sehen ist, einen eigenen Beitrag zum universalen Diskurs der Philosophie im Weltkontext.

Al-Kindi und die Entstehung des philosophischen Diskurs im Orient

Mit al-Kindi (801-873), dem sogenannten Philosophen der Araber, beginnt im Grunde eine neue Ära des philosophischen Denkens in der arabisch-islamischen Welt, die bis dahin hauptsächlich von der Neigung zur Lyrik und der Macht des geoffenbarten Wortes geprägt war. Aus der Familie eines Verwalters in der irakischen Stadt Kufa stammend, genoss al-Kindi eine breit gefächerte Ausbildung, die er später in Bagdad durch seine Kontakte zu den namhaften Übersetzern der griechischen Philosophie weiter vertiefte. Obwohl nur ein kleiner Teil seiner Werke erhalten geblieben ist, der in Form von Episteln[7] vorliegt, ist dennoch überliefert, dass al-Kindi über zahlreiche Themen wie Astronomie, Physik, Metaphysik und Ethik geschrieben hat. Das zeugt wiederum von der universalen Bildung, die im damaligen Reich herrschte und die geistige Atmosphäre kennzeichnete. Durch seine aktive Teilnahme an der, im Auftrag des damaligen Kalifen gegebenen, Übersetzung der philosophischen Werke der Antike konnte al-Kindi einen Teil des Wissens griechischer Philosophie ins Arabische übertragen. Ihm kam die Pionierrolle bei der Schaffung und Entwicklung eines neuen philosophischen Vokabulars in arabischer Sprache zu. Zentrale Begriffe der platonischen und aristotelischen Philosophie, wie die Lehre von den vier Ursachen (*causa materialis, formalis, finalis* und *movens*) oder die Akt-Potenz-Unterscheidung beim Intellekt, fanden dank seiner Hilfe ihre entsprechenden arabischen Äquivalente.

Besonders setzte sich al-Kindi mit der spekulativen Dialektik der theologischen Schule der *Mu'taziliten* auseinander und bemühte sich um eine Verbindung zwischen Offenbarung und Philosophie. Er lobte zwar die griechischen Denker in den höchsten Tönen und widmete ihnen einige seiner Abhandlungen, war aber tief überzeugt, dass die Inhalte der Philosophie nicht in Widerspruch zum islamischen Glauben stehen können, denn die Wahrheit der Weisheit dürfte keinesfalls der Wahrheit des göttlichen Wortes widersprechen. In seinem Hauptwerk *Über die erste Philosophie*[8] (*Fi al-Falsafa al-ula*), in dem er am theologischen Grundsatz von der Erschaffung der Welt aus dem Nichts – *creatio ex nihilo* – durch Gott festhielt, kommt dieser Ansatz klar zum Ausdruck. Dabei berief er sich gleichzeitig auf die aristotelische Naturphilosophie, um seinen Standpunkt zu stützen. Seine Argumentation diesbezüglich gründet auf dem Prinzip der Endlichkeit all dessen, was *aktual* ist bzw. sich in *actus* befindet. Sofern alles, was geschieht, d. h. entsteht und vergeht, an die Zeit gekoppelt ist und diese sowohl in der Vergangenheit als auch in der Zukunft an ein bestimmtes Ende stößt, muss folglich die Welt genauso wie die

Zeit endlich und somit geschaffen sein. Allein dem *Einen* als Schöpfer bzw. als erster Ursache steht nach al-Kindi Unendlichkeit und Absolutheit zu, wobei diese Begriffe keine Attribute darstellen, sondern vielmehr dem *Einen* wesentlich zugesprochen werden.

Bei dieser Bestimmung seitens al-Kindis mischen sich ebenso pythagoreische wie neuplatonische Einflüsse, die mit der Lehre der *Mu'taziliten* in Bezug auf die Einheit Gottes in Einklang stehen; denn das wahre *Eine* ist, wie die Basis jeder Zahl, die Ursache des Daseins aller individuell seienden Dinge und der Verleiher ihrer Existenzen. Insofern gilt die Welt für al-Kindi als geschaffen und nicht als ewig, wie Aristoteles behauptet. Gerade an diesem Punkt zeichnet sich bereits die erste Abweichung von der antiken Tradition ab.[9] Trotzdem gelang es ihm, den Bezug der spekulativen Dialektik der Theologie zur rationalen Argumentation der antiken Philosophie zu festigen. Al-Kindi kommt damit der Verdienst zu, die Philosophie nicht in Widerstreit mit der Theologie treten zu lassen, sie aber auch nicht in deren Dienst zu stellen, wie es etwa bei der christlichen Scholastik der Fall war. Vielmehr arbeitete er so auf eine „Harmonie" zwischen den beiden Bereichen hin. Außerdem konnte er durch seine Schriften seinen Nachfolgern den Weg für eine systematische Ausarbeitung der Philosophie ebnen und diese somit im arabisch-islamischen Kulturraum heimisch machen. Die Annäherung an dieses Ziel wird erst im Entwicklungsverlauf der arabisch-islamischen Philosophie erfolgen.

Ibn Ruschd und das Verhältnis von Philosophie und Theologie

Nach ihrer Entstehung im Orient und ihrer Entfaltung durch Denker wie al-Kindi, al-Farabi, al-Razi und Ibn Sina (Avicenna) wanderte die arabisch-islamische Philosophie später nach Andalusien, wo sie von anderen Philosophen wie Ibn Badjja (Avempace), Ibn Tufail (Abubaker) und Ibn Ruschd (Averro-

Abb. 1. Innenansicht der Mezquita in Córdoba.

es), aber auch von Ibn Gabirol (Avicebron) und Ibn Maimun (Maimonides) aufgegriffen und durch neue Lektüren und Interpretationen bereichert wurde. Córdoba und Toledo glänzten damals durch ihre zahlreichen Schulen und zogen Wissbegierige aus allen Teilen der Welt an (Abb. 1). Von dort gelangte ein Teil der übersetzten Schriften Platons und Aristoteles samt ihrer Kommentare an die Universitäten Europas wie Bologna, Padua und Paris. Hier folgte die Geburtsstunde des *Averroismus*, der nach der Aussage von Marmura und Watt „*auf die Entwicklung des eu-*

ropäischen Denkens des Mittelalters und der Renaissance einen bestimmenden Einfluss"[10] ausgeübt hatte.

Das treibende Element bei dieser Entwicklung war sicherlich die interreligiöse und auch interkulturelle Atmosphäre, die aufgrund der Koexistenz von Muslimen, Christen und Juden in diesem Raum herrschte und den Geist der Toleranz und der *Convivencia* förderte. Es wurde keine Zwangsislamisierung durchgeführt, ganz im Gegenteil, hier lebten die verschiedenen religiösen Gemeinschaften zusammen und pflegten einen regen ökonomischen und kulturellen Austausch untereinander. Daraus entstand ein offener philosophischer Diskurs, der die Themen der Zeit, v. a. das Verhältnis von Glauben und Wissen, in den Mittelpunkt stellte.

Ausschlaggebend bei diesem Vorgang war zweifellos Ibn Ruschd (1126–1198), der im lateinischen Mittelalter *Averroes* genannt und v. a. als Kommentator des Aristoteles bekannt wurde. Außer den Kommentaren verfasste er mehrere Bücher, darunter drei Schriften, die erstmals 1859 von Markus J. Müller in Arabisch veröffentlicht und 1875 in deutscher Übersetzung unter dem Titel *Philosophie und Theologie von Averroes* publiziert wurden.[11] Es sind *Die entscheidende Abhandlung* (*Fasl al-maqal*) und *Die Erklärung der Beweismethoden hinsichtlich der Glaubensvorstellungen der Religion* sowie *Al-Dhamima* (Appendix), die als Anhang zu *Fasl al-maqal* gilt und in der Ibn Ruschd speziell eine Frage aus seiner ersten Abhandlung behandelt. Diese Schrif-

Abb. 2. Arion und Averroes. Detail des Heiligen Thomas von Aquin. Fresken von Andrea Bonaiuti, 14. Jh.

Arabisch-islamische Philosophie   61

ten befassen sich maßgebend mit dem Verhältnis von Glauben und Wissen und liefern einige Deutungen, die im Zusammenhang mit der gegenwärtigen Rationalismus-Debatte in der arabisch-islamischen Welt höchst aktuell geworden sind.[12] Sie weisen auf „*eine deutliche unmittelbare Stellungnahme des Ibn Ruschd gegenüber den Hauptproblemen seiner Zeit* [hin]. (…) *Denn die Beschäftigung mit den gesellschaftlichen Fragen und die Aufgabe, eine politische Gesellschaftskritik in sein philosophisches System einzugliedern, waren für Ibn Ruschd Teil seiner gesellschaftlichen Verantwortung und Tätigkeit als Intellektueller, Theologe, Richter, Arzt und nicht zuletzt als Philosoph*" (Abb. 2).[13]

In seinem Traktat *Die entscheidende Abhandlung* (*Fasl al-maqal*) beginnt Ibn Ruschd seine Argumentation mit der Feststellung, dass Philosophie nichts anderes sei als die Reflexion über die existierenden Dinge in der Welt. Sie strebt nach Erkenntnis des Wahren mittels des logischen und demonstrativen Beweises. Dabei betont er:
„*Da dieses Gesetz wahr ist und zur Vernunftüberlegung aufruft, die zur Erkenntnis der Wahrheit führt, wissen wir, die Gemeinschaft der Muslime, mit Bestimmtheit, dass die beweisende Überlegung nicht zu einem Widerspruch mit dem führt, was im Gesetz steht, da die Wahrheit der Wahrheit nicht entgegengesetzt ist, sondern mit ihr in Einklang steht und für sie Zeugnis ablegt.*"[14]

Insofern gibt es nach seiner Ansicht keinerlei Widerspruch zwischen Wissen und Glauben hinsichtlich des Zwecks ihres Erkennens und infolgedessen auch keine „doppelte Wahrheit", wie es später von der christlichen Scholastik behauptet wurde.

Weiterhin erläutert Ibn Ruschd diese Beziehung, indem er die Philosophie als „*die Vernunftüberlegung über die existierenden Dinge und die Betrachtung derselben, insofern sie ein Hinweis auf den Hersteller sind*"[15], definiert. Doch um Kenntnis vom Produkt und darüber hinaus vom Schöpfer selbst zu erlangen, bedarf es der Reflexion bzw. der Spekulation. Folglich ist die Philosophie vom Gesetz nicht nur empfohlen, sondern geradezu gefordert. Dadurch kommt Ibn Ruschd induktiv zu dem Schluss, dass das Verhältnis zwischen Philosophie und Religion im Sinne einer Relation aufzufassen sei, die der Kausalität von Schöpfung und Schöpfer entspringt. Allerdings lässt sich diese apodiktische Erkenntnis nur über das philosophische Wissen erreichen. Doch nur wenige Personen streben danach, diesen mühseligen Weg des Wissens zu beschreiten. Den anderen, d. h. der überwiegenden Masse, bleibt meistens die Offenbarung als Mittel der Erkenntnis erhalten; sie müssen deshalb am Wortlaut des religiösen Textes festhalten und dürfen in ihrem Glauben nicht erschüttert werden. Mit dieser Unterscheidung räumt Ibn Ruschd der Philosophie den apodiktischen Weg zum Wissen und somit mehr Autonomie ein. In diesem Zusammenhang spricht Benslama von einem „*Impératif de la raison*"[16], d. h. von einem „Imperativ der Vernunft", wie ihn Kant als Bedingung der Möglichkeit für den Ausgang des Menschen aus der selbst verschuldeten Unmündigkeit forderte.[17]

Ibn Arabi und die Lehre von der „Einheit des Seins"

Geht man von der Einsicht der Utopie des Philosophen Ernst Bloch aus, der in seiner Schrift *Avicenna und die aristotelische Linke* von der Sufi-Mystik als „*Bundesgenosse*" der Philosophie spricht, dann erscheint die Mystik als ein weiterer Weg zur menschlichen Erkenntnis. So schreibt er: „*Bei den Sufis löst sich der positive Glaube in der inneren Schau* des All-Einen auf, der Sufi erkennt die Nichtigkeit aller Religionen und fühlt sich über sie, die nur für den Nicht-Eingeweihten existieren, spirituell erhaben."[18] Hier wird der Glaube nicht nach der äußeren Ausübung befolgt, sondern als unmittelbar erlebte Erfahrung in „einer transzendenten Mystik" aufgefasst und gilt somit als Mittel zur Befreiung des Menschen aus seinem irdischen „Knechtszustand". Für Bloch spielt die Mystik in den verschiedenen Kulturen eine wichtige Rolle im Widerstand gegen die Macht der Orthodoxie, weil sie sich mehr an dem Freigeist als an den Gesetzen der Schrift orientiert. In diese Linie reiht sich der bedeutende Sufi-Denker und Vertreter der Lehre von der „Einheit des Seins" Ibn Arabi (1165–1240) ein, der unter seinen Anhängern als „Prediger der Liebe und der religiösen Toleranz" bekannt war und dafür den Titel „Der große Meister" (asch-Scheikh al-Akbar) erhielt (Abb. 3).

Ibn Arabi stammt aus einer berühmten arabischen Familie in Andalusien, die durch Frömmigkeit, aber auch durch Offenheit für Kultur und Wissen bekannt war. Geboren wurde er 1165 in der Stadt Murcia und soll als Kind eine außerordentliche geistige Fähigkeit bewiesen haben. Mit zehn Jahren lernte er den Koran und die *Hadithe* auswendig und konnte sich sehr früh das religiöse Wissen aneignen. Danach befasste er sich mit den Rechtswissenschaften. Außerdem kam er mit den Lehren der Vorsokratiker und den Schriften Platons sowie der Neuplatoniker in Berührung, die seine philosophischen Kenntnisse erweiterten. Mit 15 Jahren gelang es ihm auch, Ibn Ruschd zu treffen und kurz ein Gespräch mit ihm zu führen.

Zwischen 1193 und 1197 unternahm Ibn Arabi einige Reisen nach Nordafrika, bei denen er gewisse spirituelle Erlebnisse gehabt haben soll, die ihn stärker zum Sufismus bewegten. Danach verweilte er in Granada, wo

Abb. 3. Darstellung des Philosophen Ibn Arabi aus einer Handschrift (Briefe der Brüder Al Safa), Irak 1287 (Ausschnitt, linke Seite).

er die Sufi-Schule von Almeria besuchte, die vom Mystiker Ibn al-Arif gegründet wurde.[19] Die Begegnung mit verschiedenen Gelehrten und Sufis dieser Schule hinterließ bei Ibn Arabi einen tiefen Eindruck und gab ihm einen weiteren Einblick in die Sufi-Mystik. Im Jahre 1201 reiste er dann in den Osten der islamischen Welt und besuchte Alexandria und Kairo, bevor er sich in Mekka aufhielt, wo er *„beim Umkreisen der Kaaba mit einer gewaltigen Vision begnadet wurde, deren Inhalt er in seinem Hauptwerk* Die Mekkanischen Offenbarungen (Al-Futuhat al-makkiyya)"[20] beschrieb. Dort begegnete er einer jungen und sehr gebildeten Frau aus Persien, die ihn zu seiner Liebeslyrik inspirierte. Ihr widmete er später seine Gedichtsammlung *Dolmetsch der Sehnsüchte* (*Turdschuman al-Ashwaq*), die nicht nur die irdische Liebe besingt, sondern auch die Gottesliebe metaphorisch zu deuten versucht.

Ibn Arabi hinterlässt ein umfangreiches Werk, das wesentlich um die „*Einheit des Seins bzw. der Existenz*" (*Wahdat al-Wudjud*) kreist, die „*eine unaufhebbare Verbindung zwischen dem Sein Gottes und seiner Schöpfung annimmt*",[21] denn diese ist nichts anderes als die dynamische Manifestation bzw. Entäußerung des Seins in der Welt.[22] Nach Ibn Arabi existieren die seienden Dinge in ihrer Einheit durch Gott. Dieser „*wünschte seine Selbstmanifestation in die Welt der sichtbaren Dinge hinein. So rief er die ‚Schöpfung' durch seinen göttlichen Befehl (amr) ins Dasein, der sich zu ihm verhält ‚wie der Spiegel zum Bild, der Schatten zur Gestalt und die Zahl zur Einheit'*".[23] Diese Konzeption formulierte der bedeutende Forscher des Werkes von Ibn Arabi Abu-l-Ala Affifi treffend: „*Wir selbst sind die Attribute, mit denen wir Gott beschreiben; unsere Existenz ist geradezu eine Vergegenständlichung seiner Existenz. Gott ist für uns notwendig, damit wir existieren können, während wir für ihn notwendig sind, damit er Sich Selbst manifestiert. Ich gebe ihm auch Leben, indem ich Ihn in meinem Herzen kenne.*"[24]

Aus dieser Aussage geht deutlich hervor, welcher Bund für ihn zwischen Gott und dem Menschen besteht. Gott ist das notwendige Sein, dessen Existenz unabdingbar für das Entstehen aller kontingenten Seienden ist, die sich in der Welt manifestieren. Dies gilt insbesondere für den Menschen als Gottes Spiegelbild. Seine Notwendigkeit ist also die Voraussetzung für alle möglichen Seienden, die seine Attribute vergegenständlichen und zum Ausdruck bringen.

Es stellt sich jedoch die Frage: Wie geht dieser Prozess der Manifestation vonstatten und was ist sein eigentlicher Antrieb? Nach Ibn Arabi ist die Welt ein aus Liebe hervorgegangener Akt Gottes, der in seiner Vereinzelung den Entschluss fasste, nach dem göttlichen Ausspruch „*sich selbst für und in sich selbst liebte sowie erkannt und manifestiert werden wollte*", sein eigenes Wesen in einem allumfassenden Wesen der Welt, sichtbar zu machen, denn

„*Bewegungsdrang ist immer Liebe, mag auch der Beobachter von dem Auftreten nachrangiger Ursachen verwirrt sein. (…) Nun ist aber die Bewegung, die das Dasein der Welt selbst darstellt, eine Bewegung der Liebe. (…) Gäbe es diese Göttliche Liebe nicht, wäre die Welt nicht geschaffen worden. Die Bewegung der Welt aus dem Nicht-Sein zum Sein ist also die Bewegung sich offenbarender Liebe.*"[25]

Die Liebe wird also zur wirkenden Kraft des Entstehungsprozesses der Welt und seiner Erscheinungsweisen, die selber Manifestationen göttlichen Seins sind. Damit entwirft Ibn Arabi eine Seinsontologie, die sich von der antiken Tradition klar absetzt und eine eigene Konzeption vorschlägt,[26] die 400 Jahre

vor Spinozas Monismus bzw. Pantheismus die „Einheit des Seins" bereits darlegt. Diese Einheit besingt Ibn Arabi auch poetisch in einem Gedicht aus dem *Dolmetsch der Sehnsucht*. Darin heißt es:
„*Mein Herz hat gelernt, jede Gestalt anzunehmen:*
Es ist eine Weide für Gazellen,
Ein Kloster für christliche Mönche,
und auch ein Götzentempel
Und die Ka'aba der Pilger
Und die Tafeln der Thora
Und das Heilige Buch des Korans.
Ich folge der Religion der Liebe:
Welchen Weg auch die Karawane der Liebe nehmen mag,
Es ist meine Religion und mein Glaube."[27]

Bibliographie:

Al-Kindi, Abu Ishaq: *Die erste Philosophie, Arabisch – Deutsch*, übersetzt und hrsg. von Anna Akasoy, Freiburg im Breisgau: Verlag Herder 2011; Alfred Ivry: *Al-Kindi's Metaphysics, a translation of Ya'qub ibn Ishaq al-Kindi's treatise "On first Philosophy" – Risala fil falsafa al-ula – with Introduction and Commentary*, Albany, New York 1974.

Al-Kindi, Abu Ishaq: *Rasa'il al-Kindi al-falsafiyya*, hrsg. von Muhammad Abdul-Hadi Abu Rida, 2 Bde., Kairo 1950.

Bloch, Ernst: *Avicenna und die aristotelische Linke*, in: *Das Materialismusproblem, seine Geschichte und Substanz*, Suhrkamp Verlag, Frankfurt am Main 1972, Anhang, S. 481.

Ben-Abdeljelil, Jamaleddine: *Ibn Ruschds Philosophie interkulturell gelesen*, Nordhausen: Traugott Bautz Verlag 2005, S. 19.

Benslama, Fathi: *La décision d'Averroës*, in: *Ibn Rochd, Maimonide, Saint Thomas ou „la filiation entre foi et raison"*, Colloque de Cordoue 1992, Institut dominicain d'études orientales, Le Caire, Paris 1994, S. 70.

Corbin, Henri: *Histoire de la philosophie islamique*, Paris: Gallimard 1964. Auf die Rolle der Schule von Almeria bei der Entfaltung theosophischer Doktrin geht Henri Corbin in seinem Buch, S. 311, ein.

Hegel, G. W. F.: *Vorlesungen über die Geschichte der Philosophie*, Theorie-Werkausgabe, Frankfurt am Main 1972: Suhrkamp Verlag, Bd. 19, S. 17 f.; Ernest Renan: *Averroès et l'averroïsme. Essai historique*, éd. Calman Lévy, Paris 1882, S. VII; Felix-Klein Franke: *Die klassische Antike in der Tradition des Islam*, Wissenschaftliche Buchgesellschaft, Darmstadt 1980, S. 14.

Geert, Hendrich: *Arabisch-islamische Philosophie, Geschichte und Gegenwart*, Frankfurt am Main: Campus Verlag 2005, S. 129.

Ibn Arabi: *Fusus al-Hikam*, (Ringsteine der Weisheitsworte), hrsg. von A. Affifi, Teheran 1991, S. 203.

Ibn Ruschd: *Philosophie und Theologie von Averroes*, hrsg. und dt. übers. von Markus J. Müller, München 1875, nachgedruckt mit einem Nachwort v. M. Vollmer, Weinheim: VCH Verlagsgesellschaft 1991.

Kügelgen, Anke von: *Averroes und die arabische Moderne. Ansätze zu einer Neubegründung des Rationalismus im Islam*, Leiden: E. J. Brill Verlag 1994.

Nietzsche, Friedrich: *Antichrist*, Kritische Studienausgabe, hrsg. von Giorgio Colli & Mazzino Montinari, de Gruyter Verlag, Berlin 1999, § 60, S. 249.

Rahmati, Fateme: *Der Mensch als Spiegelbild Gottes in der Mystik Ibn Arabis*, Wiesbaden: Harrassowitz Verlag 2007, S. 19 ff.

Schimmel, Annemarie: *Sufismus. eine Einführung in die islamische Mystik*, München: C. H. Beck 2000.

Turki, Mohamed: *Convivencia und Toleranz in Al-Andalus*, in: Polylog Nr. 32 (2014), S. 5–26.

Watt, W. Montgomery; Marmura, Michael: *Die islamische Philosophie des Mittelalters*, in: *Der Islam*, Bd. II, *Politische Entwicklungen und theologische Konzepte*, Stuttgart: Verlag W. Kohlhammer 1985, S. 320.

Worms, M.: *Anfangslosigkeit der Welt bei den mittelalterlichen Philosophen des Orients und ihre Bekämpfung durch die arabischen Theologen (Mutakallimun)*, Münster: Aschendorf Verlag 1900, S. 16.

1 Hegel 1972, S. 7–18; Renan 1882, VII; Felix-Klein 1980, S. 14.
2 Nietzsche 1999, S. 249.
3 Turki 2014, S. 5–26.
4 Watt/Marmura 1985, S. 320.
5 Bloch 1972, S. 481.
6 Al-Kindi 1950, S. 95.
7 Al-Kindi 1950.
8 Al-Kindi 2011.
9 Worms 1900, S. 16.
10 Watt/Marmura 1985, S. 392.
11 Ibn Ruschd 1991.
12 Kügelgen 1994.
13 Ben-Abdeljelil 2005, S. 19.
14 Ibn Ruschd 1991, S. 19.
15 Ibn Ruschd 1991, S. 5.
16 Benslama 1994, S. 70.
17 Benslama 1994, S. 70.
18 Bloch 1972, S. 486.
19 Corbin 1964, S. 311.
20 Schimmel 2000, S. 39.
21 Hendrich 2005, S. 129.
22 Ramahi 2007, S. 19.
23 Lerch 2000, S. 108.
24 Schimmel 2000, S. 42.
25 Ibn Arabi 1991, S. 203.
26 Schimmel 2000, S. 43.
27 Ibn Arabi: *Dolmetsch der Sehnsucht (Turdschuman al Aschwaq)*, zit. nach Andrew Harvey & Eryk Hanut (Hrsg.): *Der Duft der Wüste, Weisheiten aus der Tradition der Sufis*, Freiamt im Schwarzwald: Arbor Verlag 2003, S. 103.

Die Welt als Kugel und Karte – zur Geografie- und Kartografiegeschichte im frühen Islam

Detlev Quintern

Schon Herodot (490/480 bis ca. 424 v. Chr.) hatte Angaben zur Längen- und Breitenausdehnung des Kaspischen Meeres übermittelt[1] und war der Auffassung entgegengetreten, dieses sei in irgendeiner Weise mit dem Nordmeer (Atlantik) verbunden.[2] Noch bei Plutarch (um 45–125 n. Chr.) finden wir die vorsokratische Auffassung von den vier in die Ökumene hineinragenden Meerbusen, dem Mittelmeerischen, dem Arabischen, dem Persischen und dem Kaspischen Busen. Herodot hatte diese Sichtweise bereits korrigiert und stellte den Kaspischen Busen als ein Meer für sich heraus, d. h. in der zentralasiatischen Landmasse eingefasst und sich in einem meridionalen Verlauf erstreckend.[3]

Karten oder Skizzen zur Gestalt des Kaspischen Meeres sind von Herodot nicht überliefert, aber es scheint, als hätte Herodot eine wirklichkeitsgetreuere Auffassung von der Figur des Kaspischen Meeres als seine Nachfolger, wie der für die Geschichte der Geographie und Kartographie so bedeutende Ptolemaios (von ca. 100 bis 180 n. Chr.) (Abb. 1).

Weltkarten des Ptolemaios erfuhren in der Gelehrtenwelt Europas noch weit über das 16. Jh. hinaus größte Wertschätzung, darunter von Gerhard Mercator (1512–1594), der 1578 eine Ptolemäische Weltkarte unter dem Titel *Tabulae Geographicae Claudii Ptolemaei* drucken ließ. Die Darstellung des Kaspischen Meeres auf den Weltkarten des Ptolemaios, oder besser auf den dafür gehaltenen – viele Kartografie-Historiker stimmen darin überein, dass Ptolemaios selbst wohl nie Karten gezeichnet hatte[4] – belegen einmal mehr, dass geo- und kartografisches Wissen im Laufe der Zeit auch verloren ging. Entlang der kartografischen Figur des Kaspischen Meeres lässt sich eine solche Diskontinuität der Wissenswanderung anschaulich nachzeichnen. Wissen um die Gestalt der Erde verlief keineswegs linear und immer fortschreitend, sondern konnte für Jahrhunderte verloren gehen.

Die Ptolemäische Gestalt des Kaspischen Meeres hielt sich auf Karten weit über das europäische Mittelalter hinaus. Die Form eines ost-westlichen und an eine „Melone" erinnernden Verlaufs des Kaspischen Meeres ist auch im Zentrum der Waldseemüller Karte von 1507 wiedergegeben. Nach Humboldts

Abb. 1. Florentinische Weltkarte aus den Jahren 1450–1475. Sie basiert auf einer lateinischen Übersetzung von Jacobus Angelus, angefertigt im Jahre 1406 auf Grundlage des Griechischen Ptolemaios Manuskripts aus der Werkstatt des byzantinischen Mönches Maximus Planudes, gegen Ende des 13. Jhs. in Konstantinopel.

Ansicht eine irrige Annahme; ihm zur Folge waren es erst die arabischen Geographen, welche die lange fortlebende Fehlannahme überwanden:[5]

„Die arabische Nationalliteratur enthält als einzige asiatische Nationalliteratur Vorstellungen, die eine Frucht unmittelbarer Begegnung und direkter Verbindungen sind. … Wenn die berühmten Geographen El-Istachry, Edrisi und Ibn el-Wardi, schon Anfang des 10. Jahrhunderts, dem System des Ptolemaios hinsichtlich der vollständigen Gesondertheit des Kaspischen Meeres folgten, so waren sie weit entfernt davon, bloße Kopisten zu sein. Anstatt das Becken wie Ptolemaios in Ost-West-Richtung auszudehnen, verlängert es Edrisi, beispielsweise, wie Herodot, in der Richtung eines Meridians."[6]

Um halbwegs präzise Karten zu fertigen – das Kaspische Meer dient hier als Beispiel zur Anschauung –, sind, wie Humboldt es unterstreicht, unmittelbare Begegnung und direkte Verbindung unabdingbar. Verständlicherweise ist es nicht möglich, am Kartenzeichentisch im Venedig des 13. oder Duisburg des 16. Jhs. eine kartographisch klare Vorstellung von der Figur des Kaspischen Meeres zu entwerfen. Auch Angaben von Reisenden, wie die des in Westeuropa oft herangezogenen Venezianers Marco Polo (1254–1324), reichen dafür keineswegs aus. Vor Ort zu sein, nach Möglichkeiten den geografischen Raum abzuschreiten und, wie im Falle des Kaspischen Meeres von Ufer zu Ufer zu überqueren, zu vermessen, Breiten- und bestenfalls auch Längengrade zu ermitteln etc., erlaubt es, eine sich der wirklichen Gestalt annähernde Darstellung eines bestimmten Ausschnitts der Welt auf einer Karte abzubilden – falls der Kartograph seine Disziplin beherrscht. Die Araber erschlossen und erforschten Zentralasien bereits in der Zeit der Samaniden (9.–10. Jh.). Angaben zur Ausdehnung des Kaspischen Meer finden sich schon bei Ibn Khurradadbih (ca. 820 – ca. 912).[7]

Es ist unwahrscheinlich, dass der auf Sizilien unter dem Normannenkönig Roger II. wirkende Idrisi (1099–1165) über Kenntnisse der Historien von Herodot verfügte. Ihm vorangegangene arabische Schulen der Geographie und Kartographie, auf die sich auch Humboldt bezieht, waren Idrisi vertraut, darunter *Das Bild von der Erde* (*Kitab Surat al-Ard*) von Ibn Hauqal (gest. ca. 977/988).[8] Der russische Orientalist Vasilij Barthol'd bemerkte, dass Europa bereits 800 Jahre bevor die russischen Kenntnisse zur Geografie Asiens von Peter dem Großen im Jahre 1717 nach Paris übermittelt wurden, von den Arabern Genaueres über Zentralasien hätte erfahren können.[9]

Humboldt zählt zu den Universalgelehrten der Aufklärung, welche die arabischen Beiträge zur Geschichte der Wissenschaften zu würdigen wussten. Das gilt aber keineswegs nur für die Geschichte von Geo- und Kartografie. Ist an dieser Stelle von arabischen Kenntnissen die Rede, dann deshalb, weil zum einen Humboldt sie selbst so bezeichnete, und zum anderen auch, weil die meisten Werke im Arabischen verfasst wurden. Fuat Sezgin hat in seinen umfassenden Studien zur Geschichte der Geo- und Kartografie Zentralasiens das Augenmerk über das Arabische auch auf Turksprachige Beiträge gerichtet.[10]

Von Humboldt bezieht sich an verschiedenen Stellen seines Werkes *Central-Asien*

Abb. 2. Der Arabisch-Persische Golf in einer handschriftlichen Kopie von Istakhris Werk Routen und Provinzen, *Persisch, 14./15. Jh., Zentralbibliothek der Universität Teheran.*

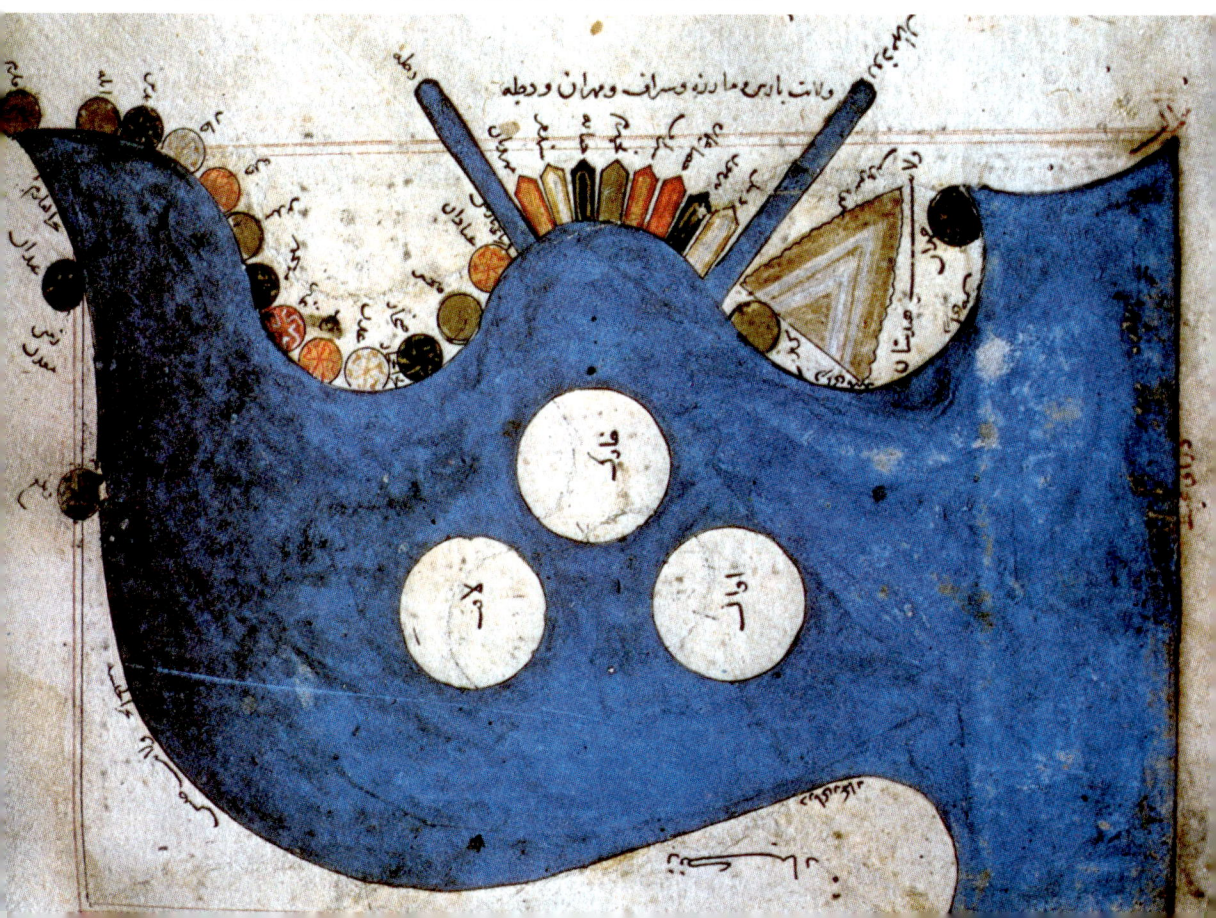

auf *El-Istachry* (al-Istahri, gest. 955). Eine handschriftliche Kopie seines Werkes *Routen und Provinzen* (*Kitab al-masalik wa-l-mamalik*), datiert auf das Jahr 1173, ist in der Forschungsbibliothek in Gotha bewahrt (Abb. 2).[11] Über das Leben von al-Istahri ist wenig in Erfahrung zu bringen; sein Werk verfasste er um die Mitte des 10. Jhs. Die geographische Schule, die sich auf al-Balhi zurückführt – der Gelehrte Abu Zaid Ahmad Ibn Sahl al-Bahli (gest. 834) aus dem heutigen Balh im Norden Afghanistans – zählt zu den deskriptiven Schulen der Kartographie. Die Karten dieser Schule beruhen vordergründig auf Angaben in Wegstrecken (Internarien), d. h. der Länge und/oder Dauer von Tagesreisen von Ort zu Ort (*marhala*). Eine Kartenprojektion oder -skalierung findet sich hier ebenso wenig wie Verfahren mathematischer Geographie.[12] Die Karten aus der Bahli Schule wirken auf den ersten Blick schematisch, jedoch ist zu bedenken, dass diese lediglich als Begleitmittel für die Texte dienten.[13]

Abu Abd Allah Muhammad bin Muhammad bin Abd Allah as-Sarif al-Idrisi (im Folgenden: al-Idrisi) (1099–1165) gelangte am Ende einer langen Reise, die ihn über nicht klar rekonstruierbare Zwischenaufenthalte, darunter auch in Kleinasien (Türkei), Syrien, Marokko, Frankreich und England im Jahre 1138 an den Hof des Normannenkönigs Roger II (1095–1054) nach Palermo führte. Im transkulturellen Toleranzklima des Normannischen Siziliens – arabische Reiseberichte bestätigen die dortige freundschaftliche Beziehung zwischen Muslimen und Christen[14] – herrschte auch am Hofe Roger II. ein wissenschaftsfreundliches Klima. Dort hatte al-Idrisi nach rund 16 Jahren intensiver Arbeit und Forschung sein Werk *Unterhaltung für den, der sich danach sehnt, die Welt (Horizonte) zu bereisen* (*Kitab Nuzha al-Mushtaq fi khitiraq al-Afaq*, im Folgenden *Kitab Nuzha*) im Jahre 1154 fertiggestellt. Das älteste von zehn Manuskripten des *Kitab Nuzha* wurde etwa um das Jahr 1300 angefertigt; es wird heute in der *Bibliothèque Nationale de France* in Paris bewahrt.[15]

Das Werk umfasst neben der Weltkarte 70 Teil- oder Regionalkarten der damals bekannten Welt: Asien, Afrika und Europa. Während der des Arabischen mächtige Normannenkönig Roger II. für die finanzielle Absicherung des Weltkartenvorhabens garantierte, stellte Idrisi Teams von Geo- und Kartografen zusammen, die in alle bekannten und erreichbaren Teile der Erde entsandt wurden. Darunter befanden sich auch Kaufleute. Roger II. bestand darauf, dass das Werk nicht auf den vorliegenden Quellen beruhen sollte – Idrisi benennt diese in der Einleitung zu seinem Werk (Mas'udi, al-Dhaihani, Ibn Khurandadbih, Ibn Hauqal, Ya'qubi, eine arabische Ptolemaios-Fassung und weitere arabische Quellen) – sondern auf den unmittelbar vor Ort gewonnenen Erkenntnissen. Diese wurden nach Rückkehr der Reisenden miteinander und mit den bestehenden Materialien verglichen und in Palermo unter der Leitung von Idrisi auf Übereinstimmungen bzw. Abweichungen hin genauestens geprüft. Es wurden nur solche Angaben verwendet, die sich als gewissenhaft ermittelt herausstellten und die zudem auf Übereinstimmungen mehrerer Berichte basierten. Auch hier findet sich die geschichtswissenschaftliche Methodik, aus Übereinstimmungen in den Überlieferungen gesicherte Erkenntnisse zu ermitteln.

Humboldt hatte der arabischen Kartografie, insbesondere im Hinblick auf Wissen und Darstellung der triangulären Gestalt Afrikas und seiner Um-Segelbarkeit – in Folge der arabischen Handelsschifffahrt[16] – lange vor Vasco da Gama (1469–1524) bahnbrechende Erkenntnisse zuerkannt.[17] Auch in diesem Zusammenhang bezog sich Humboldt immer wieder auf Idrisi, dessen Werk ihm im Lateinischen vorlag.[18] Im Hinblick auf die Darstellung Zentralasiens erzielte Idrisi ebenfalls Fortschritte,[19] dies nicht zuletzt für die Konfiguration des Kaspischen Meeres, sondern auch des Aralsees und der zentralasiatischen Flusssysteme. Gerade im Hinblick auf Zentralasien erweiterte Idrisi die geo- und kartografischen Kenntnisse entscheidend.[20] Schon der französische Hofgeograf Nicolas Sanson verbesserte seine Asienkarten von 1659 und 1669 auf Grundlage von Idrisi.[21]

Fuat Sezgin sieht in dem *Kitab Nuzha* auch eine wissenschaftsgeschichtliche Bedeutung für die Anthropogeografie.[22] Tatsächlich enthält das Werk beeindruckende Schilderungen zu Lebensweisen, Riten, Handelsbeziehungen, Fauna, Flora etc., sei es entlang der Norddeutschen Küste, dem Baltikum oder dem Indik. Seinen kartografisch-historischen Stellenwert erlangt das Werk zudem im Rahmen der Rezeption der Ma'mun Karten, durch die Einarbeitung von Koordinaten, Klimakarten und der Darstellungsweise von Gebirgen, die sich auch auf die in der Regierungszeit des Kalifen al-Ma'mun wirkenden Astronomen, al-Hawarizmi zurückführen lassen.[23] Dies ist ein Aspekt, von dem Humboldt dem damaligen Stand der Forschung entsprechend nicht wissen konnte.

Deutlich wird dies auch im Vergleich der Darstellung des Nils bei al-Hawarizmi und bei Idrisi, der anders als sein Vorgänger den Nil mit dem Niger verband und an der westafrikanischen Küste in den Atlantik münden ließ – ein Fehler bei Idrisi, der angefangen von frühen europäischen Portolankarten des 13. Jhs., wie auf der venezianischen Sanuto Karte, bis in die Aufklärung hinein von arabischen Karten übernommen wurde und hartnäckig fortlebte. Interessanterweise findet sich auf der ältesten erhaltenen arabischen Karte aus dem Jahre 1037 diese Annahme nicht abgebildet. Auch dies ist ein Beispiel dafür, wie einmal erlangtes Wissen über das Nil-Flusssystem im Laufe der Zeit entweder wieder verloren gehen konnte, oder aber, wie mögliche Annahmen bzw. Wirklichkeiten aus längst vergangenen Zeiten erneut Einzug in Karten jüngeren Datums finden konnten.[24]

So wie in anderen Disziplinen der Naturwissenschaften, der Philosophie oder der Medizin, schöpft die arabische Assimilation von geo- und kartografischem Wissen in einer frühen Phase – also mit dem Aufschwung der Übersetzungsbewegung seit der zweiten Hälfte des 8. Jhs. – zunächst aus griechischen (Marinos, Ptolemaios), indischen (Trigonometrie, Sinus, astronomische Tabellen), syrischen und persischen Quellen (Einteilung der Klimata, Internarien). Unter der Regierung des Kalifen al-Ma'mun (813–833) sind in Bagdad dann bereits große Fortschritte zu verzeichnen, die v. a. auf angewandten geodätischen und mathematisch-astronomischen Verfahren beruhen. Hatten die Araber nie Probleme damit gehabt, die Welt als Kugel – der vollkommensten Form, als solche sie schon im Koran bezeichnet ist – zu deuten, so gingen sie bald dazu über, sie möglichst exakt zu vermessen. Der Kalif al-Ma'mun leitete solcherlei Forschungsvorhaben persönlich. Auf diese Weise wurden rasch viele der rund 8000 von Ptolemaios überlieferten Koordinaten verbessert und neue hinzu gewonnen; Tigris und Euphrat im Irak erhielten nun einen richtigen Verlauf. Der Arabisch-Persische Golf und das Kaspische Meer näherten sich einer der Wirklichkeit getreueren Gestalt an. Die Einrichtung staatlich betriebener Sternwarten und die ebensolche Förderung einer geographisch-kartografischen Forschergruppe – die Begeisterung, mit der an die Vermessung und Darstellung der Welt herangegangen wird – leiten eine langanhaltende Wissenschaftsblüte ein, die nicht zuletzt der geographischen Neubestimmung des kartographischen Weltbildes zugutekommt. Die Länge des Mittelmeeres, bei Ptolemaios mit Längen von 62° oder 63° weit überdehnt, wird um mehr als 10° reduziert. Das Ma'mun'sche Forscherteam ermittelt erstmalig mit einem Wert von 56 2/3 Meilen streng wissenschaftlich trigonometrisch die Länge eines Grades im Meridian (heute: 111,138 km) (Abb. 3.).[25] Auch weitere wesentliche Neuerungen gegenüber dem alten Weltbild – darunter die Gestalt, sowie die trianguläre und unfahrbare Konfiguration Afrikas, der recht weit in den Sudan reichende Verlauf des Nils, die perspektivisch dargestellten Gebirge und die Mündungen der Flüsse Amu-Darja und Syr-Darja in den Aralsee, der Indische Ozean als ein Binnenmeer sowie nicht zuletzt die Korrektur der Vorstellung, wie wir diese auf den Ptolemäischen Karten noch bis in das europäische 17. Jh. hinein finden (Abb 4.), trugen zu einer im 9. Jh. einsetzenden Revolutionierung des geo- und

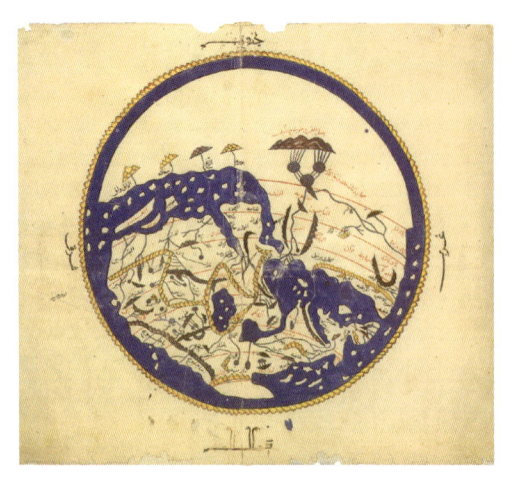

Abb. 3. Weltkarte des Idrisi aus der Mitte des 12. Jhs., basierend auf einer Kairiner Kopie aus dem Jahre 1456.

Abb. 4. Ptolemäische Weltkarte 1482.

kartografischen Weltbildes bei. Alexander von Humboldt wusste dies zu würdigen. Arabische Münzen, die noch zu seinen Lebzeiten in das Königliche Museum in Berlin gelangten, Grabsteine in den Ruinen *Bulghars* rufen ihm als Artefakte materieller Kultur nicht nur die ausgedehnten Handelsbeziehungen in Zentralasien vor Augen, sondern erinnern auch an vorangegangene Forschungsreisen, wie sie in dem Bericht von Ahmad Ibn Fadlan (877–977) an das Kaspische Meer festgehalten sind.[26]

Ibn Fadlan war von dem Kalifen al-Muqtadir (reg. 908–932 in Bagdad) als Gelehrter im Rahmen einer Freundschaftsdelegation in das Land der Wolgabulgaren entsandt worden und hatte einen Bericht über seinen bald einjährigen Aufenthalt dort verfasst. Humboldt kannte diesen nur in Auszügen und in einer St. Petersburger Druckfassung. Eine vollständige Handschrift wurde erst 1923 in Meshed (Iran) entdeckt.[27] Durch diese erfahren wir nicht nur weitere Details zu Geschichte, Struktur, Lebensweise und Handelswaren (Pelze, Leder, Honig, Wachs, Haselnüsse, Bernstein etc.)[28] des in der zweiten Hälfte des 10. Jhs. längsten Flusses Europas – er mündet schließlich in das Kaspische Meer –, sondern erahnen auch, dass eine Kartierung der Welt kaum ohne wissenschaftliches Reisen, oder, wie Humboldt es nannte, ohne unmittelbare Begegnung, möglich ist.

---

1 „*The Caspian Ocean is a sea by itself, and it communicates with no other. The sea frequented by the Greeks, the Red Sea and that beyond the pillars, called the Atlantic are all one ocean. The Caspian Sea forms one unconnected sea: a swift-oared boat would in fifteen days measure its length, its extreme breath in eight.*" *Herodotus*, transl. from the Greek by Wiliam Beloe, Vol. I, Havard, Boston M.A: Havard Library, 1931, S. 96.
2 Bichler, Reinhold: *Herodots Welt: Der Aufbau der Historie am Bild der fremden Länder und Völker, ihrer Zivilisation und Geschichte*, Berlin: Akademie Verlag, 2001, S. 20.
3 Berger, Hugo: *Geschichte der wissenschaftlichen Erdkunde der Griechen*, Leipzig: von Veit, 1903, S. 56.
4 Was für die knapp zwanzig Ptolemaischen Weltkarten gilt, trifft auch auf die Texte der Geografie des Alexandrinischen Gelehrten zu: keines der fünfzig Manuskripte datiert früher als Ende des 13. Jhs. Berggren, Lennart J., Jones, Alexander: *Ptolemy's Geography*, an annotated translation of the theoretical chapters, Princeton, Oxford: Princeton Universty Press, 2000, S. 42. Zur Diskussion um die Frage der Karten bei Ptolemaios siehe: Fuat Sezgin: *Geschichte des Arabischen Schrifttums (GAS)*, Bd. X, *Mathematische Geographie und Kartographie im Islam und ihr Fortleben im Abendland, Historische Darstellung, Teil 1*, Frankfurt: Institut für Geschichte der Arabisch-Islamischen Wissenschaften an der Johann Wolfgang Goethe-Universität, 2000, S. 31–58.
5 Humboldt, Alexander von: *Zentral-Asien, Untersuchungen zu den Gebirgsketten und zur vergleichenden Klimatologie*, neu bearb. und hrsg. von Oliver Lubrich, Frankfurt a. M.: S. Fischer, 2009, S. 319.
6 Ebd., S. 330–332.
7 Ebenfalls ging er davon aus, dass der im Tibet entspringende Oxus in das Kaspische Meer mündet. Zur Ausdehnung des Meeres schreibt er: „*Cette mer a 500 fars. de diamètre. Quelquefois les marchandises des Russes sont transportées, à dos de chameaux, de la ville de Djordjan jusqu'à Bagdad.*" Ibn Khordadbeh: *Le Livre des Routes et des Provinces*, publié, traduit et annoté par Meynard, Barbier de, Journal Asiatique, Sixième Série, Tome 5, Janvier-Février 1865, Paris, S. 514.
8 Ahmad, Maqbul: *Idrisi*, in: Heleine Selin (Ed.): *The Encyclopedia of Science, Technology, and Medicine in Non-Western Cultures*, Dordrecht, Boston, London: Kluwer Academic, 1997, S. 442.
9 Barthol'd, Vasilij: *Nachrichten über den Aral-See und den unteren Lauf des Amu-darja von den ältesten Zeiten bis zum XVII. Jh.*, aus dem Russischen von H. von Foth, Leipzig: O. Wigand, 1910, S. 249. Spuler zweifelte die Auffassung von Barthol'd an – dabei stützte er sich auf neuere Luftaufnahmen und geolo-

gische Untersuchungen –, dass sich der Oxus im Frühmittelalter zeitweilig in das Kaspische Meer ergossen habe. Vielmehr habe er seinen Abfluss im Mittelalter stets im Aralsee gehabt. Spuler, Bertold: Gesammelte Aufsätze, Leiden: Brill, 1980, S. 154.

10 GAS, Bd. X, hier: *Die kartographische Gestaltung Asiens,* S. 338–546. Von Idrisi verwendete Toponyme legen es nahe, dass ihm Quellen kimak-türkischen Ursprungs zur Verfügung standen. Ebd., S. 349.

11 Tibetts, Gerald R.: *The Balkhi School of Geographers,* in: *The History of Cartography,* Vol. Two, Book one, *Cartography in the Traditional Islamic and South Asian Societies,* Harley, J. B., Woodward, D., Chicago: University Press, 1992, S. 108.

12 Tibetts, Gerald R.: *The Balkhi School of Geographers,* in: Heleine Selin (Ed.): *The Encyclopedia of Science, Technology, and Medicine in Non-Western Cultures,* S. 149.

13 Sezgin, Fuat: GAS Bd. X, S. 346.

14 Brotton, Jeremy: *A History of the World in Twelve Maps,* London: Allen Lane, Penguin, 2012, S. 70.

15 Unter der Signatur Arabe 2221, datiert auf 1250–1325 n. Chr.

16 Fuat Sezgin hat in den historischen Quellen auf die frühe Umsegelung Afrikas von China aus nach West-Afrika aufmerksam gemacht. Demnach wurde schon in der zweiten Hälfte des 9. Jhs. regelmäßiger Handel zwischen Marokko und China betrieben. Sezgin, Fuat: *Piri Reis and the Pre-Columbian Discovery of the America Continents by Muslim Seafarers,* Istanbul: Boyut, 2013, S. 62.

17 *„Nous venons de voir que la circumnavigation de l'Afrique australe a été amenée par la connaissance de la forme triangulaire de ce continent, par les traditions vraies ou fausses, mais religieusement conservées d'anciennes expéditions; par les notions que, depuis les douzième et treizième siècles, les Arabes d'Espagne, de Mauritanie et d'Egypte répandirent sur le commerce arabe, persan et hindou avec la côte orientale d'Afrique; enfin, par des mappemondes, qui, fondées sur ces mêmes notions, presque un demi-siècle avant Vasco de Gama, …"* Humboldt, Alexandre de: *Examen Critique De L'Histoire De la Géographie Du Noveau Continent et de Progrès de L'Astronomie Nautique aux Quinzième et Seizième Siècles,* Tome Premier, Section Première, Paris: Libraire de Gide, 1836, S. 348.

18 Hartmann, Johann Melchior: *Edrisii Hispaniae pars,* Marburgi Cattorum, Typis Kriegeri Akademicis, 1802–1818.

19 Sezgin, Fuat, *IV Authors,* S. 331.

20 Sezgin, Fuat, GAS, Bd. 10, S. 349.

21 Ebd., S. 350.

22 Sezgin, Fuat: *Mathematical Geography and Cartography in Islam and their Continuation in the Occident, IV Authors,* Frankfurt a. M.: Institute for the History of Arabic-Islamic Science at the Johann Wolfgang Goethe University, 2011, S. 331.

23 Ebd., S. 329.

24 Es ist noch eine offene Frage, ob der in den Atlantik mündende Nebenarm des Nils möglicherweise auf ein Flusssystem aus neolithischem Subpluvial 10.000–3000 v. u. Z. verweist. In der Zeit der „Grünen Sahara" hat es einen solchen Nilabzweig gegeben; auch entsprechen die Orte, welche auf der Nil-Teilkarte bei Idrisi verzeichnet sind Dunqula in etwa 50 km Nil abwärts, nördlich von Alt-Dunqula (18° 13' N, 30° 45' O), dem alten vormals christlichen Zentrum im Sudan (4.–14. Jh.). Beide Orte liegen auf dem Territorium des heutigen nördlichen Sudans.

25 Sezgin, GAS, Bd. X, S. 95.

26 Humboldt, Alexander von: *Zentral-Asien, Untersuchungen zu den Gebirgsketten und zur vergleichenden Klimatologie,* Frankfurt a. M.: S. Fischer, 2009, XLIV.

27 Sezgin, Fuat: *Geschichte des Arabischen Schrifttums,* Bd. XV, *Anthropogeographie,* Teil 2, *Topographie, Geographische Lexika, Kosmographie, Kosmologie, Reiseberichte,* Frankfurt: Institut für die Geschichte der Arabisch-Islamischen Wissenschaften an der Johann Wolfgang Goethe-Universität, 2010, S. 103.

28 Jocob, Georg: *Welche Handelswaren bezogen die Araber aus den nordisch-baltischen Ländern,* Berlin: Mayer und Müller, 1891.

Arabische Geschichtsschreibung

Detlev Quintern

Die arabische Geschichtsschreibung weist eine Reihe von Besonderheiten auf, welche sie von den historiographischen Schulen weiterer Weltregionen unterscheidet, darunter von dem vordergründig moralisch orientierten Geschichtsdenken im alten China, wie es mit Konfuzius (551–479 v. Chr.) eingeleitet wurde.[1] Ebenfalls sind in der arabischen Historiographie heilsgeschichtliche Motive, wie das lange Fortwirken der Lehre der vier bzw. zwei Weltreiche, oder apokalyptische Themen, wie wir sie in Weltchroniken des europäischen Mittelalters finden, nicht oder nur marginal auszumachen. Eine von Gott vorherbestimmte Geschichtsdeutung ist nicht das Fundament arabischer Geschichtsschreibung, auch nicht ein unmittelbar bevorstehendes Weltenende, wie es für den aufkommenden Protestantismus des 16. Jhs. charakteristisch ist.[2] Theologie und weltliche Geschichte erscheinen hier eher voneinander getrennt, was besonders für die nachformative Zeit, also diejenige, in der sich der Islam bereits zur Staatlichkeit ausgebildet hatte, zutrifft.

In der Frühzeit des Islams lassen sich eine weltliche und eine islamische Geschichte kaum voneinander scheiden, schließlich lehnten sich die unter dem Propheten Muhammad geeinten Verbände auf der Arabischen Halbinsel nicht nur gegen verschiedene Formen der Vielgötterei in Mekka, sondern auch gegen die politische Vorherrschaft des Byzantinischen und des Sassanidischen Reiches auf.[3] Die mit dem Aufkommen des Islams sich ausbildenden historischen Genres und Methoden, die Überlieferungstradition (*hadith*), aber auch die Prophetenbiographie (*as-sira an-nabawiya*) und die Berichte zu den islamischen „Eroberungen" (*futuh*) knüpften an vorislamische arabische Herangehensweisen an, Geschichte zu dokumentieren und zu überliefern. Muhammad selbst unterstrich die Bedeutung von Geschichte (*tarih*), da sie zeige, welche historische Information korrekt sei und in welchem zeitlichen Zusammenhang sie stehe.[4]

Mit der Staatswerdung des Islams, zunächst 661 n. Chr. mit Zentrum in Damaskus (Ommayaden) und dann ab 752 n. Chr. mit Sitz in Bagdad (Abbasiden), eröffneten sich der Geschichtsschreibung weitere, über die Propheten- und Eroberungsgeschichte hi-

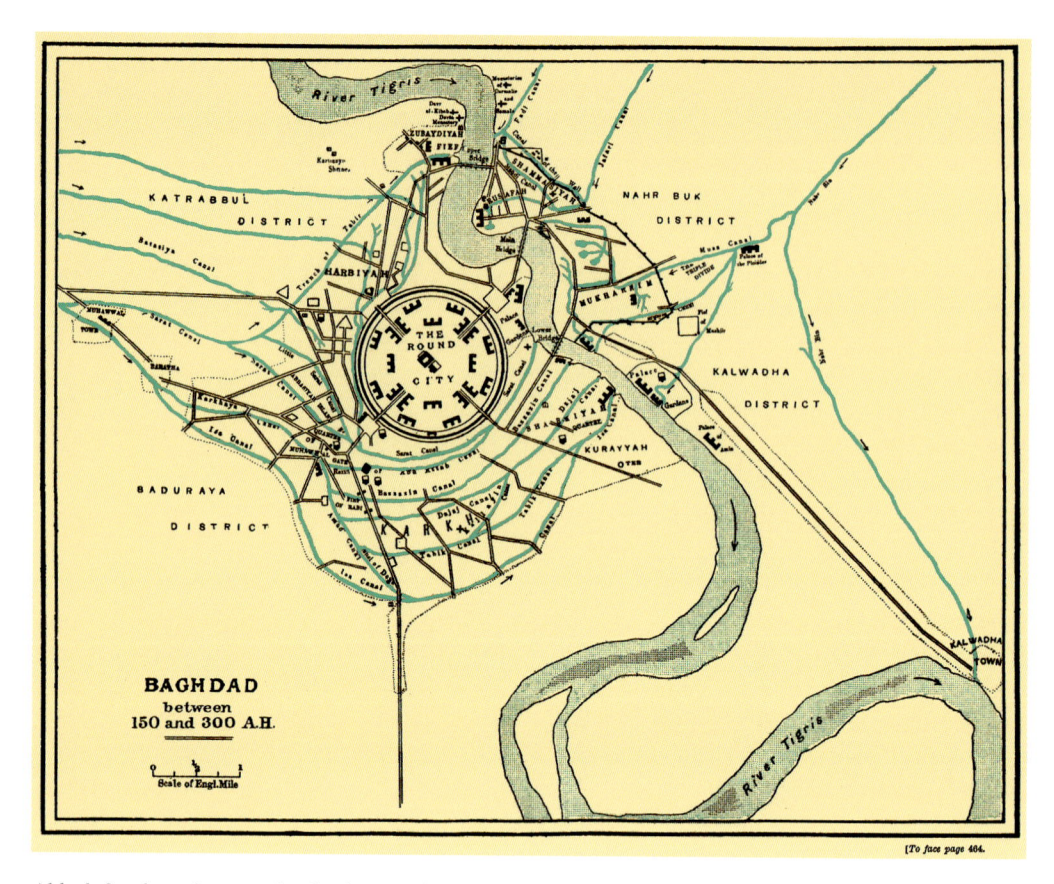

Abb. 1. Struktur der „runden Stadt" Bagdad vom 9.–12. Jh.

nausweisende Felder (Abb. 1). Am Beispiel des frühen Historikers at-Tabari (839–923) wird der Fokus auf diese nachformative Ära gerichtet sein, die zugleich eine Blütezeit des wissenschaftlichen und kulturellen Lebens im Islam insgesamt darstellt und im Wesentlichen mit der Regierungszeit der Abbasiden und – diesen gegenüber loyalen – Samaniden in Buchara parallel verläuft.

Die Ära der Abbasiden (752–1258) stellt sich dank der zahlreichen in dieser Zeit erscheinenden Geschichtswerke als eine der historisch am besten dokumentierten Epochen der Weltgeschichte heraus.

Einige Überlegungen zur Begriffswahl seien zunächst vorausgeschickt. Wenn im Folgenden von arabischer Historiographie die Rede ist, dann unter der Prämisse, dass historische Ereignisse in der Weite des hier in Frage kommenden Raumes in verschiedenen Schriftsprachen festgehalten wurden, so im Persischen, Syrischen, Koptischen oder Sogdischen (Zentralasien).

Das Arabische bildete sich spätestens seit dem 9. Jh. nicht nur als weite Regionen übergreifende Amts-, sondern auch als Wissenschafts- und Literatursprache aus. Dabei wurde sie koexistierend mit lokalen Sprachen und Schrifttraditionen zur Lingua Franca der Wissenschaften, nicht zuletzt der Geschichtswissenschaften. So wurde z. B. die Geschichte der Kopten in Ägypten von dem Historiker und Geografen Al-Maqrizi (1364–1442) in Arabisch verfasst.[5]

Unterschiedliche Glaubensgemeinschaften bedienten sich des Arabischen, behielten aber z. B. das Griechische, Aramäische oder Koptische oftmals für Theologie, Liturgie und Kirchengeschichtsschreibung bei. Die arabisch-islamische Geschichte in ihrer hier behandelten frühen Periode ist von Pluralität und Toleranz geprägt, die sich nicht zuletzt in der Historiographie widerspiegelt. Ein beeindruckendes Zeugnis hierfür liefert auch die arabische Reisegeschichtsschreibung, die im vorliegenden Band im Rahmen der Anthropogeographie behandelt wird.

Die islamischen *Futuh* (Erschließungen[6]) in der ersten Hälfte des 7. Jhs. – zunächst in Richtung fruchtbarer Halbmond (Palästina, Syrien) und Persien, dann über Ägypten und das nördliche Afrika, seit 711 auf die Iberische Halbinsel sowie in der Mitte des 8. Jhs. in Zentralasien bis an die Grenzen Chinas – gingen mit einer raschen Verbreitung des Arabischen einher. War das Arabische einmal als Verwaltungssprache eingeführt, brauchte es nicht lange, bis es sich auch als Bildungs- und Wissenschaftssprache etablierte. Ein weiterer Grund, in diesem Zusammenhang von arabischer Historiographie zu sprechen, ist darin zu sehen, dass die Ursprünge der spezifisch arabischen Tradition der Geschichtsschreibung auf die Gahiliya, d. h. die Zeit vor dem Islam, zurückgehen. Die arabischen Geschichtsmethoden wurden von der aufkommenden islamischen Historik übernommen, verfeinert und zu einem klar festgelegten Regelwerk ausgebaut. Es ist vordergründig die Methodik einer möglichst getreuen historischen Tradierung, welche sich in der Geschichte der Historiographie als eine arabische Besonderheit

Abb. 2. Khorasan und Tabaristan, die Heimat des Historikers at-Tabari.

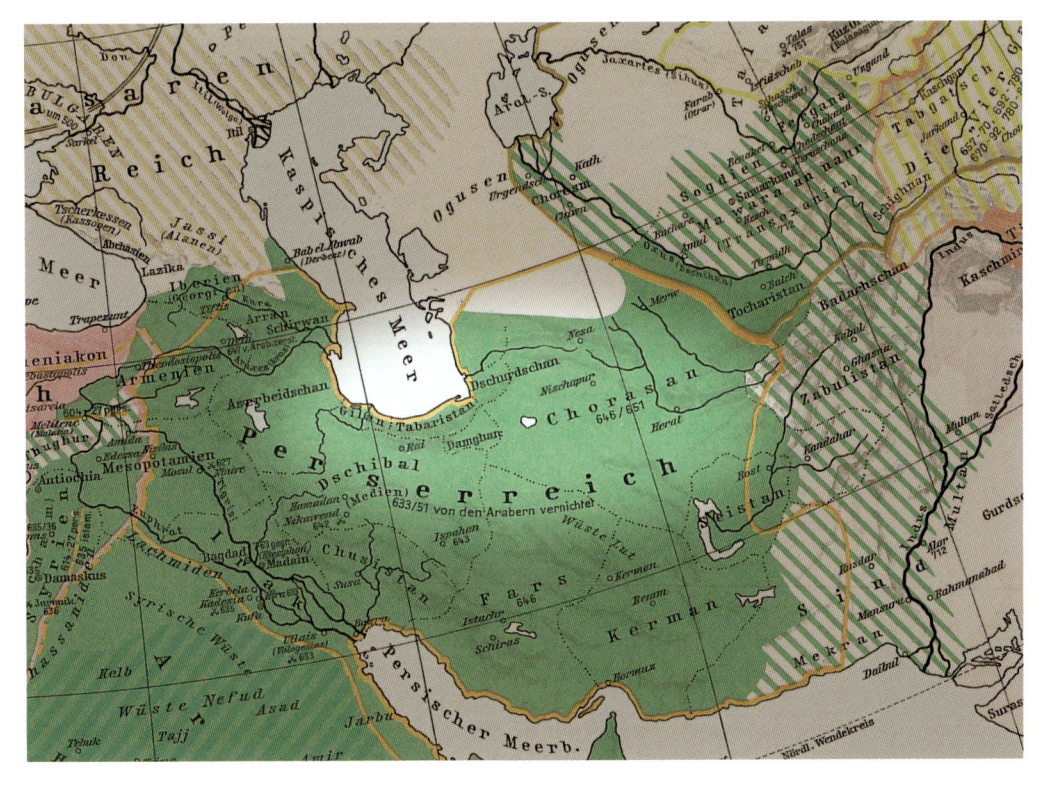

fassen lässt; sie geht auf die Überlieferungsmethoden altarabischer Gedichte und Lieder zurück (Abb. 2).

Vor diesem Hintergrund unterscheidet sich die arabische und islamische Geschichtsüberlieferung von Kirchen- und (spät-)antiker Geschichtsschreibung, die in die Kanonisierung weniger aus einem großen Pool stammender Evangelien mündet. Eine historische Methodik, welche bestimmte Evangelien im Unterschied zu anderen für authentisch bestimmt, lässt sich nicht klar ausmachen. Weisheitssprüche Jesu (Logien) galten als nicht-konform mit der Kirchenlehre.

Die Überlieferung im Islam folgt hingegen strengen, festgehaltenen und somit auch nachvollziehbaren Regeln, die als Traditionsmethodologie (*usul al-hadith*) verstanden und von Fuat Sezgin in ihrer Besonderheit von der Übernahme der Wissenschaft (*tahamul al-ilm*) als Charakteristiken arabisch-islamischer Kultur herausgearbeitet wurden.[7]

Frühe Zeugnisse zum hohen Stellenwert, den das arabische Geschichtsbewusstsein Poesie und Liedgut einräumte, finden sich in nicht-arabischen Quellen, darunter einer um die Mitte des 5. Jhs. von Szomenos verfassten Kirchengeschichte, die von Liedern anlässlich des arabisches Sieges unter Königin Muawiya um 350 n. Chr. gegen die römischen Heere berichtet. Der Heilige Nilus (gest. um 430 n. Chr.) sprach von Brunnenliedern, welche die Araber bei der Ankunft an einer Wasserstelle zu singen pflegten.[8] Dem gesprochenen, gesungenen oder rezitierten Wort wurde von den Arabern ein überaus großer Stellenwert beigemessen. Dichtung wurde keineswegs ausschließlich von Männern vorgetragen, wie es die Biographien von Dichterinnen belegen.[9] In der Rhythmik der Lob- oder Schmähgedichte glaubte man an die magische Kraft der Worte, welche Fluch oder Segen beim Adressaten bewirken

konnten. Im Zusammenhang mit früher arabischer Geschichtsschreibung ist es von Bedeutung, dass Poesie und Lieder keineswegs ausschließlich mündlich überliefert, sondern auch schriftlich festgehalten wurden.

Die von Friedrich Rückert (1788–1866) in deutsche Versform übertragenen Gedichte und Lieder des von Abu Tammam (804/806–846) im 9. Jh. zusammengestellten Bandes vermitteln einen Eindruck vom Reichtum arabischer Poesie.[10] Neben einer früharabischen Historik von Dichtung und Liedern finden sich historische Genres, wie die Genealogie (*ansab*), die Nachrichten (*ahbar*) und die Berichte über besondere Tage, an denen Auseinandersetzungen (*aiyam*) stattfanden – der häufig für *aiyam* verwandte Begriff „Schlachtentage" sei hier nur unter Vorbehalt angeführt. Noch aus frühislamischer Zeit geht hervor, dass sich der Kalif Umar (592–644) während der ersten *Futuh* darüber beklagte, dass sich zu wenig um Dichtung und deren Überlieferung gekümmert worden war.[11]

Die Methodik der getreuen Tradierung, wie sie sich bereits im Festhalten altarabischer Dichtung seitens des *Rawi* (Überlieferer) feststellen lässt, wurde auf die frühislamische Geschichtsschreibung übertragen. Das gilt insbesondere für die *Hadith*-Methodik, eine möglichst alle Unwägbarkeiten vermeidende und so getreu wie mögliche Wiedergabe des Wortlauts der Quelle mit ihrer Angabe.[12] Diese strenge Methode liegt der Dokumentation der prophetischen Tradition (*Hadith*), also der Taten, Verhaltensweisen und Worte oder Aussprüche von Muhammad dem Propheten zugrunde.

Mit dem Aufkommen und der Verbreitung des Islams erfuhr das Bedürfnis, Geschichte zu schreiben und auf diese Weise zu überliefern, bereits zu Lebzeiten des Propheten einen erneuten Aufschwung. Verschiedene historische Subdisziplinen, wie die Prophetenbiographie (*as-sra an-nabawiiya*) und die Geschichte der „Feldzüge" (*magazi*) und Erschließungen (*futuh*), wurden eingeführt.

Materielle Wissensträger dieser Zeit waren vorwiegend Palmblätter, seltener Papyri und Knochen – Pergamenthandschriften sind späteren Datums – bis sich ab Mitte des 8. Jhs. das Papier von Bagdad aus allmählich im arabisch-islamischen Raum zu verbreiten begann. Standen zuweilen nicht genügend Schreibblätter (*alwah*) zur Verfügung, so dienten selbst die Sohlen von Sandalen als Wissensträger, was einmal mehr die Schreibfreudigkeit im frühen Islam unter Beweis stellt.[13] Leider sind nur wenige arabische Schriftzeugnisse aus der vor- und frühislamischen Zeit erhalten.

Bereits unter den Ommayaden kam die Befürchtung auf, dass die Traditionen und damit die Gelehrten (*ulama*) schwinden könnten. Vor diesem Hintergrund veranlasste Abdalazziz (97/717–101/720) das Sammeln und Zusammenschreiben, sprich die Dokumentation von *Hadith*.[14]

Der Koran ist in der Tradition (*sunna*) eine primäre Quelle und existierte auch in Hunderten von Abschriften.[15] Thomas Bauer hat in seiner Studie *Die Kultur der Ambiguität. Eine andere Geschichte des Islams* diese Vielfalt auch in Literatur und Poesie untersucht und kam dabei zu dem Ergebnis, dass gerade die vielen Varianten der Überlieferung des Heiligen Korans einer Kultur der Toleranz gegenüber förderlich sind. Es bedarf zwar der Wissenschaft der *qira'at*, der Koranleser, was jedoch in der frühen Zeit des Islams keineswegs mit der Forderung nach einem variantenlosen Text einherging.[16] Abweichungen ließen sich oftmals auf „Korruptionen" in den Niederschriften zurückführen, was bereits im schriftlichen Festhalten von Poesie eine Rolle gespielt hatte.

Die Freude an der Vielfalt führte dazu, eine eigene philologische Wissenschaft im frühen Islam zu begründen, die sich in zahlreichen Monografien eigens der Frage nach *tahrif* und *tashif* widmete, d. h. den auditiv bzw. visuell verursachten Diskrepanzen in poetischen Texten.[17] Die häufig auftretenden Textvarianten sind v. a. darin begründet, dass die Niederschrift von Gehörtem nicht immer eindeutig sein kann, zumal das Arabische in seiner nuancierten Phonetik (Aussprache) und der entsprechenden diakritischen Genauigkeit[18] zu Varianten im Prozess der Verschriftlichung einlädt.

Bauer sieht im Fortbestand der Pluralität der Lesarten auch des Heiligen Korans den lange währenden geistesgeschichtlichen Boden für Toleranz im Islam, die letztlich erst mit der im 19. Jh. aufkommenden kolonialen Einforderung nach Eindeutigkeit Verschiebungen erfahren sollte. Dies ist zwar ein wichtiger, aber im Zusammenhang mit einer Historiographie der arabischen Geschichtsschreibung an dieser Stelle zu vernachlässigender Aspekt; vielmehr ist vor diesem Hintergrund von Bedeutung, dass sich diese Pluralität auch in der frühen arabisch-islamischen Historik unter Anwendung der *Hadit* Methode niederschlägt.[19]

Diese Methode folgt den *Isnaden*, d. h. den vertikal und horizontal verlaufenden Überlieferungsketten einer Quelle. Stimmten im Verlauf der Genealogie einer (Schrift-)Quelle zu ihrem Ursprung hin verschiedene Autoren in ihrer Aussage überein, dann konnte der Überlieferung Glaubwürdig- oder Richtigkeit (*sahih*), je nach Referenz und möglichen Korruptionen, beigemessen werden. Die Rückverfolgung der *Isnaden* zur Quelle, d. h. dem unmittelbaren Erfahrungsträger einer historischen Begebenheit und den diese dokumentierenden Ur-Text (*matn*), entsprach in der historischen Überlieferung dem Bedürfnis nach Authentizität.

In *Geschichte der Propheten und Könige* (*Tarih al-rusul wa'l muluk*) wandte der Historiker at-Tabari (839–923) die Methode der *Isnad* auf profane und nicht-orthodoxe Quellen an. Der Leser erfährt hier genauestens, welche Information aus welcher Quelle stammt und über welche Kettenglieder sie überliefert wurde. Sein monumentales Werk wurde im Rahmen eines UNESCO-Vorhabens in 39 Bänden auch in das Englische übertragen; der erste Band beginnt mit den Fragen, was Zeit sei, wie die Welt in ihr geschaffen wurde, und widmet sich vorwiegend biblischen Themen. Der letzte Band behandelt vordergründig die Biographien der Gefährten des Propheten.

Zwar liegt der Schwerpunkt auf der Geschichte des frühen Islams, gleichwohl ist das Werk eine geeignete Quelle, die Geschichte unter den Abbasiden in all ihren Facetten zu studieren. At-Tabari geht in seinen Schilderungen weit über den Charakter von Chroniken oder Annalen hinaus; wir bekommen Einblicke in das soziale, politische und alltägliche Leben dieser Zeit. Der Gelehrte begründete eine Geschichtsschule, der sich die ihm folgenden Historiker – darunter schon früh al-Fagani (895–972) – nicht nur im Sinne von Kontinuitätswahrung chronologisch anschlossen (*silah*).[20] Der Historiker Ibn al-Athir (1160–1233) übernahm in seinem Werk *al-Kamil fi al-tarih* weitestgehend den ersten Teil von at-Tabari, welchen er lokalgeschichtliche Schilderungen anschloss, darunter auch zu der im Norden des heutigen Iraks gelegenen Stadt Mosul. Methoden und Chronologie von at-Tabari wurden in der arabisch-islamischen Geschichtsschreibung bis in das 19. Jh. hinein angewandt.

Über sein Leben wissen wir recht wenig. Es heißt, der südlich des Kaspischen Meeres in Amul in der Provinz Tabaristan geborene at-Tabari – sein Name gibt Auskunft über seine Geburtsregion – sei niemals so recht zu Amt und Würden gelangt, gleichwohl er als Lehrer zeitweilig dem Sohn eines Ministers zur Seite gestellt war.[21] In jungen Jahren studierte er an berühmten Lehreinrichtungen im heute südlich von Teheran gelegenen Ray, in Bagdad, Basra, Kufa und in Syrien sowie in Ägypten.[22] Dort eignete er sich Fachkenntnisse in verschiedenen Disziplinen an. Galt sein Hauptinteresse den Geschichtswissenschaften, so war er darüber hinaus in Theologie, Ethik, Grammatik, Literaturwissenschaft, Mathematik und Medizin ausgebildet. Im Jahre 871 n. Chr. galt er bereits mit 32 Jahren als ein bedeutender Gelehrter.[23] Bis zu seinem Tod im Jahre 923 n. Chr. (311) lehrte und lebte at-Tabari, abgesehen von kürzeren Aufenthalten in Syrien und seiner Heimat Tabaristan, in Bagdad.

At-Tabari gibt Einblick in die Pluralität unterschiedlichster Glaubensformen, welche im Islam fortlebten. An verschiedenen Stellen seines *Tarrih* erfahren wir von frommen und asketischen Menschen, die dem Glauben von Isa (Jesus), dem Sohn Maryams (Marias) folgten, darunter von einem Faymiyun in Süd-Arabien, der von Dorf zu Dorf gezogen war, wo er jeweils als Zimmermann für eine Zeit lang arbeitete. Faymiyun war aus Syrien nach Süd-Arabien (Nagran) gewandert.[24] Arabische Beduinen, die entlang der Handelswege der Arabischen Halbinsel zogen, waren nicht selten Christen.

Der *Tarih* ist zudem eine Quelle für heterodoxe und oppositionelle Bewegungen unter den Abbasiden, die at-Tabari unvoreingenommen wiedergibt. At-Tabari lässt synkretistische Strömungen, in welchem ein christianisierter Messianismus und Johannes der Täufer eine zentrale Rolle spielen, unvoreingenommen zu Wort kommen. Deren Anhänger richten ihr Gebet nach Bait al-Maqdis (Jerusalem) aus.[25] Ausführlich berichtet uns at-Tabari auch über soziale und aufständische Bewegungen, darunter die *Zing* – ein vorwiegend von Schwarzen getragener Aufstand, der im Jahre 869 n. Chr. erneut gegen die Abbasiden im Süden des Iraks aufgeflammt war. Auch hier lässt at-Tabari keinerlei Voreingenommenheit erkennen, sondern gibt den Verlauf der Ereignisse unter Einflechtung von Selbstzeugnissen schlicht wieder. Die unterschiedlichen und nuancierten Quellen, die at-Tabari gemäß seiner Überlieferungsketten-Methode zuweilen nebeneinanderstellt, ermöglichen dem Leser einen hermeneutisch offenen Zugang. Es handelt sich also bei dem monumentalen Geschichtswerk – dem ersten seiner Art im Arabischen – keineswegs um pure Chronologien oder Annalen.[26] Vielmehr lässt sich das umfangreiche Geschichtswerk von at-Tabari als eines der frühesten Zeugnisse einer methodisch abgeleiteten Wissenschaft von der Geschichte deuten. Gleichwohl wird erst Ibn Khaldun (1332–1406) für sich die Begründung der Geschichtswissenschaft reklamieren.

Die methodische Herangehensweise von at-Tabari mag zwar traditionellem Herangehen gefolgt sein, eröffnet aber einen methodischen Schlüssel zur Erschließung historischer Quellen. Eine Archäologie des Wissens (Michel Foucault)[27] gewinnt bei at-Tabari bereits Konturen einer Methodik. Schon Franz Rosenthal hatte darauf hingewiesen, dass die arabische Geschichtsschreibung das Denken von David Hume (1711–1776) oder Johann Gottfried Herder (1744–1803) und auf diesem Wege heutige Geschichtswissenschaften indirekt prägte.[28]

---

1 Schmidt-Glintzer, Hellwig: *Geschichte der Chinesischen Literatur, Von den Anfängen bis zur Gegenwart*, München: C. H. Beck 1999, S. 48; Zhang, Qizhi, *The Emergence and Progress of Ancient Chinese Historiography*, in: *An Introduction to Chinese History and Culture*, Berlin, Heidelberg: Springer 2015, S. 354.
2 Pohlig, Matthias: *Zwischen Gelehrsamkeit und konfessioneller Identitätsstiftung, Spätmittelalter und Reformation, Lutherische Kirchen und Universalgeschichtsschreibung 1546–1617*, Neue Reihe, 37, Tübingen: Mohr Siebeck 2007, S. 463.
3 Das Byzantinische Reich mit seinem Zentrum Konstantinopel befand sich im ersten Viertel des 7. Jhs. in einer lang anhaltenden Krise, die nicht zuletzt durch den Dauerkonflikt mit den Sassaniden (Persien), die sozialen Spannungen in den Provinzen und die Kirchenspaltungen hervorgerufen worden war. Kaiser Herakelios überlegte im Jahre 618 n. Chr. kurzzeitig, den Regierungssitz nach Sizilien zu verlegen, um so das Imperium zu retten. Ohlig, Karl-Heinz (Hrsg.): *Der frühe Islam. Eine historisch-kritische Rekonstruktion anhand zeitgenössischer Quellen*, Berlin: Hans Schiller 2007, S. 25. Im Jahre 638 n. Chr. schließt sich der Kaiser in der strittigen Frage um die Natur Jesu der ägyptisch-syrischen Auffassung von der Einen-Natur-Jesu an, was im Zusammenhang mit dem Vorrücken der arabisch-muslimischen Verbände steht. Khella, Karam: *Geschichte der arabischen Völker*, Hamburg: Theorie und Praxis 1994, S. 458.
4 Rosenthal, Franz: *A History of Muslim Historiography*, Leiden: Brill 1952, S. 28.
5 Maqrizi: *Macrizi's Geschichte der Kopten, aus den Handschriften zu Wien und Gotha*, übers. und mit Anmerkungen versehen von Ferdinand Wüstenfeld, Göttingen: Dieterich'sche Buchhandlung 1843.
6 Der Begriff „Erschließungen" entspricht dem arabischen *Futuh* am ehesten und wird hier anstelle des oftmals gebrauchten Begriffes „Eroberungen" verwendet.
7 Sezgin, Fuat: *Geschichte des Arabischen Schrifttums (GAS)*, Bd. 1, Leiden: Brill 1967, S. 58.
8 Sezgin, Fuat: *Geschichte des Arabischen Schrifttums (GAS)*, Bd. 2, Leiden: Brill 1975, S. 8.
9 Sezgin, Fuat, Ebd., S. 102.
10 Rückert, Friedrich: *Hamasa oder die ältesten arabischen Volkslieder*, Göttingen: Wallstein 2004.
11 Ebd., S. 23.
12 Sezgin, Ursula: *Abū Miḥnaf. Ein Beitrag zur Historiographie der Umaiyadischen Zeit*, Brill: Leiden 1971, S. 24.

13 GAS I, S. 63.
14 Ebd., S. 56.
15 GAS I, S. 71.
16 Bauer, Thomas: *Die Kultur der Ambiguität. Eine andere Geschichte des Islams*. Berlin: Insel, Verlag der Weltreligionen 2011, S. 77.
17 Zwettler, Michael: *The Oral Traditions of Classical Arab Poetry. Its Character and Implications*, Ohio: State University Press 1978, S. 206.
18 Ein unvokalisierter Text im Arabischen, welcher nur die Konsonanten und Vokalträger schreibt, nicht aber die Punkte und Striche über bzw. unter den geschriebenen Buchstaben (diakritische Zeichen) wiedergibt, erlaubt unterschiedliche Lesarten, die zuweilen Sinnverschiebungen zur Folge haben können.
19 Sezgin, Ursula, S. 40.
20 *The History of aṭ-Ṭabarī, Vol. 1, General Introduction and From the Creation to the Flood*, translated and annotated by Franz Rosentahl, New York: State University Press 1989, S. 7.
21 *Encyclopedia of Islam*, New Edition, S. 12.
22 Fuat Sezgin: *Geschichte des arabischen Schrifttums*, Bd. I, Brill: Leiden 1967, S. 323.
23 *Al-Tabari*, in: *Enzyklopädie des Islam, Geographisches, ethnographisches und biographisches Wörterbuch der muhammedanischen Völker*, M. Th. Houtsma, A.J. Wensinck, W. Heffening, H.A.R. Gibb, E. Lévi-Provençal, Band IV, S-Z, Leiden, Leipzig 1934, S. 625. Im Folgenden zit. als *EI 1* in Abgrenzung zur seit 1960 im Englischen erschienen New Edition, die als *EI 2* angeben wird.
24 *The History of Al-Tabari*, Vol. V, *The Sasanids, the Byzantines, the Lakhmids and Yemen*, trans. and annotated by C.E. Bosworth, Brill: New York 1999, S. 196.
25 *The History of Al-Tabari*, Vol. 8, S. 605.
26 Diese Fehlauffassung („*hardly anything else but dynastic history*") vertrat Joseph de Somogyi: *The Development of Arabic Historiography*, in: *JSS 3* (1958), S. 376. In jüngerer Zeit wird von „*annalistic Historiography*" gesprochen von: Robinson, Chase F.: *Islamic Historiography*, Cambrigde: University Press 2004, S. 34.
27 Foucault, Michel: *Archäologie des Wissens*, übers. von Ulrich Köpen, Frankfurt a.M.: Suhrkamp 1981.
28 Rosenthal, Franz, S. 174.

Politik- und Sozialwissenschaft in der Blütezeit der arabisch-islamischen Kultur

Mamoun Fansa

Werke über politische Philosophie und Soziologie zählen zu den herausragendsten Schriften der islamischen Literatur. In den drei Hauptsprachen des Islam, in Arabisch, Persisch und Türkisch, entwickelten die Verfasser tiefgehende und mannigfaltige Theorien über die Kunst des Regierens und über die verschiedenen Probleme des Lebens in der Gemeinschaft.

Al-Farabi, gestorben am 17. Januar 951 und der bedeutendste islamische Philosoph vor Avicenna, verfasste eine Abhandlung mit dem Titel *Die vorbildliche Stadt*. Ausgehend von der Grundlage des platonischen Prinzips, dass der Mensch dazu bestimmt ist, in einer Gesellschaft zu leben, kommt al-Farabi zu der Schlussfolgerung, dass ein vollkommener Staat die gesamte bewohnte Welt und damit die ganze Menschheit umfassen sollte.

Der Begriff des Weltstaates evoziert im Allgemeinen bei Europäern die Vorstellung vom Römischen Reich, Gedanken an die Kämpfe zwischen dem Papsttum und dem Reich während des Mittelalters oder an die Theorien gewisser moderner zukunftsorientierter Utopien. Er war jedoch kein neuer Gedanke im islamischen politischen Denken, sondern im theokratischen Verständnis des Islam bereits angelegt. In *Die vorbildliche Stadt* wird ihm Ausdruck verliehen. In Übereinstimmung mit den mystischen Tendenzen seiner Philosophie setzte der Autor dem Weltstaat und seinen Herrschern hohe moralische Ziele. Al-Farabi vertrat die Ansicht, dass die Pflicht dieses Staates darin liegt, seinen Bürgern eine vollkommene Regierung auf Erden und Glückseligkeit nach dem Tode zu sichern. Die ideale Stadt solle von einem obersten Herrscher regiert werden, der folgende Eigenschaften besitzen müsse: eine hohe Intelligenz, Gerechtigkeitsliebe, Zielbewusstsein sowie immer die Entschlossenheit, Gutes zu tun. Sollten all diese Eigenschaften nicht in einem einzigen Manne vereint sein, solle man zwei, drei oder mehr Männer suchen, die zusammen die nötigen Eigenschaften besitzen und ihnen die Regierung des Staates anvertrauen. Wie Platon gelangte al-Farabi auf diese Weise zur Vorstellung des Regierens durch die Weisen oder zu der Form einer aristokratischen Republik (Abb. 1).

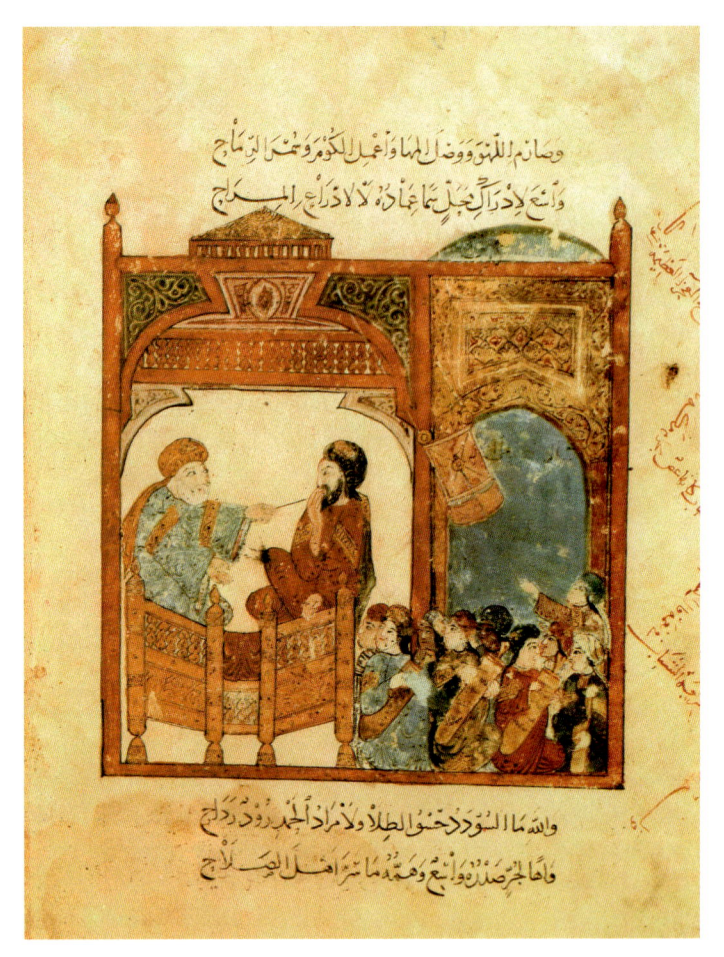

Abb. 1. Philosophisches Streitgespräch in einer Schule. Miniatur aus der Maqamat *des al-Hariri, Bagdad 1237.*

Al Mawardi (972–1058), ein bekannter Rechtsgelehrter und oberster Richter in Ostowa, in der Nähe von Nischapur im Iran, verfasste das bedeutende *Kitab Al Ahkam es Sultaniah* (*Das Buch über die Regeln der Macht*). Er entwickelt darin eine interessante Theorie über das Kalifat und behandelt die wichtigsten politischen, sozialen und rechtlichen Einrichtungen des islamischen Staates. *Al Ahkam es Sultaniah* wurde ins Französische übersetzt, wie auch ein weiteres Buch Mawardis, die *Regierungsstatuten*.

Abu al-Fazal (1551–1602) war Philosoph, Wissenschaftler, Staatsmann und persönlicher Freund eines mächtigen und aufgeklärten Kaisers in Indien. Er ist eine der faszinierendsten Persönlichkeiten Indiens zur Zeit der Moguln. Sein Werk *Akbar Nama* ist zweifellos das bedeutendste Werk über die muslimische Geschichte Indiens. Es besteht aus drei Teilen: Der erste enthält die Geschichte von Tamerlans Einfällen in Indien sowie die der timuridischen Prinzen, die in Indien geherrscht haben; der zweite ist ausschließlich der langen, glorreichen Herrschaft Akbars gewidmet; der dritte, *Ayn I Akbari*, gibt eine Fülle wertvoller Auskünfte über das Funktionieren des Staats in Bezug auf Gesetzgebung und Verwaltung, auf die sozialen Lebensbedingungen der Inder sowie über ihre Religion, die Philosophie und ihr Rechtswesen. Mehrere Kapitel behandeln die verschiedenen Künste und Handwerke, die öffentlichen Finanzen, Verwaltungsberichte und Statistiken; weiter beschrieben sind die technische Entwicklung der Truppenbewaffnung, die Bücher, die übersetzt wurden, usw. *Ayn I Akbari* enthält außerdem eine große Anzahl an Maximen, moralischen Urteilssprüchen und politischen Grundsätzen Akbars, die sein getreuer Minister und Freund Tag für Tag niederschrieb. „*Dieses außergewöhnliche Werk*", sagte Garra de Vaux, „*das lebendig, ideenreich und wissenschaftlich abgefasst ist, worin jeder Aspekt des Lebens untersucht, aufgezählt und geordnet wird, und man ständig neuen Fortschritt bewundern muss, ist ein Dokument, auf das die orientalische Kultur mit Recht stolz sein darf. Die Männer, deren Genie in diesem Buch zum Ausdruck kommt, waren ihrem Zeitalter in ihrer Auffassung der praktischen Regierungsweise und wahrscheinlich sogar ihren Betrachtungen über religiöse Philosophie weit voraus. Jene Dichter und Denker wussten die materielle Welt zu meistern. Sie beobachteten, klassifizierten, berechneten und experimentierten. Jede neue Theorie wurde durch Tatsachen geprüft. Ihre Theorien legten sie mit Beredsamkeit dar, untermauerten sie jedoch durch Statistiken. Im Westen sind wir Leibnitz zu Dank verpflichtet, dass er uns die Bedeutung und den Nutzen dieser neuen Wissenschaft, der Statistik, zeigte. Die Regierung Akbars bediente sich ihrer schon vor drei Jahrhunderten in Fragen der Verwaltung und befolgte zu gleicher Zeit die Grundsätze der Toleranz, der Gerechtigkeit und der Menschlichkeit."*

Am Schluss soll nun eine kurze Beschreibung des Lebens und der Leistung von Ibn Khaldun als Beispiel eines hervorragenden Sozialwissenschaftlers der Blütezeit arabisch-islamischer Kultur folgen.

Abdurrahman Mohammed Ibn Khaldun ist einer der bekanntesten Sozialwissenschaftler der arabisch-islamischen Kultur

Abb. 2. Ibn Khaldun lebte in Sevilla, einem Zentrum der Geisteswissenschaften des al-Andalus im 14. Jh. Hier Blick auf die Giralda.

des Mittelalters. Er wurde am 27. Mai 1332 in Tunis geboren, starb am 17. März 1406 in Kairo und entstammt einer andalusischen Patrizierfamilie südarabischen Ursprungs, die sich zur Zeit der arabischen Eroberung erst in Carmona, später in Sevilla niedergelassen hatte. Im Jahre 1354 wurde Ibn Khaldun von dem Meriniden-Herrscher Abu Inan Faris an den Hof in Fès gerufen und in den wissenschaftlichen Zirkel des Sultans aufgenommen (Abb. 2).

Als eine der großartigsten Persönlichkeiten der arabischen Geisteswissenschaft und Wegbereiter der Sozialwissenschaft im Mittelalter, gilt er immer noch als Begründer der Sozialwissenschaft. Seine vielfach originellen Theorien enthalten Gedanken, die viel später als Standardbegriffe der Geschichtsphilosophie und der Soziologie bis in die Gegenwart Geltung erhielten. Ebenso bewandert in islamischer Gelehrsamkeit wie in den Bereichen platonischer und aristotelischer Philosophie, ausgestattet mit hervorragend kritischem Scharfblick und synthetischem Urteilsvermögen, außerdem vertraut mit den mannigfaltigen Strömungen in den politischen und intellektuellen Zentren der arabischen Welt sowie mit den Denkformen ihrer Stämme, frei von Vorurteilen, großzügig, weitblickend, aber ehrgeizig und eigenwillig (gelegentlich bis zum Starrsinn) – so etwa erscheint grob gezeichnet das Bild Ibn Khalduns, wie es aus den Charakterzeichnungen der Autoren hervorgeht, die sich mit seinen Werken oder seiner Autobiographie befasst haben.

Es ist unmöglich, hier die gesamten Arbeiten Ibn Khalduns zu behandeln. Seine scharfsinnigen und gelehrten Beobachtungen über die Brüchigkeit der Zivilisationen sowie über die ausschlaggebende Rolle der Elite in Bezug auf die Bildung des Staates, welche er zur Untermauerung seiner Theorien benutzte, sind faszinierend. Ibn Khaldun setzte voraus, dass zwischen dem Leben eines Staates und dem eines Menschen, bzw. jeglicher anderer Lebewesen, eine vollkommene Analogie besteht. Wie diese werden auch Staaten geboren, sie wachsen und sterben und sind gewissen natur- bedingten Entwicklungen unterworfen. Ibn Khaldun widmete sich der Erforschung und Erklärung dieser Entwicklungen.

Er verfasste eine Geschichte der Welt in drei Bänden, denen eine Einleitung und eine Autobiographie vorausgehen. Der vollständige Titel von diesem monumentalen, allgemein als *Kitab al-Ibar* zitiertem Werk lautet: *Kitab al-Ibar wa-diwan al-mubtada wal-habar fi ajjam al-Arab wal-Agam wa-l-Barbar wa-man, asarahum min dawi s-sultan al-akbar* (etwa: *Das Buch der lehrreichen Beispiele*

Abb. 3. Die Titelseite des bekannten Buches von Ibn Khaldun Die Muqaddima. Die Einführung. *Ein moderner Druck der Originalhandschrift liegt in der Nationalbibliothek in Tunis.*

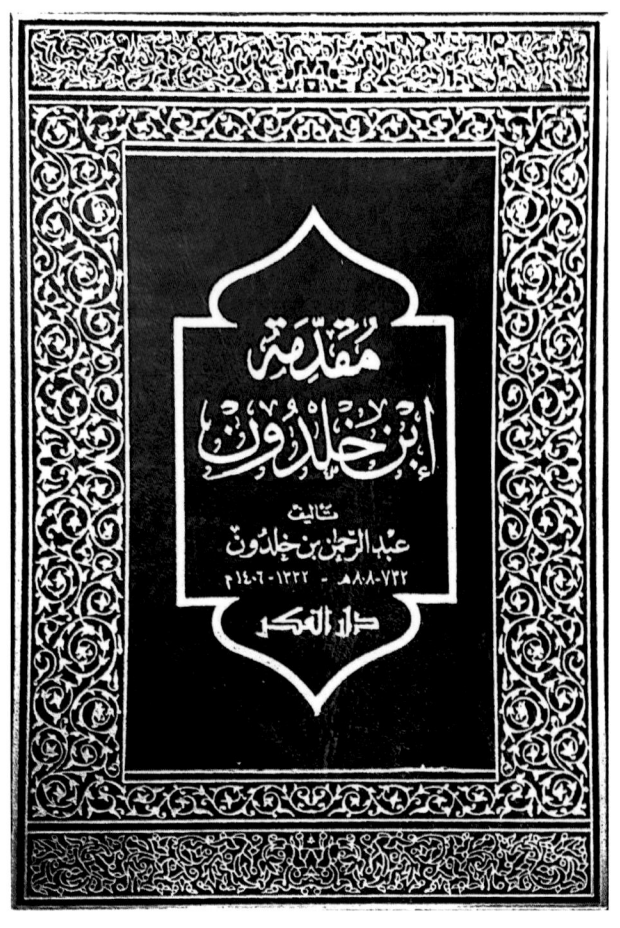

und Archiv der Anfänge und darauffolgenden Geschichte [wörtlich: Subjekt und Prädikat] *der Ruhmestage der Araber, Nichtaraber und Berber und der zeitgenössischen höchsten Herrscher*). Ein Vorwort und v. a. die berühmte *muqaddima* (Einführung) gingen der historischen Studie im engeren Sinne voran, die den arabischen Osten, die Geschichte der Perser, Israeliten, Griechen, Byzantiner, Kopten und Türken sowie die Völker, Staaten und Dynastien Nordafrikas bis 1394 behandelt (7 Bände, inbegriffen die hier unvollständige Autobiographie in der Ausgabe von Bulaq (Kairo), 1868). Frühzeitig wurde die Bezeichnung der Einleitung *muqaddima* auf das erste Buch des Gesamtwerkes ausgedehnt und zu Beginn des 19. Jhs. als *Prolegomena* in der abendländischen Literatur bekannt (Abb. 3).

Diese Publikation allein ist schon ein unvergängliches Werk und der Autor verdankt ihm seine weltweite Bekanntheit. Hier finden wir zum ersten Mal allgemeine Betrachtungen über Geschichte, über verschiedene Zivilisationsformen und ihre Beeinflussung durch das Klima, über Nomadenstämme und sesshafte Stämme, über die Gebräuche, die diesen einzelnen Zivilisationen eigen waren sowie über die sozialen Einrichtungen, Wissenschaften und Künste, die sie hervorbrachten. Ibn Khaldun behandelt die qur'anischen Lehren, die Mathematik, den Gesang und die instrumentale Musik sowie die Landwirtschaft und die verschiedenen Handwerkszweige. Es ist eine von philosophischem Geist durchdrungene Enzyklopädie, in der die Geschichte selbst als wesentlicher Bestandteil der Philosophie angesehen wird. „Betrachten wir", sagt Ibn Khaldun, *„die innere Natur der geschichtlichen Wissenschaft: Sie besteht in der Untersuchung der Tatsachen, in der sorgfältigen Erforschung ihrer Ursachen, im gründlichen Verständnis der Geschehnisse; die Geschichte ist folglich ein bedeutender Zweig in der Philosophie und sollte als eine der Wissenschaften angesehen werden."* Indem er in der Analyse der Tatsachen und in der Suche nach ihren Ursachen die primäre Rolle der Geschichte sieht, betrachtet er diese bereits unter einem modernen Blickwinkel. Das setzt eine allumfassende Kenntnis der menschlichen Zivilisation und Psychologie voraus.

Seine wirtschaftlichen Ansichten haben einen ebenso modernen Anklang wie seine politischen Überzeugungen. *„Der Staat"*, sagte er, *„ist ein großer Händler, als intelligenter und weitsichtiger Händler ist es seine Pflicht, darauf zu achten, dass das Geld, das ihm durch die Steuern zufließt, wieder seinen Umlauf im Volke nimmt. Mäßige Steuern sind die beste Anregung zur Arbeit. Auf der anderen Seite ist es sinnlos im Übermaß und gedankenlos Steuern zu erheben."* Kritisch und eingehend prüfte er die Konfiskation, die Monopole sowie die offizielle Handelskontrolle, um dann zu dem Schluss zu kommen, dass der Reichtum eines Staates auf seiner Bevölkerung, auf Unternehmungsgeist und Produktivität gegründet ist. Staatliche Intervention und die übertriebene Einmischung der öffentlichen Behörden verringern diesen Reichtum und hemmen die normale Entwicklung der Wirtschaft.

Im Mittelpunkt seines Systems steht der Begriff *asabijja* (etwa mit „Gemeinsinn" zu übersetzen), als primäre Triebkraft des Entwicklungsprozesses der Gesellschaft vom urtümlichen Wanderhirtendasein, über die gesamte nuancenreiche Skala kultureller Errungenschaften, bis zu einer hochstehenden, auf staatlicher Ordnung ruhenden, städtischen Zivilisation. Aufgrund eingehender Betrachtungen der Elemente und Daten der muslimischen Geschichte folgert Ibn Khaldun, dass keiner gesellschaftlichen Struktur und der ihr eigenen Kultur je wirklich Dauer beschieden ist. Auf diese These gründet er eine Theorie sozialer Dynamik, die einen kontinuierlichen Zyklus von Wachstum, Stillstand und Verfall als das Wesen aller menschlichen Geschichte postuliert. Der Raum, über den Ibn Khaldun seine Beobachtungen erstrecken konnte, mag wohl vom heutigen Gesichtspunkt aus für verallgemeinernde Schlussfolgerungen als unzulänglich gelten. Dennoch kommt er in vielerlei Hinsicht den modernen Auffassungen der Phänomene, die er beleuchtet, ganz erstaunlich nahe.

Die Kritiker der islamischen Zivilisation, die in ihr nur eine schwache Reflexion der hellenistischen Kultur sehen und ihr jegliche Originalität absprechen, müssen jedoch anerkennen, dass Ibn Khaldun die erste schriftlich fixierte Geschichtsphilosophie zu verdanken ist. Vor ihm hatte kein arabischer oder europäischer Schriftsteller einen gleichzeitig so verständlichen, wie philosophischen Überblick über die Geschichte gegeben. Nach Ansicht der Ibn-Khaldun-Forscher ist er somit der größte Historiker des Islams und einer der größten aller Zeiten. Lange vor den modernen Soziologen wie Comte, Vico, Marx und Spengler widmete er sich dem Studium der Entwicklung der menschlichen Gesellschaft und versuchte, für den Verlauf der Geschichte eine rationale Erklärung zu finden.

Bibliographie
(für alle Beiträge Mamoun Fansas):

Alten, Heinz-Wilhelm u. a.: *4000 Jahre Algebra. Geschichte, Kulturen, Menschen.* Berlin, Heidelberg 2003/2014.

Conermann, Stephan: *Das Mogulreich. Geschichte und Kultur des muslimischen Indien.* München 2006.

Fansa, Mamoun (Hrsg.): *Ex Oriente lux? Wege zur neuzeitlichen Wissenschaft.* Schriftenreihe des Landesmuseums Natur und Mensch, Heft 70. Oldenburg 2008.

Ibn Khaldun (Hrsg.): *Ausgewählte Abschnitte aus der Muqaddima.* Übers. von Annemarie Schimmel. Tübingen 1951.

Ibn Khaldun: *Buch der Beispiele. Die Einführung.* Übers. und eingeleitet von Mathias Pätzold. Leipzig 1992.

Klein-Franke, Felix.: *Die Klassische Antike in der Tradition des Islam.* Darmstadt 1980.

Kultur- und Stadthistorisches Museum Duisburg (Hrsg.): *Häuser der Weisheit. Wissenschaft im Goldenen Zeitalter des Islam.* Mainz 2015.

Lewis, Bernard (Hrsg.): *Welt des Islam. Geschichte und Kultur im Zeichen des Propheten.* Braunschweig 1976.

Meissner, Marek: *Das Goldene Zeitalter Arabiens.* Hanau 1980.

Montgomery, William: *Der Einfluss des Islam auf das europäische Mittelalter.* Berlin 2011.

Rudolph, Ulrich: *Islamische Philosophie. Von den Anfängen bis zur Gegenwart.* 3. Aufl. München 2013.

Wußing, Hans: *6000 Jahre Mathematik. Eine kulturgeschichtliche Zeitreise.* Berlin, Heidelberg 2009.

Abb. 4. Ein Denkmal für Ibn Khaldun in Tunis. Er wurde dort 1332 geboren.

Arabisches Kunsthandwerk in Europa von den Omayyaden bis zum Ende des Mittelalters

Brigitte Pedde

Erste künstlerisch gestaltete Gegenstände islamisch-andalusischer Produktion sind aus der Zeit des spanisch-omayyadischen Kalifats erhalten geblieben. Sie geben Zeugnis von dem hohen Niveau der islamischen Kultur auf der iberischen Halbinsel. Unter Abd ar-Rahman III. (Regierungszeit 912–961), der das spanisch-omayyadische Kalifat gegründet hatte, und seinem Nachfolger al-Hakam II. (Regierungszeit 961–976) erreichte die Dynastie den Gipfel ihrer Macht. Für Luxusartikel gab es nun einen großen Bedarf. Am Kalifenhof in Córdoba wurden eigens zu deren Herstellung Werkstätten eingerichtet. Als Abd ar-Rahman III. die Residenzstadt Medina az-Zahra westlich von Córdoba, errichten ließ, wurde diese gleich mit Werkstätten ausgestattet.

Es sind insbesondere die Elfenbeinschnitzereien, die in dieser Epoche vom hohen Rang der Kunstfertigkeit Zeugnis ablegen. Bereits aus frühislamischer Zeit gibt es geschnitzte Elfenbeinobjekte im Vorderen Orient, überwiegend aus Syrien und Ägypten, die noch unter dem Einfluss byzantinischer Tradition standen.[1] Auch im fatimidischen Ägypten[2] wurde dieses Kunsthandwerk weitergeführt und gelangte von dort an den omayyadischen Hof in Andalusien. Die in Córdoba und Medina az-Zahra hergestellten rechteckigen und runden Elfenbeinbehälter sind dicht mit geschnitzem Dekor verziert. Stilisierte pflanzliche Ornamente bilden die Folie, in die Bildmotive mit Tieren und Menschen eingefügt sind. Die figürlichen Darstellungen beziehen sich zumeist auf das höfische Leben oder gehören in den Bereich der Ikonografie fürstlicher Macht,[3] deren Archetypen bereits im antiken Vorderen Orient in der Zeit der Sumerer und Babylonier entstanden sind und die über die persisch-sasanidische und byzantinische Kunst ihren Eingang in die islamische Kultur fanden.[4] Dazu gehören insbesondere Tierkämpfe, bei denen zumeist ein Löwe ein anderes Tier bezwingt oder, wenn auch seltener, ein Reiter bei der Jagd. Auch thronende Herrscher mit Bechern oder Musikanten als Chiffre für höfische Feste wurden dargestellt. Eine Besonderheit der spanisch-omayyadischen Elfenbeinobjekte ist, dass sie zumeist entlang der Ränder Inschriften tragen, die Aufschluss über den Auftraggeber,

Besitzer und das Jahr der Herstellung geben. Für diese Zeit besonders außergewöhnlich ist, dass auch der Name des Künstlers genannt wird. Eine Elfenbeinpyxis (Abb. 1),

Abb. 1. Elfenbeinpyxis des al-Mughira, Medina az-Zahra, 968.

die durch Achtpassmedaillons gegliedert ist, zeigt Szenen aus dem höfischen Leben. Aus der Inschrift geht hervor, dass sie al-Mughira, einem Sohn von Abd-ar-Rahman III., gewidmet ist.[5] Der wohl größte Elfenbeinkasten, der in den Werkstätten des spanischen Kalifats hergestellt wurde, nennt in der Inschrift Abd al-Malik, den Stellvertreter des Kalifen.[6] Aus denselben Werkstätten kommen auch Elfenbeinbehältnisse, deren Ornamentik sich auf geometrische und pflanzliche Formen reduziert.[7] Nach dem Niedergang der spanischen Omayyaden wurde Cuenca (Kastilien) zum Zentrum der Elfenbeinschnitzerei.[8]

Aus der Zeit des spanisch-omayyadischen Kalifats stammen auch Wasserbecken aus Marmor, von denen zwei wegen ihrer Größe und ihres kunstfertigen Dekors besonders hervorzuheben sind. Ein rechteckiges Wasserbecken aus Córdoba wurde für al-Mansur, den Stellvertreter des Kalifen Hischam II., angefertigt.[9] Es trägt an den Schmalseiten das Motiv eines frontal abgebildeten Adlers, der auf Ziegenböcken steht. Im Feld darunter sind Greife zu sehen. Auf den Längsseiten wurden Löwen abgebildet, die Gazellen reißen. Alle Motive dienten bereits im Alten Orient als Symbole der Macht.[10] Ein weiteres, verwandtes Becken stammt ebenfalls aus dem Umfeld al-Mansurs. Wie aus der Inschrift hervorgeht, wurde es in Medina az-Zahira gefertigt, der von al-Mansur erbauten Residenzstadt östlich von Córdoba.[11] Al-Mansur, ein mit allen Vollmachten ausgestatteter Stellvertreter des Kalifen Hischam II., hatte sich in den Jahren 979 bis 987 die Palaststadt Medina az-Zahira als neues Machtzentrum anstelle der Residenz des Kalifen, Medina az-Zahra, erbauen lassen. Entsprechend seiner mächtigen politischen Position ist wiederum der Dekor des Wasserbeckens gestaltet. An beiden Schmalseiten sind, symmetrisch zueinander angeordnet, heraldische Adler auf Greifen zu sehen, die seit den Zeiten des Alten Orients herrscherliche Macht versinnbildlichen.[12] Die Längsseiten sind mit Architekturmotiven und Stauden geschmückt. Aufgrund der Abbildung von Tieren an der Beckenwand ist die Verwendung für religiöse Waschungen ausgeschlossen. Es war vermutlich im Garten oder einem der repräsentativen Räume der Residenz aufgestellt. Medina az-Zahira ist heute vollkommen zerstört. Das Wasserbecken ist das einzige erhaltene Relikt aus dieser Residenz.

Im 10. Jh. gab es in Südspanien, insbesondere in Sevilla und Córdoba, eine bedeutende Tuchindustrie.[13] Aus dieser Zeit ist das Fragment eines Leinenstoffes erhalten, das „Tuch des Hischam II." Es handelt sich dabei wohl um eines der ältesten erhaltenen Textilfragmente aus Spanien. Der Leinenstoff ist mit Seiden- und Goldfäden bestickt. Friesartig sind achteckige Medaillons aufgereiht, in denen sich Tiermotive oder menschliche Figuren befinden. Entlang der Ränder verläuft ein Inschriftenband in blühendem Kufi mit Segenssprüchen für den Kalifen. Der Stoff ist mit zeitgleichen fatimidischen Stoffen aus Ägypten verwandt.[14] Wie viele frühislamische Textilien hat er die Zeit in einem Kirchenschatz überdauert.[15]

Ein Seidenstoff aus der Spätzeit des spanischen Kalifats ist das „Tuch des Heiligen Lazare von Autun". Es ist mit einer farbigen Stickerei verziert, die Mehrpassmedaillons bildet. In den großen Medaillons sind figürliche Darstellungen wie ein Reiter bei der Falkenjagd oder eine Sphinx zu sehen. In kleineren Medaillons finden sich Adler oder Falken, die einen Hasen in ihren Klauen halten. Dank einer Inschrift kann der Stoff historisch exakt eingeordnet werden. Sie enthält nämlich den Titel *al-Muzaffar* (der Siegreiche), den nur Abd al-Malik, der Stellvertreter des Kalifen Hischam II., trug. Der Titel wurde ihm 1007 verliehen. Da Abd al-Malik wenige Monate später verstarb, muss der Stoff in diesem kurzen Zeitraum entstanden sein.[16] Zu dieser Zeit wurden in Spanien schon länger als ein Jahrhundert Seidenraupen gezüchtet.[17] Seit dem 10. Jh. wurden in Andalusien Tierfiguren aus Bronze, insbesondere Aquamanilen in Form von Löwen, Pfauen oder Hirschen[18], hergestellt. Die größte erhaltene Bronzeplastik stellt einen Greifen (Abb. 2) dar und ist etwa um das Jahr 1000 entstanden.[19] Größere Bronzetiere waren oft Teile von Brunnenanlagen. Der Greif schmückte bis 1828 den Giebel des Doms von Pisa. Nach Italien war er wohl als Kriegsbeute gelangt.[20] Auf der iberischen Halbinsel gab es v. a. in den Gebirgsregionen westlich von Sevilla und im heutigen Südportugal Kupferbergbau[21] sowie auch in den gebirgigen Gegenden Westasiens. Dies führte dazu, dass in beiden Regionen Tierbronzen hergestellt wurden. Der Greif zeigt in der handwerklichen Ausführung iranische Einflüsse. Jedoch weist die Inschrift auf dem Greifenkörper mit ihrem speziellen Wortlaut der Segenswünsche für den Auftraggeber und der Stil der Schrift auf eine Herstellung in Spanien hin.[22]

Archäologische Funde zeugen von einer großen Vielfalt der iberisch-islamischen Keramikproduktion. Zu Beginn der arabischen Herrschaft wurde noch ein großer Teil aus dem Vorderen Orient importiert, bald begann jedoch eine umfangreiche einheimische Pro-

Abb. 2. Greifenfigur, Andalusien, um 1000, Bronze.

duktion, die von nahöstlichen, persischen und chinesischen Vorbildern inspiriert war, aber auch berberische und römische Elemente aufwies.[23] Im 10. und 11. Jh. wurden mehrfarbige Fayencen mit Tiermotiven in Elvira bei Granada gefertigt. Auf einem cremefarbenen Malgrund wurden sie in Grün und Maganviolett aufgetragen.[24] In dieser Zeit gab es in Sevilla die Produktion großer Wasser- und Vorratsbehälter (tinajas), die mit reichem, teils tief eingeschnittenem, teils flach eingepresstem Reliefdekor und Inschriften in horizontalen Streifen verziert sind.[25]

Nach dem Ende der spanischen Omayyaden löste Almería Córdoba als Zentrum der Textilproduktion ab.[26] Der Historiker al-Idrisi (1099–1166) hebt in seiner Beschreibung Spaniens, die er für den Normannenkönig Roger II. verfaßte, Almería mit 800 Webereien besonders hervor.[27] In Sevilla existierte weiterhin eine bedeutende Stoffindustrie, ebenso in Granada. Seit der Zeit der Taifa-Königreiche im 11. Jh. wurden in Almería mit Gold- und Silberfäden durchwirkte Seidenstoffe hergestellt, die auch in christliche Länder verkauft wurden.[28] Das „Messgewand des Heiligen Thomas Beckett", das im Kirchenschatz von Fermo del Piceno in Mittelitalien aufbewahrt wird, trägt einen gestickten Schriftzug, der besagt, dass das Gewand 1116 (Zeit der Almoraviden) in Almería hergestellt wurde.[29] Ein spanisches Stofffragment, das als „Tuch des Königs Robert von Neapel" bekannt ist und in das 12. bis 13. Jh. datiert, zeigt zwei sich gegenüber stehende Pfauen, ein Motiv, das sich auch auf byzantinischen und sasanidischen Stoffen befindet. Jedoch verweist schon die kufische Inschrift auf den islamischen Kulturraum.[30]

Die Verbreitung islamischer Stoffe wird – von einer jetzt zerstörten – Gewölbemalerei in einer der Kapellen der romanischen Krypta des Doms in Clermont-Ferrand (Auvergne) belegt, die um das Jahr 1200 entstanden ist. Auf der Malerei, von der noch eine Kopie überliefert ist, war in sich wiederholender Anordnung wie bei einem Stoffmuster ein Doppeladler auf zwei Beutetieren stehend zu sehen.[31] Ein Stoff aus Almería,[32] der in die erste Hälfe des 13. Jhs. (Zeit der Almohaden) datiert wird und in einem Reliquienschrein der Schatzkammer von Sankt Servatius in Siegburg gefunden wurde, zeigt nicht nur das gleiche Motiv, sondern weist in seinem Aufbau und Stil große Ähnlichkeit mit der Malerei auf. Man kann davon ausgehen, dass der Stoff kein Einzelstück war. Offensichtlich hat ein gleichartiger spanisch-islamischer Stoff dem Künstler, der die Krypta ausmalte, als Vorlage gedient. Clermont-Ferrand befand sich an der Pilgerstraße nach Santiago de Compostella, das wiederum in der Nähe von Regionen lag, die unter muslimischer Herrschaft standen. Durch Pilgerfahrten und dem damit einhergehenden Warenaustausch fanden viele Kostbarkeiten aus den islamischen Ländern ihren Weg ins christliche Europa und spielten für den Kulturtransfer eine bedeutende Rolle.

Die spanisch-islamischen Teppiche unterscheiden sich von den anderen Orientteppichen durch ihre besondere Knüpftechnik. Ihre Produktion wurde bereits im 12. Jh. von al-Idrisi in seiner bereits oben genannten Beschreibung Spaniens erwähnt.[33]

Die von Arabern geführten Werkstätten waren auch noch nach der fortschreitenden christlichen Rückeroberung Südspaniens ab dem 13. Jh. weiter in Betrieb und stellten luxuriöse Produkte für die christlichen Fürstenhöfe her. Bisweilen sind diese auch mit den Wappen ihrer Auftraggeber verziert. Selbst im Palast des Papstes in Avignon waren im 14. Jh. spanische Teppiche mit Wappen zu bewundern.[34] Ein typisches Ornament der spanischen Teppiche sind aneinander gereihte kleine Sterne in einer Sechseckrahmung, die

Arabisches Kunsthandwerk

den Teppich bis zu den Randbordüren gleichmäßig überziehen. Die äußere Borte ist häufig in stilisierter arabischer Schrift gestaltet. Diese Teppiche überlebten die Jahrhunderte oft in spanischen Klöstern.[35]

Der vermutlich älteste erhaltene spanische Knüpfteppich ist der ins 14. Jh. datierte „Synagogenteppich". Der Museumsdirektor Wilhelm von Bode erwarb ihn 1884 für das Berliner Kunstgewerbemuseum. Vermutlich stammt der Teppich aus einer Kirche in Tirol.[36] Sein Hauptfeld wird von einer Borte in pseudokufischer Schrift umrahmt. Das ganze innere Feld ist von einem stilisierten Baum ausgefüllt, der in regelmäßigen Abständen in mehreren Reihen auf jeder Seite eine stark ins Ornamenthafte gestaltete Blüte zeigt. Der Teppich erhielt seinen Namen aufgrund vergleichbarer Motive auf Mosaiken in spätantiken Synagogen.[37]

Seit dem 13. Jh. wurde in Murcia und Almería Keramik hergestellt, deren Glasur je nach dem gewünschtem Farbton kupfer-, eisen- oder silberhaltige Metalloxyde enthielt. Diese „Lüsterware" war zunächst monochrom, später wurde sie mit Ornamenten verziert.[38] Als Höhepunkt der spanisch-islamischen Keramikproduktion gilt die Lüsterkeramik von Malaga. Der Forschungsreisende Ibn Battuta berichtete Mitte des 14. Jhs. von der hohen Qualität dieser Keramik und von ihrem Export, auch in christliche Länder.[39] Insbesondere die dort hergestellten Flügelvasen, die „Alhambra-Vasen", waren schon aufgrund ihrer Größe beeindruckend (Abb. 3). Ihre floralen Muster stehen der Ornamentik nahe, die auch beim Architekturdekor der Alhambra, der Residenz der nasridischen Emire, Verwendung fand. Vermutlich wurden die Vasen von diesen Fürsten in Auftrag gegeben, um als Wasserbehälter die Nischen der Alhambra zu zieren. Ihre Inschriften sind sich wiederholende Segenswünsche wie „Glück und Wohlergehen". Seit dem 14. Jh. gab es im bereits 1238 von den Christen zurückeroberten Valencia ebenfalls eine umfangreiche Keramikproduktion, von der ein großer Teil

Abb. 3. Alhambra-Vase, Malaga 14. Jh., Fayence mit Lüsterdekor.

mit Arabesken und kufischen Buchstaben in Lüster und Blau dekoriert wurde.[40] Die Valencia-Keramik wurde als Auftragsarbeit u. a. auch nach Venedig und Brügge geliefert, oft wurden die Wappen der Besteller darauf angebracht.[41]

Aus der Zeit der Nasriden sind Holzkästen unterschiedlicher Größe erhalten, die mit Intarsien aus Elfenbein und unterschiedlich farbigen Hölzern verziert wurden. Die verschiedenen Materialien wurden als schmale Stäbe entsprechend dem gewünschten Ornament zusammengeklebt und dann in dünne Scheiben geschnitten, die auf dem Holzkasten befestigt wurden. Die geometrischen Formen wie Polygone, Stern- und Zinnenornamente waren zumeist im Rapport angeordnet.[42] In Córdoba war die hölzerne Kanzel der Großen Moschee aus der Zeit al-Hakams II. (Bauzeit 962–966) mit ähnlichen Intarsien verziert.[43]

In Granada gibt es aus der Zeit der Nasriden eine Anzahl von Löwenskulpturen aus Marmor. Charakteristisch für sie ist ein großes Maul mit gefletschten Zähnen, aus dem ein Wasserrohr herausragt, und eine Mähne aus stilisierten Locken. Zwei dieser Statuen befanden sich im psychiatrischen Krankenhaus von Granada, das in der zweiten Hälfte des 14. Jhs. erbaut wurde.[44] Weitere zierten die Gärten und Höfe der Alhambra wie diejenigen, welche noch heute die Brunnenschale im Löwenhof tragen. Die Paläste der Alhambra, die den Nasriden als Herrschersitz dienten, wurden mit einer aufwändigen Bauornamentik ausgestattet. Diese bestand aus Stukkaturen, glasierten Fliesen und Holzschnitzereien. Alle diese Materialien wurden in komplexen Mustern gestaltet. Mit wenigen Ausnahmen bestehen diese aus pflanzlichen und geometrischen Elementen, die sich regelmäßig wiederholen und die Oberflächen vollständig überziehen. Die geometrischen Formen entwickeln sich häufig aus sich überschneidenden Flechtbändern. Die Kuppeln der Paläste waren zumeist mit Stukkaturen im waben- und stalaktitartigen Muqarnastil in äußerst komplizierten Arrangements ornamentiert.[45] Dieser Stil ist im Vorderen Orient zum Schmuck von Nischenwölbungen entstanden und hat sich in der ganzen islamischen Welt verbreitet.[46] Aus derselben Epoche sind Stoffe aus Granada und Malaga überliefert, deren Muster mit denen der Wandgestaltung der Alhambra weitgehend übereinstimmend sind.[47]

Von der Mitte des 9. bis ins 11. Jh. war auch Sizilien unter der Herrschaft arabischer Dynastien. Zunächst waren es die Aghlabiden, die von Kairouan im heutigen Tunesien aus regierten und Palermo zur regionalen Hauptstadt machten. Im Jahr 909 wurden sie von den Fatimiden gestürzt. In der Folge gelangte Sizilien in den Einflussbereich der hoch entwickelten fatimidischen Kunst, die ihrerseits an die Kunst der Abbasiden, die in Bagdad residierten, anknüpfte. Kunsthandwerkliche Zeugnisse dieser Zeit aus Sizilien sind gleichwohl keine mehr überliefert. In den zwei Jahrhunderten islamischer Herrschaft wurden jedoch Werkstätten errichtet, die nach der Eroberung durch die Normannen in der zweiten Hälfte des 11. Jhs. von den dort ansässigen arabischen Handwerkern weitergeführt wurden. Durch ihren Fortbestand in normannischer und auch noch staufischer Zeit haben wir von der hohen Qualität der islamischen Kunst Siziliens jedoch eine anschauliche Vorstellung.

Es ist überliefert, dass Sizilien während der Zeit der fatimidischen Herrschaft ein wichtiges Zentrum der Textilindustrie war.[48] Wie im islamischen Kulturraum üblich, wurden auch im Palast der normannischen Könige in Palermo Werkstätten eingerichtet, in welcher die vom Königshof benötigten Luxusgüter hergestellt wurden. In einer der Hofmanufakturen wurde der heute in Wien

Arabisches Kunsthandwerk 95

aufbewahrte halbkreisförmige Umhang für den Normannenkönig Roger II. (Abb. 4) hergestellt, der kurze Zeit später unter den Stauferkaisern der Krönungsmantel des Heiligen Römischen Reiches werden sollte. Der

scheinen. Das Motiv könnte außerdem Rogers Herrschaftsanspruch auf Nordafrika symbolisieren.[50] Tatsächlich waren die normannischen Eroberungen in Nordafrika jedoch nur eine Episode geblieben.[51] Tierkämpfe dieser Art

Abb. 4.
Der „Krönungsmantel
König Rogers II.",
Palermo, Königliche Werkstatt,
1133–1134, Rote Seide, Goldstickerei,
Goldfiligran, Email, Edelsteine, Perlen.

Mantel ist aus roter Seide gefertigt, auf welcher die Ornamente in Goldstickerei mit applizierten kleinen Perlen sowie Edelsteinen angebracht sind. Entlang des Mantelsaumes ist eine arabische Inschrift zu sehen, aus der hervorgeht, dass der Mantel im Jahr 528 Hedschra, d. h. 1133/34 n. Chr., für Roger II. in den königlichen Werkstätten von Palermo hergestellt wurde. Der Mantel ist durch eine stilisierte Palme in zwei Hälften geteilt. Auf jeder dieser Hälften ist spiegelbildlich ein Löwe zu sehen, der auf ein zusammengebrochenes Kamel aufgesprungen ist. Das Kamel trägt ein Zaumzeug und eine Satteldecke, beides weist es als domestiziert aus. Die Körper beider Tiere sind mit stilisierten Ranken verziert.[49] Die Tatsache, dass Kamele große und kräftige Tiere sind, unterstreicht wiederum die Stärke des angreifenden Löwen und lässt das Motiv als Machtsymbol besonders geeignet er-

gehörten bereits im antiken Mesopotamien zur Herrscherikonografie und gelangten von dort in die islamische Kultur.[52]

Ein weiterer kostbarer Seidenstoff mit Goldfäden, der später zu einem Chormantel, dem „Charpe de Charlemagne" verarbeitet wurde, stammt aus der zweiten Hälfte des 12. Jhs.[53] Er ist nur ein Beispiel der qualitativ hochwertigen sizilianischen Stoffindustrie.

In Sizilien und auch in Unteritalien wurden bis in das 13. Jh. hinein geschnitzte Elfenbeinobjekte wie Schatullen und Olifanten hergestellt, die in der Tradition des islamischen Kunsthandwerks standen.[54] Die aus den unteren Teilen der Elfenbeinstoßzähne hergestellten und reich ornamentierten Signalhörner, die Olifanten, wurden im 11. und 12. Jh. im von den Normannen und Staufern beherrschten Unteritalien von arabischen Handwerkern hergestellt.[55] Sie stehen stilistisch der Kunst der Fatimiden nahe und wurden ausschließlich für das christliche Europa produziert.[56]

Eine Gruppe ist mit floralen Ornamenten geschmückt, die Medaillons formen und in denen Tiere, Mischwesen oder auch Tierkämpfe zu sehen sind.[57] Diese Gruppe steht stilistisch in Verbindung mit unteritalienischen Elfenbeinkästen.[58] Ein stilistisches Merkmal mancher italienischer Elfenbeinarbeiten sind gleichmäßig verteilte Doppelstriche, die Rundungen oder Fell angeben[59], was darauf hinweisen kann, dass sie aus einer gemeinsamen Werkstatt stammen.

Neben den reich mit Schnitzerei verzierten Elfenbeinkästen gibt es in Unteritalien und Sizilien in dieser Zeit auch Exemplare, deren Elfenbeinumhüllung bemalt ist. Ein an den Seiten mit einer Harfenspielerin bemalter Kasten trägt neben floralen Ornamenten und kleinen Tieren wie Pfauen und Hunden um den Deckelrand eine Inschrift mit Segenswünschen für den Besitzer, dessen Name allerdings nicht genannt wird. Vermutlich wurde der Kasten im Auftrage des Normannenhofes in Palermo angefertigt (Abb. 5).[60]

Die Holzdecke der zum Normannenpalast in Palermo gehörenden Cappella Palatina wurde von arabischen Handwerkern mit Motiven aus dem Formenrepertoire islamischer, höfischer Kunst bemalt.[61] Die Decke über dem Mittelschiff ist im Muqarnas-Stil gearbeitet, der sich zur Gestaltung von Kuppeln und Nischenwölbungen seit dem 10. Jh. im gesamten islamischen Herrschaftsgebiet ausgebreitet hatte. Die zellenartigen Elemente dieser Decke sind mit Musikanten, Tänzerinnen, Kamelreitern, thronenden Herrschern mit Krone und Weinbecher sowie mit Dienern, Schachspielern, Gelehrten, Pferdewagenlenkern und noch weiteren Motiven der islamischen, höfischen Ikonografie bemalt, wie sie auch aus den fatimidischen Palästen in Kairo bekannt sind.[62] Diese Darstellungen mischen sich auf der Holzdecke der Seitenschiffe mit christlich anmutenden Bildern: eine für eine christliche Kirche wohl singuläre Motivzusammenstellung.

Abb. 5. Elfenbeinkasten, Sizilien (Palermo), 12. Jh., Elfenbein auf Holz, vergoldete Messingbeschläge.

Die Aufnahme von Elementen der islamischen Kultur auf dem Weg über Spanien und Sizilien hat ihre Wirkung auf die Kunst des christlichen Abendlandes auch nach dem Ende der arabischen Herrschaft über diese Gebiete noch lange Zeit behalten und entscheidende Impulse gesetzt.

Bibliografie:

Berlin 1989: Sievernich, Gereon; Budde, Hendrik (Hrsg.): *Europa und der Orient 800–1900*, Ausstellungskatalog Berlin 1989.

Berlin 1995a: *Das Staunen der Welt. Das Morgenland und Friedrich II. (1194–1250)*, Bilderheft der Staatlichen Museen zu Berlin – Preußischer Kulturbesitz, Heft 77/78, Ausstellungskatalog Berlin 1995.

Berlin 1995b: Haus der Kulturen der Welt GmbH, Berlin (Hrsg.): *Schätze der Alhambra. Islamische Kunst aus Andalusien*, Ausstellungskatalog Berlin 1995.

Casamar 1995: Casamar, Manuel: *Orient und Okzident in al-Andalus. Die Bedeutung der nasridischen Kunst und Kultur*, in: Berlin 1995b, S. 31–38.

Clot 2002: Clot, André: *Al Andalus. Das Maurische Spanien*, Darmstadt 2002.

DAI Madrid 1997: Ewert, Christian; Gladiss, Almut v.; Golzio, Karlheinz; Wisshak, Jens-Peter; Deutsches Archäologisches Institut Madrid (Hrsg.): *Denkmäler des Islam. Von den Anfängen bis ins 12. Jahrhundert*, Hispania Antiqua 3, Mainz 1997.

Enderlein 1990: Enderlein, Volkmar: *Islamische Kunst*, Dresden 1990.

Enderlein 1995: Enderlein, Volkmar: *Wilhelm von Bode und die Berliner Teppichsammlung*, Bilderhefte der Staatlichen Museen zu Berlin – Preußischer Kulturbesitz, Heft 84, Berlin 1995.

Gabrielli – Scerrato 1979: Gabrielli, Francesco; Scerrato, Umberto: *Gli Arabi in Italia. Cultura, contatti e tradizione*, Mailand 1979.

Grabar 1981: Grabar, Oleg: *Die Alhambra*, Köln 1981.

Kühnel 1962: Kühnel, Ernst: *Die Kunst des Islam*, Stuttgart 1962.

Kühnel 1963: Kühnel, Ernst: *Islamische Kleinkunst*, Braunschweig 1963.

MIK 2001: Museum für Islamische Kunst, Staatliche Museen zu Berlin: Museumskatalog, Berlin 2001.

New York 1992: Mann, Vivian B.; Glick, Thomas F.; Dodds, Jerrilynn D. (Hrsg.): *Convivencia. Jews, Muslims and Christians in Medieval Spain*, The Jewish Museum, New York 1992.

Paris 1977: *L'Islam dans les collections nationales*, Ausstellungskatalog Paris 1977.

Paris 2000: *Les Andalousies de Damas à Cordoue*, Ausstellungkatalog des Institut du Monde Arabe, Paris 2000/2001.

Pedde 2009: Pedde, Brigitte: *Altorientalische Tiermotive in der mittelalterlichen Kunst des Orients und Europas*, Weimar 2009.

PKG 4 1973: Sourdel-Thomine, Janine; Spuler, Bertold: *Die Kunst des Islam*,

Propyläen Kunstgeschichte, Band 4, Berlin 1973.

Rill 1995: Rill, Bernd: *Sizilien im Mittelalter. Das Reich der Araber, Normannen und Staufer*, Darmstadt 1995.

Schmidt Arcangeli – Wolf 2010: Schmidt Arcangeli, Catarina; Wolf, Gerhard (Hrsg.): *Islamic Artefacts in the Mediterranean World. Trade, Gift Exchange and Artistic Transfer*, Venedig 2010.

Talbot Rice 1975: Talbot Rice, David: *Islamic art*, Revised edition, London 1975.

Zozaya 1992: Zozaya, Juan: *Material Culture in Medieval Spain*, in: New York 1992, S. 157–174.

---

1 Brisch, Klaus, in: PKG 4, 185–186, Nr. 66–67; Paris 2000, 32; MIK 2001, 19.
2 MIK 2001, 32–33.
3 Paris 2000, 72–79.
4 Pedde 2009.
5 Paris 1977, Kat.-Nr. 268; Paris 2000, Kat.-Nr. 103.
6 PKG 4, Nr. 106; Pedde 2009, Kat.-Nrn. 35. 373. 464; Schmidt Arcangeli – Wolf 2010, 37–38, Abb. 7.
7 Paris 1977, Kat.-Nr. 301; Paris 2000, 70–71, Kat.-Nr. 102.
8 Kühnel 1963, 230–231; Paris 1977, Kat.-Nr. 303.
9 DAI Madrid 1997, 177–178, Taf. 111a.
10 Pedde 2009, Kat.-Nr. 32. 230.
11 Brisch, Klaus, in: PKG 4, 199, Nr. 92–93; Madrid 1997, 176–177, Taf. 110a.
12 Pedde 2009, Kat.-Nr. 33.
13 Berlin 1995b, 211; Clot 2002, 91.
14 Spuhler, Friedrich, in: PKG 4, 206, Nr. 108a/b.
15 Paris 2000, 69.
16 Paris 1977, Kat.-Nr. 429; Paris 2000, 69–70, Kat.-Nr. 136a–c.
17 Paris 2000, 69.
18 Kühnel 1963, 166; Paris 2000, Kat.-Nr. 87–91.
19 Melkikian-Chirvani, A.S., in: PKG 4, 263, Nr. 194; Gabrieli – Scerrato 1979, Abb. 525; Berlin 1989, Kat.-Nr. 4/83, Abb. 195.
20 Schmidt Arcangeli – Wolf 2010, 38–39, Abb. 10.
21 Clot 2002, 293.
22 Melikian-Chirvani, A.S., in: PKG 4, 263.
23 Zozaya 1992, 160.
24 Berlin 1995b, 158–159, Kat.-Nr. 51–53.
25 Kühnel 1963, 137.
26 Berlin 1995b, 212.
27 Berlin 1995b, 212–213.
28 Clot 2002, 288–289.
29 Casamar 1995, 35.
30 Paris 1977, 110–111, Kat.-Nr. 194; Berlin 1989, 174, Kat.-Nr. 4/31.
31 Pedde 2009, Kat.-Nr. 201.
32 Berlin 1989, 565–566; Kat.-Nr. 4/36; Pedde 2009, Kat.-Nr. 197.
33 Berlin 1995b, 213.
34 Berlin 1995b, 213.
35 MIK 2001, 98–100.
36 Enderlein 1995, 23.
37 New York 1992, 247, Kat.-Nr. 107.
38 Talbot Rice 1975, 153.
39 Berlin 1989, 609.
40 Kühnel 1963, 142–143.
41 Kühnel 1962, 146; Berlin 1989, 610–611, Kat.-Nr. 4/117, Abb. 701.
42 Berlin 1995b, 135–137, Kat.-Nr. 32–33.
43 Berlin 1995b, 136; Clot 2002, 135.
44 Berlin 1995b, 118–119, Kat.-Nr. 17.
45 Grabar 1981.
46 Clot 2002, 308.
47 Zozaya 1992, 169, Abb. 67, Kat.-Nr. 110; Berlin 1995b, Kat.-Nrn. 97–99.
48 Talbot Rice 1975, 156.
49 Gabrieli – Scerrato 1979, Abb. 149; Berlin 1989, 170, Abb. 183.
50 Enderlein 1990, 140.
51 Rill 1995, 140–150.
52 Pedde 2009, 254–265.
53 Berlin 1989, Kat.-Nr. 3/19, Abb. 634.
54 Kühnel 1963, 231–240; Berlin 1989, 549–555, Kat.-Nrn. 4/12; 4/14–4/21.
55 Berlin 1995a, 56, Kat.-Nrn. 46–47; Paris 2000, Kat.-Nrn. 209–210; MIK 2001, 36–37.
56 Kühnel 1963, 233.
57 Paris 1977, Kat.-Nr. 427; Berlin 1989, Kat.-Nr. 3/15, 3/16; MIK 2001, 36–37.
58 MIK 2001, 36–37.
59 Kühnel 1963, 233–234; Gabrieli – Scerrato 1979, Abb. 657; Berlin 1989, Kat.-Nr. 4/20; MIK 2001, 36–37.
60 Berlin 1989, Kat.-Nr. 4/16; MIK 2001, 38.
61 Gabrieli – Scerrato 1979, Abb. 40–96; Schmidt Arcangeli – Wolf 2000, 156–159, Abb. 15–18.
62 Enderlein 1990, 111; Berlin 1989, 551–552.

Theorie der Musik von al-Farabi

Salem Ayadi
Aus dem Französischen übersetzt von Fadoua Chaara

Wir befassen uns in diesem Artikel mit der Frage der Musikwissenschaft in den Werken des arabischen Philosophen Abu Nasr al-Farabi (260–339 d. H./872–950 n. Chr.). *Das Große Buch der Musik* (*Le Grand Traité de la Musique*) gilt ohne Zweifel als Hauptwerk al-Farabis, worin der Zweite Lehrer (nach Aristoteles) seine Theorie der Musikkunst entwickelt. Das Buch mit dem Titel *Über die Einteilung von Wissenschaften* (*Le Recensement des sciences*) ist auch von

Abb. 1a. Planetentafel aus Qazwinis. *In der Mitte befinden sich die Sonne, Jupiter, Venus und der Mars mit Laute. Oben befinden sich der Mond und Saturn mit Hippe, Merkur ist der Schreiber.*

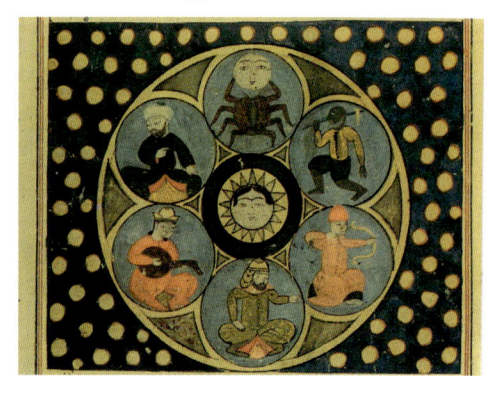

Abb. 1b. Oben: Darstellung des Planeten Venus mit Laute.
Unten: Mars mit Flöte.

höchster Bedeutung für die epistemologische Einordnung dieser Disziplin (Abb. 1).[2]

In den beiden Werken kann man feststellen, dass die dort durchgeführten Studien über Musik mathematischer Art sind. Tatsächlich gilt hier die Musiktheorie als mathematische Wissenschaft, sowohl im Hinblick auf ihre Zuordnung in der allgemeinen Tabelle der Wissenschaften als auch hinsichtlich der angewandten Methode der Deduktion und Darlegung des musikalischen Objekts in seinen verschiedenen harmonischen, melodischen und rhythmischen Aspekten.

Die Bedeutung des der Musik beigefügten Adjektivs „*mathematisch*" (*taalimiya*) konnte allerdings nicht klar genug bestimmt werden. Das stellt ein wahres epistemologisches und zugleich methodisches Problem dar. Dabei scheint es, dass die mathematische Bedeutung der Musikwissenschaft bei al-Farabi so offensichtlich ist, dass er nicht das Bedürfnis hat, dies explizit darzustellen. So lässt sich der Sinn des Wortes „*bekannt*" (*mashhoura*) in der Einleitung des Buches über die Wissenschaften verstehen. Al-Farabi sagt:

„*Notre objectif, dans cet ouvrage, est de recenser les sciences connues [mâshhoura] une à une… nous le présentons en cinq chapitres comportant; le premier la science du langage et ses parties; le deuxième, la science de la logique et ses parties; le troisième, les sciences des mathémata, à savoir, l'arithmétique, la géométrie, l'optique, l'astronomie mathématique, la musique, la sciences des poids et la mécanique …*"[3]

(„*Unsere Absicht in diesem Buch ist es, die allgemeinen bekannten Wissenschaften zusammenzufassen, und zwar jede nach der anderen …. Wir legen sie in fünf Kapiteln dar. Das erste handelt von der Wissenschaft der Sprache und deren Teile. Das zweite handelt von der Logik und deren Teile. Das dritte von den mathematischen Wissenschaften. Diese sind Arithmetik, Geometrie, Optik, die mathematische Astronomie, die Wissenschaft der Musik, die Wissenschaften von den Gewichten und die (technische) Erfindungswissenschaft …*")

Dem Zweiten Lehrer zufolge belegt die Wissenschaft der Musik den fünften Platz unter den sieben sogenannten mathematischen Wissenschaften, ohne Unterscheidung zwischen den Haupt- und Teilbereichen. Hingegen wird die Wissenschaft der Musik, nach der in der Zeit von al-Farabi am weitesten verbreiteten Auffassung, als vierter Hauptbereich der Mathematik, nach Arithmetik, Geometrie und Astronomie, betrachtet. Demnach gehört die Musik auch dem *quadrivium* an.[4] Die Frage nach der Änderung des epistemologischen Status erweist sich als notwendig für die Verdeutlichung der Konzeption von al-Farabis Theorie der Musik, und sogar als entscheidend für ein besseres Verständnis des Beitrages, den dieser Philosoph und Musiker in der Geschichte der Musiktheorie geleistet hat.

In Anbetracht dieser Situation der theoretischen Musik versuchen wir in der vorliegenden Arbeit, eine vorbereitende Antwort auf die beiden folgenden Fragen zu skizzieren: In welchem Sinne ist die Musik für al-Farabi eine mathematische Wissenschaft? Und welche praktischen (technischen) Folgen ergeben sich aus der Mathematisierung der musikalischen Kunst?

Wir werden uns mit dieser Problematik in zwei einander ergänzenden Schritten befassen. Im ersten Schritt wird die epistemologische Einordnung der Wissenschaft der Musik festgelegt. Im zweiten beleuchten wir die verschiedenen Ebenen der Mathematisierung der

Musik. Hervorgehoben wird hierbei das Verfahren zur Herstellung von Musikinstrumenten, das al-Farabi als „*geschickten und erfinderischen Prozess*" (al-hialou al-mousiquia) bezeichnet (Abb. 2).

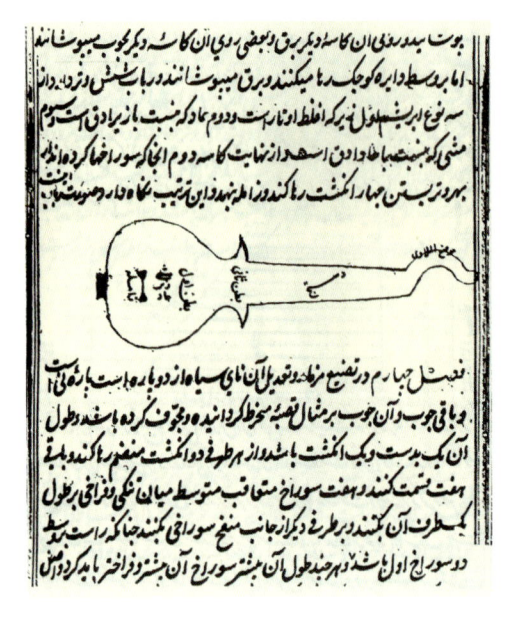

Abb. 2. Rabab, Bogeninstrument aus dem 8.–14. Jh. (Anonyme Abbildung, die Schrift ist Persisch.)

Der eigentliche Gegenstand der Musik

Nachdem al-Farabi die auf die musikalische Praxis angewandten Prämissen, die sich auf die zehn Harmonien und v. a. auf die Konsonanz beziehen, festgelegt hat, ordnet er die theoretischen Grundsätze der Musiktheorie in die drei Typen „*physische*", „*geometrische*" und „*arithmetische*" ein. Anschließend untersucht er Zahlenverhältnisse oder „*Proportionen*" (nissab), um die Verfahrensweisen der Produktion oder „*Komposition*" (tarkiib), Teilung oder „*Analyse*" (tahliil) und „*Subtraktion*" (tafsiil) näher zu bestimmen.

Zusammenfassend sagt al-Farabi:

„*… Elle nous est claire la différence entre les deux manières de voir, à savoir celle des Aristoxéniens et celle des Pythagoriciens. Et il s'est manifesté pour nous en quoi consiste la véritable méthode pour cet art.*"[5]
(„*… Der Unterschied zwischen den beiden Betrachtungsweisen, nämlich der von Aristoxeniern und Pythagoreern, ist uns klar. Und es ist uns nun ersichtlich geworden, worin die wahre Methode für diese Kunst besteht.*")

Das Zitat tritt als eine zusammenfassende Schlussfolgerung nach einer aufwendigen Analyse auf. Dabei zieht al-Farabi den Unterschied zwischen zwei Methoden der Kanonisierung der Musik. Bei der einen werden die Vollzahlen oder „*Singulare*" (aadad mufrada) verwendet und bei der anderen die musikalischen Verhältnisse (Akkorde oder Konsonanzen), wofür entweder Bruchzahlen oder die „*Zahlenverhältnisse*" (aadad mudhafa) benutzt werden. Die erste Methode wird von den Aristoxeniern verwendet und die zweite von den Pythagoreern.

Wir müssen uns nun die folgenden Fragen stellen: Welches Argumentationsverfahren beim Übergang von der ersten in die zweite Methode benutzt al-Farabi? Welchem Zweck dienen in der Musiktheorie die „*Proportionen*" (Zahlenverhältnisse (nissab))? Worin bestehen die Mängel der aristoxenischen Methode und wie sollten die Zahlenverhältnisse der Pythagoreer benutzt werden?

Wir versuchen zwei Punkte zu verdeutlichen, die von großer Bedeutung für die Festlegung des epistemologischen Rahmens sind. Die Musik erhebt für den *Zweiten Lehrer* den Anspruch auf ihre „*Wissenschaftlichkeit*" als eine Disziplin, die über ihren eigenen spezifischen Gegenstand verfügt, der auf der Kunst der Melodien und nicht auf einem allgemeinen und gemeinsamen Begriff der Harmonie[6] beruht.

Wir können feststellen, dass es das Ziel al-Farabis ist, die bestehenden Mängel in einigen Teilen seiner Abhandlung aufzudecken, die er der Analyse der aristoxenischen Methode gewidmet hat. In der Tat widerspricht sich diese Methode, die man als „*intuitiv*" oder als „*anti-wissenschaftliche Revolution*" bezeichnen kann, laut al-Farabi selbst.[7] Denn sie nimmt an, dass der Ton, der den Unterschied von Quinte und Quarte bedingt, in zwei gleiche Halbtöne eingeteilt ist, da der Unterschied zwischen dem melodischen und harmonischen Ton durch Hören nicht vernehmbar ist. Daraus ergibt sich im Gegenteil die Schlussfolgerung, dass die beiden Halbtöne nicht gleich sind.[8] Die Methode nimmt die unmittelbare oder intuitive musikalische Wahrnehmung als Ausgangspunkt und benutzt für die Berechnung der Noten Vollzahlen oder „*Singulare*". Hierbei werden die Töne auf eine „*allgemeine Weise*" behandelt, indem man sich auf die unmittelbare Wahrnehmung stützt, ohne sie „*theoretisch*" zu überprüfen. Die intuitiv wahrgenommenen Töne werden durch Zahlen und nicht Zahlenverhältnisse oder Proportionen ausgedrückt.[9]

Es ist außerdem festzustellen, dass die Argumentation, die zur Darstellung der zweiten Methode von Pythagoreern angeführt wird, darauf abzielt, die Mängel der ersten Methode zu beheben. Die Methode der Pythagoreer bezeichnet al-Farabi als „*tiefergehend*" und notwendig für die „*theoretische Wissenschaft*". Der Zweite Lehrer sagt:

„*De là suit que les considérations précédentes sur la mesure de l'intervalles ne suffisent pas pour la science théorique. Du moment qu'en cette matière on ne peut se borner aux seuls principes tirés des sens, nous aurons recours à des principes théoriques; ce sera des axiomes ou des propositions démontrées dans d'autres sciences. […] En résumé, certains principes nécessaires à la science musicale viennent de connaissances innées; d'autres appartiennent à la Science Naturelle, la Physique; d'autres à la Géométrie, à l'Arithmétique; d'autres enfin, à la pratique musicale.*"[10]

(„*Daraus ergibt sich, dass die die vorherigen Betrachtungen in Bezug auf die Berechnung von Intervallen für eine theoretische Wissenschaft nicht ausreichend sind. Da wir uns auf diesem Gebiet nicht alleine auf die von den Sinnen abgeleiteten Prinzipien beschränken können, müssen wir auf theoretische Prinzipien zurückgreifen, die sich auf die früher bewiesenen Axiomen und Propositionen in anderen Wissenschaften bereits beziehen. […] Kurz gefasst, die gewissen für die Wissenschaft der Musik notwendigen Prinzipien können auf die angeborenen Fähigkeiten zurückgeführt werden; die anderen gehören der Naturwissenschaft, Physik und Geometrie, Arithmetik; sowie schließlich auch der musikalischen Praxis.*")

Nachdem al-Farabi dieser Argumentationslinie gefolgt ist, um zu zeigen, dass der Rückgriff auf theoretische Prinzipien in der Musik unentbehrlich ist, stellt er sich die Frage nach den Axiomen, die man der musikalischen Praxis, und nicht ausschließlich der einfachen auditiven Intuition entnehmen kann. Diese beziehen sich auf die Konsonanzen oder was al-Farabi die „*zehn Perfektionen*" nennt. Hier handelt es sich eigentlich um die Notenverhältnisse und nicht die Noten selbst. Da es sich um Tonverhältnisse handelt, ist der Rückgriff auf Arithmetik notwendig, v. a. in dem Teilbereich, der sich mit den „*Proportionen*" (nissab) befasst. Die in der musikalischen Praxis aufgedeckten Konsonanzen und die aus der Arithmetik hergeleiteten Proportionen sind zwei Prinzipien, sozusagen das Fundament, auf denen eine Wissenschaft der Musik errichtet werden kann. Schlussfolgernd sagt al-Farabi:

Theorie der Musik

„*… Ces principes sont pour la plupart empruntés à la pratique musicale, comme les dix harmonies, ou à l'Arithmétique.*"[11]

(„*… Diese Prinzipien sind meistens der musikalischen Praxis entnommen, wie die zehn Harmonien, oder der Arithmetik.*")

Aus diesem Grund begann der Philosoph unmittelbar danach, die arithmetische Betrachtungsweise auf die musikalischen Proportionen anzuwenden, um die Verfahrensweisen der Komposition, Analyse und Subtraktion festzulegen. Dieser argumentative Prozess, bei dem sich die theoretischen Prinzipien der Physik, Geometrie und Arithmetik, im Gegensatz zur aristoxenischen Sichtweise, als notwendig erweisen, lässt möglicherweise darauf schließen, dass al-Farabi die pythagoreische Theorie adaptiert hat. Im Folgenden versuchen wir den Abstand aufzuzeigen, den der Zweite Lehrer dem Pythagoreismus gegenüber einnahm.

Das pythagoreische Konzept der Musik beruht im Wesentlichen auf *Harmonia* und nicht auf *Mousiké*. Das Dasein selbst wird durch Harmonie bestimmt, wie Pythagoras berühmte Aussage „*Alles ist Zahl und Harmonie*" zum Ausdruck bringt. Die Harmonieverhältnisse sind nicht nur musikalischer Art, sondern auch kosmologischer (Himmel), psychologischer (Seele) und ethischer (Tugend) Art. Die Kunst der Musik ahmt eigentlich lediglich die Musik des Universums nach, die sich nur in der Reinheit der Zahl ausdrückt und sich nur dem „*Weisen*" zeigt, der sich auf die spirituelle Suche nach den göttlichen Melodien begibt. Deshalb werden die musikalischen Proportionen und harmonischen Mittelwerte als etwas „*Edles*" und „*Tugendhaftes*" bezeichnet und erhalten sowohl bei den Pytha-

Abb. 3. Qanun, trapezförmige Zither. (Anonyme Abbildung zur Musik aus dem 8.–14. Jh.)

Abb. 4. Ein modernes Qanun.

goreern, als auch bei Platon ein ontologisches und ethisches Gewicht (Abb. 3 und 4).¹²

Diese arithmologische und metaphysische Konzeption führt nicht nur zu einer Theorie der Musikkunst, sondern auch zu einer in Rhetorik und Dialektik allgemein angewandten Musiktheorie, bei der sich ein gnoseologischer Symbolismus in einem metaphorischen Diskurs auflöst. Durch Analogie ist alles Harmonie und Rhythmus. Aus dieser Perspektive führt die Kenntnis der musikalischen Akkorde zur Kenntnis der Welt, der Seele und der Tugend.

Die pythagoreische Tradition, nach der das Dasein als „Zahl und Harmonie" aufgefasst und die Musik als eine universelle Wahrheit behandelt wird, fehlt ganz in al-Farabis Text und wird sogar eher explizit zurückgewiesen.¹³ Al-Farabi nimmt auch nicht an, dass die mathematische Doktrin auf das Niveau einer Norm erhoben wird, nach der die musikalische Praxis beurteilt werden soll. In der Tat behält al-Farabi bei den Zahlenproportionen lediglich ihre Verfahrensnützlichkeit für die Festlegung einer Theorie über die Kunst der Melodien bei.

Avicenna wies auf diesen epistemologischen Wendepunkt hin, der einen wissenschaftlichen Ansatz zur Kunst der Musik ermöglicht hat. Nach diesem Ansatz wird die Musik als Gegenstand einer selbständigen Disziplin betrachtet. Dies bricht also mit jener Sichtweise, die durch die Verwendung des Begriffs Analogie darauf abzielt, über die sinnliche Existenz der musikalischen Verhältnisse hinauszugehen und schließlich die Kunst der Musik auf die Imitation einer himmlischen oder vernehmbaren Harmonie zu reduzieren. Zur Bestimmung des Gegensatzes der Musik sagt Avicenna das Folgende:

„...*Nous nous bornerons à ce qu'elle a d'essentiel, à ce qui rentre dans sa conception, et à ce qui découle immédiatement de ses axiomes et de ses principes fondamentaux. Nous ne nous attarderons pas à exposer les principes de la science des nombres ni leurs corollaires... Nous ne chercherons pas non plus à établir un rapport entre les états du ciel, les caractères de l'âme et les intervalles musicaux. Ce serait agir à la façon de ceux qui ne savent pas reconnaitre le propre de chaque science ; ayant hérité d'une philosophie périmée et diffuse, ils confondent les attributs essentiels des choses et leurs attributs accidentels. Des abréviateurs les ont imités. Mais ceux qui ont compris la philosophie châtiée... ceux-là ont mérité (rencontré) un accueil favorable..."* ¹⁴

(„Wir beschränken uns darauf, was sie im Wesentlichen hat, was ihrer Konzeption angehört und was sich unmittelbar aus ihren Axiomen und Grundsätzen ergibt. Es ist nicht unser Ziel, die Zahlenwissenschaft und ihre logischen Folgen darzustellen. Wir versuchen auch nicht, eine Beziehung zwischen den Himmelszuständen, den Seeleneigenschaften und den Musikintervallen herzustellen. Sonst hieße es, dass man auf die gleiche Art und Weise derjenigen vorgehen würde, die nicht das spezifische Merkmal jeder Wissenschaft erkennen können. Da sie eine überholte und konfuse Philosophie geerbt haben, irren sie zwischen den wesentlichen Eigenschaften der Dinge und ihren zufälligen. Die Abbreviatoren haben diese nachgeahmt. Diejenigen, die die gepflegte Philosophie verstanden haben, ...werden jedoch positiv aufgenommen...")

D'Erlanger sagt im Anhang, Anmerkung Nr. 2:

„es scheint, dass Avicenna mit überholter und konfuser Philosophie (S. 106) die pythagoreische Doktrin meint. Diejenigen, die sie geerbt hätten, wären die Pythagoreer... und die Platoniker ... Die Abbreviatoren wären dann die Neopythagoreer und die Neoplatoniker, und v. a. Ptolemäus, dessen komplette Werke die Araber studiert haben. Von den-

jenigen, die die gepflegte Philosophie verstanden und die richtigen Unterscheidungen ergriffen hatten, hörte Avicenna ohne Zweifel von Aristoteles oder von al-Farabi. Durch letzteren lernte er die Metaphysik des Gründers der peripatetischen Schule verstehen."[15]

Aus diesem Blickwinkel können wir schlussfolgern, dass sich der Zweite Lehrer auf den Weg von Aristoteles begibt, dem zur Folge sich „*der Akt der Wissenschaft, einmal festgelegt, auf einen bestimmten Gegenstand bezieht*".[16] Aus diesem Grund definiert al-Farabi die Musik als Kunst der Melodien.[17] Sie ist Gegenstand einer bestimmten Disziplin, die ihn in seiner Spezifik betrachtet. Der Gegenstand der Musik ist eigentlich ein sinnliches Phänomen und kein rationales Wesen, welches durch die menschliche „*Praxis*" (*as-sinaa*/*techné*) und nicht durch Nachahmung einer himmlischen Musik entsteht.

Der deduktive Ansatz der Musiktheorie und ihre technische Nützlichkeit

Die Schlussfolgerung, die wir gerade im ersten Kapitel bestätigt haben, führt zu einem Problem, das wir hier erwähnen müssen: Der Wissenschaftsweg der „*gepflegten Philosophie*", im Sinne von korrigierter und gereinigter Philosophie, war nämlich auch der von Aristoxenos von Tarent, Schüler des Aristoteles, der sich durch seine Adaption der aristotelischen Doktrin der Wissenschaft deutlich von der pythagoreischen Doktrin der universellen Harmonie distanziert hat. Warum lehnt al-Farabi die aristoxenische Methode klar und deutlich ab, auch wenn sie klar mit der pythagoreisch-platonischen Konzeption der Harmonie und Imitation bricht?

Die Antwort lautet wie folgt: Aristoxenos konnte keine Theoriewissenschaft der Musik festlegen, denn der aristotelische, epistemologische Rahmen ließ dies nicht zu. Wenn die physikalische Dimension der Laute oder Akustik als Bereich der Physik bei Aristoteles Gegenstand einer theoretischen Untersuchung gewesen wäre, wäre die künstlerische und praktische Dimension (*poiesis*/*techné*) nicht möglich gewesen. In der Tat können die praktischen und poetischen Künste nach Aristoteles kein Gegenstand einer theoretischen Wissenschaft sein, im engeren sowie strikten Sinne des Wortes, denn die Künste gehören dem Möglichen und nicht dem Notwendigen an.

Al-Farabi geht hier über den geschlossenen Rahmen der aristotelischen, durch die aristoxenische Sichtweise stark geprägten, Epistemologie hinaus. Er nimmt an, dass eine theoretische Wissenschaft der Musikkunst möglich ist und man sich nicht mit einer intuitiven Ästhetik, wie es bei Aristoxenos der Fall ist, begnügen darf.[18] Die Bestätigung solcher epistemologischen Möglichkeiten kann nur begründet sein, wenn beide doktrinäre Entscheidungen getroffen wurden, die sich einerseits auf das Wesen der Musik selbst beziehen, und andererseits auf die Situation der Kunst der Musik.

Tatsächlich denkt der Zweite Lehrer, dass es in der Musik etwas Notwendiges und Universelles gibt, d. h. etwas Natürliches. Die Kunst der Musik ist keine willkürliche Praxis oder eine Technik ohne Grundlagen. Das Natürliche in der Musik stellt der Geschmack dar, a priori als eine Bedingung der musikalischen Erfahrung und der Kunst der Melodien. Aus diesem Grund findet man in *Le Grand Traité de la Musique* eine klare Unterscheidung der verschiedenen musikalischen Bestimmungen:

„*Les mélos, et tout ce qui s'y rapporte, se classent parmi les choses qui sont à la fois sensibles, imaginables et intelligibles […] Un art est musical lorsqu'il consiste en la composition d'une phrase musicale et son* *expression; ou encore en la construction de cette phrase lui donnant sa forme mais sans son expression. On donne aux deux le nom d'art de musique pratique, mais plus fréquemment au premier. Quant à l'exercice de la faculté qui, par l'entremise de notre ouïe, nous permet de discerner les phrases musicales… on ne l'appelle pas art. Il est rare de rencontrer quelqu'un qui soit dépourvu d'un tel discernement; nous l'acquérons, en effet, par accoutumance s'il n'est inné en nous. Le troisième art musical est celui qui concerne la théorie… Celle à laquelle convient le nom d'art de la musique est une disposition rationnelle qui agit selon une imagination <u>vraie</u> qui naît dans l'âme. Elle donne naissance aux mélodies imaginées sous une forme sensible. Le second art auquel convient ce nom est une disposition rationnelle, qui, agissant selon une image <u>vraie</u> qui se forme dans l'âme, donne naissance aux mélodies sous forme d'images (non sensibles) […] L'art musical théorique est donc une disposition rationnelle qui implique la science de la musique et de ses conséquences, d'après des images (notions) <u>vraies</u> qui se sont antérieurement produites dans notre âme."*[19]

Wir können das Zitat wie folgt zusammenfassen:

Die Musik ist ein multi-dimensionaler Bereich im Sinne einer natürlichen Dimension: Der Geschmack ist eine angeborene Veranlagung. Er ist die Fähigkeit, über Schönes und Hässliches zu entscheiden, wodurch notwendige und universelle Urteile gefällt werden können; einer praktischen Dimension: Die Kunst der Melodien, im Sinne einer Disposition der Komposition (Bild) oder einer Disposition der Aufführung (das Sinnliche). Die Kunst der Melodien drückt sich im Bereich der künstlerischen Kreativität und in kulturellen Eigentümlichkeiten aus, im Hinblick auf das Mögliche und das Akzidentelle; und einer theoretischen Dimension: Die Wissenschaft der Musik gibt dem musikalischen Wesen eine rationale Form, d. h. eine von allen sinnlichen Inhalten abstrahierte Form. Die theoretische Wissenschaft der Musik ist eine rationale Disposition, deren Objekt das notwendige und universelle Element der Musik darstellt.

In Anbetracht dieses Elements der Musik, das im Geschmack[20] besteht, wäre es angemessen, das musikalische Urteil als „*apodiktisch*" festzulegen. Das Wahrhaftigkeitskriterium als Grundlage des musikalischen Urteils kommt in der Definition al-Farabis zu den drei Dispositionen der Musik (Komposition, Aufführung und Wissenschaft) wiederholt vor. Denn die Vollkommenheit der musikalischen Kunst wird an der Wahrhaftigkeit gemessen, d. h. nach dem Grad ihrer Übereinstimmung mit dem Geschmack, dessen Hauptregel der ästhetische Genuss ist.[21] Je adäquater Musik und Geschmack sind, desto mehr Genuss entsteht. Deshalb kann man Musik auch als eine wahre Kunst bezeichnen.

In der Musik gibt es also ein notwendiges Element, das weder kosmischer, noch metaphysischer Art ist. Es findet sich in der Form des Geschmacks, als eine natürliche Disposition, durch die die ästhetische Wahrnehmung und die künstlerische Erfahrung möglich werden. Diese Disposition ist folglich eine notwendige und universelle Bedingung für die musikalische Kunst.[22] So bilden die Substanz der Musik, die Töne, und ihre Formen, sowie die Tonverhältnisse einen Bereich der Notwendigkeit in der Kunst der Melodien, der physikalischer (Akustik) und ästhetischer Art (Genuss) Art ist. Auf diese Art und Weise könnte die Musik Gegenstand einer theoretischen Wissenschaft werden.

Die zweite doktrinäre Entscheidung, die al-Farabi für die Festlegung der Musiktheorie gefällt hat, bezieht sich auf die Situation der künstlerischen Praxis. Dabei betont er, dass die Kunst vollendet ist. Warum ist diese Entscheidung also notwendig für die Deduktion der Musiktheorie?

Da die Grundsätze der theoretischen Musik der Praxis zu entnehmen sind und der Grad der wissenschaftlichen Wahrhaftigkeit vom Grad der Vollkommenheit des wissenschaftlichen Objekts[23] abhängig ist, kann die Grundlegung einer theoretischen Wissenschaft der Musik nur möglich sein, wenn die Kunst der Melodien bereits das musikalische Wesen in seiner vollkommensten Form geschaffen hat. Je vollkommener das Wesen des musikalischen Objekts ist, desto vollkommener ist auch die Wissenschaft der Musik. Um sein theoretisches Vorhaben, nämlich die Deduktion der theoretischen Musik zu begründen, hatte al-Farabi keine Bedenken dabei, die

Abb. 5a. links: Elfenbeintafel aus der Fatimiden-Zeit (11./12. Jh.). Eine Tänzerin. Flöte und Laute sind die meist verbreiteten Musikinstrumente der islamischen Welt. Die Schrift ist Persisch.
Abb. 5b. rechts: Musikanten mit Laute und Flöte.

musikalische Kunst als vollkommen zu bezeichnen.[24]

Die Praxis der Musiker im „*arabischen Königreich*" konnte durch die Enthüllung des Natürlichen für das menschliche Gehör die Aufgabe der musikalischen Kunst vollenden. Und dank der Entwicklungen im Geigenbau wurde ein musikalisches Instrument auf einem höheren Perfektionsniveau hergestellt und gefördert: die Laute (*oud*), die als normatives Instrument der arabischen Musik gilt (Abb. 5).[25]

Die beiden Bedingungen, die al-Farabi als Anforderung an eine theoretische Wissenschaft stellte, um sie haltbar zu machen, betreffen einerseits die notwendigen und universellen Aspekte des Geschmacksurteils, und andererseits die Vollendung der musikalischen Kunst. Durch diese Bedingungen ist die Deduktion der theoretischen Musik nicht nur möglich, sondern auch notwendig geworden. Wie kann also eine theoretische Wissenschaft der Kunst von Melodien deduktionsfähig sein?

Wir haben gesagt, dass al-Farabi die pythagoreisch-platonische Konzeption der Mathematik, bei der die Theorie der Zahlen und deren Verhältnisse (Proportionen) eine Art Brücke zwischen Musik und Metaphysik baut, auf mehreren Ebenen zurückgewiesen hat. Stattdessen schlug al-Farabi den aristotelischen Weg ein, nach dem die mathematischen Formen keine substanziellen, sondern abstrakten Formen sind, deren Nützlichkeit im Bereich der Physik rein verfahrensmäßig ist. Für Platon ist die Mathematik eine dialektische Aufwärtsbewegung in Richtung Metaphysik. Bei Aristoteles sind die mathematischen Objekte jedoch Abstraktionen, die ausschließlich auf physikalische Phänomene anwendbar sind.

Die mathematische Musik ist also eine auf Tonphänomene angewandte Mathematik. Diese angewandte und verfahrensmäßige Bedeutung verwendet al-Farabi sowohl bei der Einordnung der theoretischen Musikwissenschaft in seinem Werk *Le Recensement* (*Über die Einteilung der Wissenschaften*), als auch bei ihrer Deduktion in *Grand Traité de la Musique* (*Das große Buch der Musik*). Theoretisch steht die Mathematik in *Le Recensement* vor der Physik und nicht vor der Metaphysik. Näher betrachtet, wird die Musik in der Tabelle der Mathematikwissenschaften (*Le Recensement*, Kapitel 5) aber unter die angewandte Mathematik gefasst und nicht unter die reine Mathematik (wie Arithmetik und Geometrie), obwohl al-Farabi keinen Unterschied zwischen Haupt- und Teilgebieten zieht.

Die theoretische Musik ist also nicht mehr nur ein beliebtes Gebiet der Gnoseologie, die auf ihrer Suche nach der himmlischen und göttlichen Musik den Menschen mathematisch überschreitet. Es werden Bestimmungen des musikalischen Gehörs transzendiert, um an ein universelles Gesetz der Harmonie zu gelangen, das auf eine vereinfachte Metapher reduziert wird. Die theoretische Musik ist für den Zweiten Lehrer eine angewandte Mathematik, deren Gegenstand die Kunst der Melodien ist, die durch das menschliche *téchne* (*as-sinaa*) erzeugt werden.

Nachdem er zwischen „*der praktischen Wissenschaft der Musik und der theoretischen Wissenschaft der Musik*" unterschieden hatte, betonte al-Farabi, dass die theoretische Musik „*die Erkenntnis über die Melodien als vernehmbare Objekte vermittelt*". Diese Objekte werden durch ein Instrument von jeglicher sinnlichen Gewissheit oder ihrer konkreten Erzeugung abstrahiert (*muntazaa*).[26] Die theoretische Wissenschaft gliedert sich in fünf Teile: Die Studie der Prinzipien und Axiome, die Studie der Elemente dieser Wissenschaft und die Untersuchung der Instrumente. Die letzte zielt darauf ab, die Wahrhaftigkeit der Theorie

Theorie der Musik

zu überprüfen, sowie die Rhythmen und Komposition der Melodien zu untersuchen.[27]

Diese Teile der theoretischen Wissenschaft der Musik umfassen eigentlich acht Abhandlungen des ersten Buches *Grand Traité de la Musique* (das zweite Buch ist verlorengegangen).[28] Was wir hierbei feststellen können, ist, dass alle Studien, die diese Disziplin umfasst, nach al-Farabi mathematischer Art sind. Wir können sie synthetisch in vier Punkte zusammenfassen, die uns zeigen, auf welche Art und Weise die theoretische Musik eine angewandte Mathematik ist:

Axiomatisches Verfahren: Dieser Prozess führt zur Positionierung und Ordnung der ersten Grundsätze der Wissenschaft. Die für die Musik geeignete methodologische Ordnung erfordert, dass Axiome wie die zehn Perfektionen, die der musikalischen Praxis entnommen sind, als Grundlage [29] dieser Wissenschaft auf den ersten Rang gestellt werden. Danach kommen die Prinzipien der Physik (Ton), der Geometrie (Größe) und der Arithmetik (Proportionen oder Zahlenverhältnisse).

Quantifizierung: Die Töne und Tonverhältnisse sind an sich weder Quantitäten, noch Quantitätsverhältnisse, sondern Qualitäten (tief-hoch/konsonant-dissonant). Dass sie durch Dinge erzeugt werden, die der Kategorie Quantität angehören (z. B. die Länge der Saiten), ist rein akzidentell. Die Quantifizierung der musikalischen Töne ist daher eine Quantifizierung per Analogie. Es handelt sich dabei folglich um eine doppelte Quantifizierung. In der Tat werden die Saiten, anhand der Geometrie, durch messbare Linien und Linienverhältnisse schematisch dargestellt. Diese geometrischen Verhältnisse werden wiederum mittels der Arithmetik durch Zahlenverhältnisse (Proportionen/ (*nissab*)) dargestellt. Diese Zahlenverhältnisse bilden die musikalischen Verhältnisse zwar schematisch ab, sie erklären sie aber nicht, so wie die Pythagoreer dies behaupteten.[30]

Analyse und Synthese: Hier wird die Frage nach der musikalischen Konsonanz erst geklärt, wenn die Form der Musikwahrnehmung, die das Wesen der Musik darstellt, abgeleitet wird. Durch die Analyse werden die Grundelemente der Musik festgelegt. Hingegen dient die Synthese oder Kombination dazu, alle Musikmöglichkeiten abzuleiten, die bereits in der Praxis Anwendung gefunden haben, sowie auch diejenigen, die noch nicht genutzt wurden. Durch diese analytisch-synthetische Methode wird das System aller möglichen Musikkombinationen abgeleitet und die Musik, die von Musikern praktiziert wird, wird einfach als eine der vielen Möglichkeiten innerhalb dieses Systems betrachtet.

Erfinderische Prozesse (technische List (*al-hyyal*)): Es handelt sich hier um technische Verfahren und Lösungen, die entwickelt werden müssen, um in der sinnlichen Welt zu reproduzieren, was die Theorie auf rationaler Ebene entdeckt hat. Diese Phase ist notwendig, um zu überprüfen, ob die theoretische und die praktische Musik adäquat sind, oder nicht. In *Le Recensement* gehören diese erfin-

Abb. 6. Ud, kurzhalsige Laute, 8.–14. Jh. (Anonyme Abbildung zur Musik, die Schrift ist Persisch.)

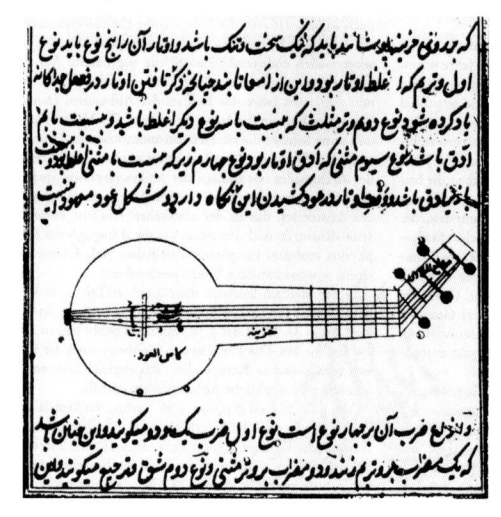

derischen Prozesse der Mathematik an und zeigen sich z. B. durch *„die Fertigung von Musikinstrumenten".*[31] In *Le Grand Traité de la Musique* handelt es sich aber auch um das Stimmen der Instrumente und sogar um die Technik der Musikaufführungen (Abb. 6).[32]

Fazit

Zum Abschluss können wir feststellen, dass die vom Zweiten Lehrer angewandte Methode einen dritten Weg darstellt, der über den Antagonismus, der die Musiktheorie seit den Griechen stark geprägt hat, hinausgeht. Die Musiktheorie wurde nämlich zum einen als eine Form der Metaphysik betrachtet, die durch die Mathematik die sinnliche Musik überholt, um zu der reinen vernehmbaren Musik zu gelangen (Pythagoreer). Zum anderen wurde sie aber als eine intuitive Ästhetik aufgefasst, die die Bedingungen des künstlerisch-musikalischen Gehörs erfüllt, ohne den Bedingungen der theoretischen Wissenschaft nachzukommen (Aristoxenier).

Der von al-Farabi eingeschlagene dritte Weg erweist sich im Allgemeinen weder supra-wissenschaftlich noch infra-wissenschaftlich. Er zeigt sich eher wissenschaftlich im doppelten Sinne des Wortes. Einerseits handelt es sich um eine theoretische Wissenschaft und andererseits um eine Wissenschaft, deren technische Nützlichkeit deutlich der Förderung der praktischen Kunst der Melodien dient.

---

1 Siehe dazu die arabische Originalausgabe, Abu Nasr Muhammad Ibn Tarkhan al-Farabi: *Kitab Al Musiqa Al Kabir*, herausgegeben und kommentiert von Ghattas Abd-El-Malek Khashaba, überprüft und eingeleitet von Mahmoud Ahmed El Hefni, Ed. Maison du livre arabe, Kairo, ohne Datum.
Siehe dazu die französische Übersetzung von Rodolphe d'Erlanger: *La Musique Arabe*. (En 6 tomes). Al-Farabi: *Grand traité de la musique*. (*Kitabu l-Musiqi al-Kabir*). Tomes I et II. Paris, Librairie orientaliste Paul Geuthner 2001.

2 Siehe dazu die Originalausgabe, Al-Farabi: *Ihsaou al-ouloum*, herausgegeben, eingeleitet und kommentiert von Othmane Amine, Librairie Angelo-Egyptienne, Le Caire. 2. Auflage, 1968.
Siehe dazu die französische Übersetzung, Abu Nasr al-Farabi: *Le recensement des sciences*. Traduit par Amor Cherni. Ed. Albouraq, Paris 2015.

3 Vgl. Al-Farabi: *Le recensement des sciences*. S. 48. (aus der französischen Übersetzung).

4 Die Auffassung, dass die Musik als einer der Hauptbereiche des quadrivium betrachtet werden soll, wird z. B. von Al-Kindi (gest. 260 d. H./873 n. Chr.) und Ikhwanou Assafa (Frères de la Pureté (Brüder der Reinheit)), die in der Zeit zwischen dem 3. und 4. Jh. n. H./9. und 10. Jh. n. Chr. lebten, vertreten, sowie auch von all denjenigen, die die Musikvorstellung der Pythagoreer und Platoniker annehmen. Vgl. Al-Kindi: *Instruments à cordes. De ceux à corde unique à ceux à dix cordes*. In: *Les œuvres musicaux d'Al-Kindi*. (En arabe) S. 70. Ikhwanou Assafa, *Les Epitres*. S. 49. Tome I.

5 Vgl. *Grand Traité de la Musique. Livre de l'introduction*. Der arabische Text (S. 203–204) wird vom Verfasser übersetzt und lautet wie folgt: *„…Ce sont là deux manières de voir bien différentes; l'une est celle des Pythagoriciens, l'autre celle des Aristoxéniens. Il est facile d'en conclure quelle est la méthode à suivre en musique"*. Al-Farabi: *Grand Traité de la Musique*. In: *La Musique Arabe*. Tome I, S. 76. Diese Übersetzung ist nicht originalgetreu, denn die Pythagoreer werden im arabischen Text nach und nicht vor den Aristoxeniern erwähnt. Darüber hinaus lässt uns diese Übersetzung denken, dass al-Farabi eine der antagonistischen Methoden gewählt hat, obwohl er im arabischen Text betont, dass er eine andere Methode verwendet, die weder pythagoreisch noch aristoxenisch ist und sie als *„die wahrhafte Methode"* bezeichnet.

6 Al-Farabi sagt: *„Commençons par définir brièvement ce que l'on entend par art musical. Le terme musique (musiqi) a pour sens les mélodies (alhan)."* *Grand Traité de la Musique*. S. 5. Es handelt sich dabei um eine spezifische Bedeutung, die nur für die Kunst

der Musik gilt. Hingegen wird bei den Pythagoreern der Begriff Harmonie im weiteren und allgemeineren Sinne des Wortes verwendet. Les Frères de la Pureté (Brüder der Reinheit) fassen die Musik wie folgt auf : „*...elle est l'art de la composition dans la connaissance des proportions (nissab)...Notre intérêt est de savoir les proportions (nissab) et la manière de composition, qui par lesquelles et par leur connaissance se réalise la perfection dans tous les arts*". Les Epitres. Band I. S. 183. Arabischer Text, hrsg. v. Sadir, Beyrouth 1999.
Die Brüder der Reinheit legen die vier Wissenschaften des quadrivium wie folgt fest: „ *...la première est l'arithmétique...la seconde est la géométrie...la troisième est l'astronomie...la quatrième est la musique qui est la connaissance des compositions et des proportions entre les choses différentes et les substances dont les puissances sont opposées*". Ebd. S. 79.

7 Nach den Aussagen von Evanghélos Moutsopoulos in seinem Buch *La musique dans l'œuvre de Platon* (PUF. Paris, 1959. Vgl. S. 54) fand die aristoxenische Methode bei den praktizierenden Musikern eine große Resonanz, da diese Methode jegliche Reduzierung der Musik auf das mathematische Verständliche (Pythagoras) oder auf die metaphysische Betrachtung (Platon) zurückweist. Vgl. Fubini, Enrico: *Les philosophes et la musique*. Librairie Honoré Champion, Paris 1983, S. 31–32. Die Sichtweise der Pythagoreer erfolgt also in diesem Rahmen, wie Aristoxenos von Tarent darauf hinweist: „*Or ni la flûte ni aucun instrument ne servira jamais à fixer la propriété ou la nature du chant accordé...Mais ce qui le dirige, c'est la perception, faculté à laquelle on rapporte ces appréciations ainsi que tout ce qui concerne la science musicale...Ainsi donc, que nul instrument par lui-même n'est accordé, mais c'est le sentiment qui en dirige, voilà une vérité qui n'a pas même d'être expliquée.*" *Eléments Harmoniques*, übersetzt von Ch.-Em. Ruelle. Ed. Pottier de Lalaine, Paris 1871. S. 66. Die Wahrnehmung und Gefühle sind also Kriterien der Musik. Vgl. Laloy, Louis: *Aristoxéne de tarente et la musique de l'Antiquité*. Société française d'imprimerie et de librairie, Paris 1904.

8 Vgl. *Grand Traité de la Musique*. S. 63. Die Oktave teilt sich nach Aristoxenos in 12 gleiche Halbtöne (gleichstufige Stimmung), die Quinte in 7 Halbtöne, die Quarte in 5 und der Ton in 2. Vgl. Ebd. S. 59.

9 Ebd. S. 53.
10 Ebd. S. 64 f, S. 66 f.
11 Ebd. S. 70.
12 Mehr zur musikalischen Weltanschauung der Pythagoreer und Aristoxenier siehe Platon: *La République et Les Lois*. Aristoteles: *La Métaphysique*. Ernest, Ansermet: *Les fondements de la musique dans la conscience humaine*. Nouvelle édition revue par J. Claude Piguet. Ed. La Baconnière, Neuchatel, Suisse 1987. Georges, Arnaux: *Musique Platonicienne ; âme du monde*. Ed. Dervy-livres, Paris 1960. André, Charrak: *Musique et philosophie à l'âge classique*. Ed. PUF. Paris 1998. Enrico, Fubini: *Les philosophes et la musique*. Ed. Librairie Honoré Champion, Paris 1983. Johannes, Lohman: *Mousiké et Logos; contribution à la philosophie et à la théorie musicale grecques*. Traduit de l'allemand par Pascal David. Ed. Trans-Europ-Mauvezin 1989. Evanghélos, Moutsopoulos: *La musique dans l'œuvre de Platon*. Ed. PUF. Paris 1959. Matilia, Ghyka: *Philosophie et Mystique du nombre*. Ed. Payot. Paris 1952.
13 Vgl. *Grand Traité de la Musique*. Dazu, z. B. S. 33 f, S. 68 f. Al-Farabi sagt : „*L'opinion des pythagoriciens que les planètes et les étoiles, dans leur course, font naître des sons qui se combinent harmonieusement est erronée*". S. 28.
14 Vgl. Avicenne: *Un Traité sur la Musique*. Extrait du, KITABU'S-SIFA. Section des sciences mathématiques, chapitre douzième. In: D'Erlanger: *La Musique Arabe*. Tome II. S. 105–106.
15 „*Il semble que par philosophie périmée et diffuse Avicenne (p.106) entend parler de la doctrine pythagoricienne. Ceux qui en auraient hérité seraient les pythagoriciens... et les platoniciens... ; leurs abréviateurs seraient les néo-pythagoriciens et les néo-platoniciens, et notamment Ptolémée dont les Arabes avaient étudié toutes les œuvres... Par ceux qui ont compris la philosophie châtiée et saisi les distinctions justes Avicenne entendait sans doute parler d'Aristote ou encore d'Al-Farabi à travers qui il avait appris à comprendre la métaphysique du fondateur de l'école péripatéticienne*" D'Erlanger: *La Musique Arabe*. Tome II. S. 259.
16 Vgl. Aristoteles: *La Métaphysique*. M.10.1087a.15–20. Traduction par J. Tricot. Ed. J. Vrin, Paris 1986. S. 794.
17 Vgl. *Grand Traité de la Musique*. S. 5. Le recensement des sciences. S. 150.
18 Roshdi Rashed zeigt deutlich, dass bei den Arabern in den zahlreichen praktischen und

technischen Wissensbereichen der Anspruch auf Wissenschaftlichkeit erhoben wird, obwohl diese mit der Wissenschaftsdoktrin von Aristoteles und Euclides nicht übereinstimmen. So konnten zahlreiche Künste, die als rein technisch galten, wie z. B. Chemie, Medizin und Musik, den Status einer Wissenschaft erreichen. Mehr dazu, Roshdi, Rashed: *Histoire des mathématiques arabes entre l'Algèbre et l'Arithmétique. Appendice intitulé*, „Le concept de science comme phénomène occidental et l'histoire des sciences arabes". Siehe die arabische Übersetzung des Buches, S. 370–371.
Siehe auch seine Artikel über *Philosophie des mathématiques*. In: Roshdi Rashed: *En histoire des sciences. Etudes Philosophiques*. Académie tunisienne Beït al-Hikma et Chaire UNESCO de philosophie, Carthage 2005. S. 27–75. Vgl. auch, Jean, Jolivet: *Classification des sciences*. In: *Histoire des sciences arabes*. Sous la direction de Roshdi Rashed. Tome III. S. 255–270. Ed. du Seuil, Paris 1997.

19 *Grand Traité de la Musique*. S. 6–7, 25 f. (vom Verfasser unterstrichen).
20 Der Geschmack ist die formelle Ursache der Musik, d. h. a priori die Struktur der auditiven Wahrnehmung und die notwendige Bedingung für die musikalische Erfahrung.
21 Vgl. Ebd. S. 37–38.
22 Mehr über das natürliche Element in der Musik siehe Ebd. S. 66. Al-Farabi betont die Notwendigkeit der Musik und vergleicht sie mit der der Sprache, wie seine folgende Aussage zum Ausdruck bringt: „… *Il en sera de même pour des notes musicales: leur nombre sera déterminé; elles constituent des groupes dans lesquels chacune prendra un rang… Toutefois, si le nombre des phonèmes est déterminé ainsi que leur ordre, il s'agit là d'une convention. Il n'en est pas ainsi des notes musicales; leur nombre et leur rang sont dictés par la nature et ne peuvent être modifiés…* ". Ebd. S. 43–44. Siehe auch, S. 69.

23 Nach dieser doktrinären Sicht, die al-Farabi in seinen Werken immer wieder betont, wäre dann die Theologie die vollkommenste Wissenschaft, da sie als Gegenstand das absolut vollkommene Wesen (Gott) innehat.
24 Vgl. *Grand Traité de la Musique*. S. 33–34.
25 In Bezug auf die Vervollkommnung von Instrumenten, die mit der Laute ihren höchsten Punkt erreicht hat, sagt al-Farabi (Ebd. S. 20.) Folgendes: „*l'art de la pratique musicale étant ainsi perfectionné, les règles de la mélodie furent fixées et l'on distingua quelles sont les notes et les mélodies naturelles à l'homme et quelles sont celles qui ne le sont pas, et l'on établit des degrés de consonance et de dissonance*". Mehr über das Instrument, das „*en l'an 1228 de l'ère d'Alexandre, soit l'an 306 de celle des Arabes*" von Hulays Ibn-Al-Ahwas erfunden wurde, vgl. Ebd., S. 42. Eine Abbildung des Instruments kommt auf der Seite 118 im arabischen Text vor.
26 Vgl. *Le recensement des sciences*. S. 152.
27 Vgl. Ebd., S. 152–154.
28 Vgl. *Grand Traité de la Musique*. S. 3.
29 Vgl. Ebd. S. 33. „*On ne peut donc connaître les principes fondamentaux de la théorie musicale qu'à l'aide de la sensation.*"
30 Die Zahlenverhältnisse, wie z. B. 2/3 für die Quinte oder 3/4 für die Quarte, sind im Vergleich mit den Musikintervallen *„Erkenntnisgründe"* und keine *„Seinsgründe"*.
31 Siehe S. 160.
32 Diese beiden technischen Verfahren stellen den Gegenstand von al-Farabis Studie über Instrumente und Komposition der Melodien dar. In diesem Zusammenhang möchten wir auch unterstreichen, dass Al-Farabi eine kühne technische Methode zur Entwicklung und Förderung der musikalischen Kunst entwickelt. Der irakische Instrumentalist und Komponist Nassir Chamma erfand ein *Oud* mit acht Seiten und nannte es *„al-Farabi Oud"*, da er in einer der Handschriften al-Farabis das Konzept und die Abbildung dieses *Oud* entdeckte.

Rezeptionsgeschichte

Auf- und Abstieg arabisch-islamischer Wissenschaften?

Detlev Quintern

Das Aufkommen und v. a. die rasche Verbreitung des Islams seit dem zweiten Viertel des 7. Jhs. verlangen nach einer langzeit-historisch abgeleiteten Erklärung. Damit geht auch die Verbreitung der arabischen Sprache, welche sich spätestens seit Anfang des 9. Jhs. zur Verwaltungs- und Wissenschaftssprache über die Arabische Halbinsel, Persien und Zentralasien (*Chorasan und Mawara*) bis nach Ägypten, Nordafrika und die Iberische Halbinsel in Europa ausgebildet hatte, einher.

Vor dem Hintergrund einer anhaltenden sozio-politischen Legitimationskrise, in der sich das Byzantinische Imperium mit Sitz in Konstantinopel im 5. und 6. Jh. befand, verlor die Reichskirche und ihr Verwaltungsapparat v. a. in den Provinzen, darunter in Ägypten, zunehmend an Rückhalt. Nicht nur waren die rücksichtslosen Steuerforderungen für die Bevölkerung erdrückend, darunter der unaufhörliche Strom an Weizenlieferungen vom Nil nach Konstantinopel – die intolerante Haltung gegenüber abweichenden Denkweisen isolierte den imperialen Hof zusehends.

Bereits der Streit um die eine versus zwei Naturen Jesu und damit zusammenhängend um die Stellung Marias – recht spitzfindige christo-theologische Fragen, die an dieser Stelle ausgespart werden müssen – hatte in Folge des Konzils von Chalcedon (heute *Kadiköy* auf der asiatischen Seite Istanbuls) des Jahres 451 die syrische, ägyptische und palästinensische Kirche in einen entschiedenen Widerspruch zur Reichskirche gebracht. Nachdem zuvor schon Arianer und Nestorianer verbannt waren, positionierten sich in der zweiten Hälfte des 5. Jhs. auch die koptischen (Ägypten und Äthiopien) sowie die syrischen (v. a. Syrien, Irak und Palästina) Teile der armenischen Kirche, als auch die Malabarchristen (Indien) gegen die imperiale Reichskirche. Erst im Angesicht der raschen Verbreitung des Islams versuchte die Reichskirche in Konstantinopel sich wieder mit den orientalischen Kirchen zu vereinen. Dafür war es aber zu spät, schließlich hatten sich die arabischen Christen schon lange von der imperialen Kirche abgewandt.

Die sozio-politische Zerrüttung des oströmisch-christlichen Reiches, welches das

Imperium Romanum als Neu-Rom unter Kaiser Konstantin im Jahre 330 n. Chr. feierlich in den Osten, in das nach ihm benannte Konstantinopel, verlagert hatte, schlug sich nicht zuletzt in der Delegitimierung theologischer Doktrinen nieder. Das ost-römische Reich hatte 398 n. Chr. das Christentum zur einzig staatlich anerkannten Religion erklärt. Hatte das vormalige Imperium Romanum die Christen noch unerbittlich verfolgt, war nun mit der Annahme des Christentums eine Wende vollzogen. Nun wurde nicht nur gegen jegliche Formen des Paganismus vorgegangen, auch abweichende Strömungen im Christentum wurden verfolgt. Hinter den theologischen Streitigkeiten verbarg sich eine politische Abkehr vom Imperium mit Sitz in Konstantinopel. Die Reichskirche zwang die koptische, syrische und andere nicht-konforme Gemeinschaften in den Untergrund oder das Exil. Im 6. und 7. Jh. finden wir auch auf der Arabischen Halbinsel zahlreiche Bischofssitze, die meistens von den orientalischen Kirchen – sie folgten der Eine-Natur-Lehre (*Miaphysis*) – gestellt waren. Das nonkonforme Christentum und ebensolche philosophischen Schulen (Neoplatoniker) verbreiteten sich auch auf dem Territorium des Sassanidischen Reiches (Persien) und der Arabischen Halbinsel. Gegen Ende der Regierungszeit des sassanidischen Königs Chosrau II. (reg. 590–628) belagerten die Perser erfolglos nach immer wieder aufflammenden militärischen Auseinandersetzungen das Reichszentrum Konstantinopel. Für die Araber und den Islam auf der Arabischen Halbinsel ein günstiger Zeitpunkt, ihre Feldzüge zu beginnen, befanden sich die beiden großen lokalen Reiche nicht nur im auszehrenden Konflikt untereinander, sondern waren auch im Inneren stark geschwächt.

Weltanschauungen im Dissens mit der Reichskirche, seien diese nun religiös-spirituell ausgeprägt bzw. philosophisch – meist eine Mischung aus beidem –, suchten Schutz außerhalb des Zugriffs des Byzantinischen Imperiums und deren Statthaltern. Dies ist einer der Gründe dafür, dass auf der Arabischen Halbinsel apokryphe, also von der Reichskirche als häretisch indizierte Evangelien zirkulierten. Sie hinterfragten u. a. die Kreuzigung Jesu. Solcherlei Auffassung findet sich schließlich im Koran wieder, der von der Zerstrittenheit innerhalb des Christentums berichtet.

Das Byzantinische Reich konnte sich später kaum noch auf die lange mit ihnen verbündeten *Ghassaniden* stützen. Die *Banu Ghassan* waren ein alter christlicher arabischer Stammesverband, dessen Bande vom südlichen Jemen bis in das nördliche Syrien und Jordanien reichten. Ein großer Teil der *Banu Ghassan* folgte der orientalischen Eine-Natur-Lehre, andere waren Vasallen des Imperiums. Mit Heranrücken der islamischen Heere verbündeten sich Teile der *Ghassaniden* mit den Arabern, mit denen sie ohnehin die nomadische Lebensweise jenseits von Glaubensfragen teilten. Das Christentum hatte in seiner frühen Geschichte eine starke arabisch-nomadische Komponente.

Das Aufkommen und die rasche Verbreitung des Islams sind im Kontext der Pluralität vieler und in Opposition zum Imperium stehender Glaubensgemeinschaften zu verstehen, die in Folge langer Unterdrückung seitens der Reichskirche auch die islamischen Eroberungen schließlich begrüßen sollten. Aus den Briefen des koptischen Patriarchen Benjamin ist die Wertschätzung zu entnehmen, welche die lange unterdrückte koptische Kirche den islamischen Eroberungen Ägyptens entgegenbrachte. Im Jahre 642 gelangte das antike Wissenschaftszentrum Alexandria an die Araber; deren medizinische Abteilung dann unter dem nur kurz regierenden Omayyaden Abd al-Aziz (reg.

717–720) nach Antiochia verlegt wurde. Hier wurden die frühesten Übersetzungen medizinischer Texte in das Arabische angefertigt.

Dieser Aspekt der zügigen Inkulturation, Adaption und Assimilation des wissenschaftlichen Erbes der Spätantike – wir verwenden den Begriff, obwohl er uns problematisch in diesem Zusammenhang erscheint, weil er zu sehr auf das hellenistische Erbe beschränkt – stellt einen Grundpfeiler für den Aufstieg der arabischen Wissenschaften dar. Zur Erinnerung: das Byzantinische Reich war nicht nur politisch und sozial am Vorabend des Islams angeschlagen, es war damit einhergehend auch in eine tiefe Toleranz- und Wissenskrise gestürzt. Auf die Schließung der Schulen von Edessa im Jahre 489 folgte die der altehrwürdigen platonischen Akademie in Athen unter dem Byzantinischen Kaiser Justinian I. im Jahre 529, bevor dann im Jahre 610 Kaiser Heraklios den Leiter der berühmten Akademie Alexandrias nach Konstantinopel einbestellte. Die Schule von Alexandria mit ihrer großen Bibliothek hatte viele bedeutende Wissenschaftler hervorgebracht, darunter den für die Geschichte der Mathematik und Geometrie so wichtigen Euklid (ca. 3. Jh. v. Chr.), den Geographen und Weltvermesser Eratothenes (276–194 v. Chr.) oder den Geographen und Astronomen Ptolemäus (ca. 100–160 n. Chr.), um nur einige wenige herausragende Namen zu nennen.

Das sich im Niedergang befindende Wissenserbe am Ausgang der imperialen Ära *Byzantium*, wurde von den Arabern nicht nur vor einem möglichen Verschwinden bewahrt, wie dies in Folge des Niedergangs des West-Römischen Reiches für Europa weitestgehend der Fall war, sondern es wurde seit dem 8. Jh. fortentwickelt. Dies ist von Bedeutung, da die arabischen Beiträge zum universalen Wissenschaftserbe nicht selten auf eine reine Tradierung aus der Antike reduziert werden.

Eine Erklärung für die Wissensorientierung im Islam mag in der fruchtbaren Auseinandersetzung mit den Byzanz gegenüber nonkonformen Geistesströmungen zu suchen sein; diese standen Philosophie und Wissenschaften nicht nur offen gegenüber, sondern praktizierten sie nicht selten jenseits des Byzantinischen Machtzugriffs. Ein herausragendes Beispiel dafür ist die unter dem Sassaniden Chosrau I. blühende Medizinschule von Gundishapur, wohin erst aus dem Reich verbannte Nestorianer, wenig später dann auch Miaphysiten und Philosophen (Neoplatoniker) geflohen waren. Der Mediziner Yuhanna ibn Masawayh (777–857) steht für das Fortwirken dieser langen Tradition an Gelehrsamkeit in der Zeit des Islams. Sein Schüler war Hunain b. Ishaq (808–873), ebenfalls Mediziner, der mit seinem Sohn der Übersetzungsbewegung von wissenschaftlichen (*Steinbuch des Aristoteles*), medizinischen (Dioskurides, Galen) und philosophischen Werken (Platon, Aristoteles) unschätzbare Dienste erwiesen hatte. Übersetzt wurde aber keineswegs ausschließlich aus dem Griechischen und Aramäischen in das Arabische.

Wissenschaftliche Werke der Mathematik und der Astronomie, darunter zur ebenen Trigonometrie und Sterntabellen, wurden aus dem Sanskrit und geographische Werke, v. a. solche zu den Wegstrecken innerhalb des Sassanidischen Reiches, aus dem Mittelpersischen (Pahlewi) übersetzt. Auch sind Innovationen und Medizinalien aus dem Chinesischen in das Arabische gelangt, wenngleich bislang wenig untersucht. Wenn zuweilen die Rede vom *Haus der Weisheit* in Bagdad im Rahmen der Blütezeiten der arabischen Wissenschaften ist, meint dieser Begriff die kreative Aneignung und Fortentwicklung des damals zugänglichen universellen Wissensreservoirs.

Hier wurden nun auch die mathematischen Werke eines Euklids, die medizinischen von Dioskurides (Abb. 1) und Galen, die geographischen wie astronomischen Werke eines Ptolemäus und zahlreiche (pseudo-) aristotelische naturwissenschaftliche oder philoso-

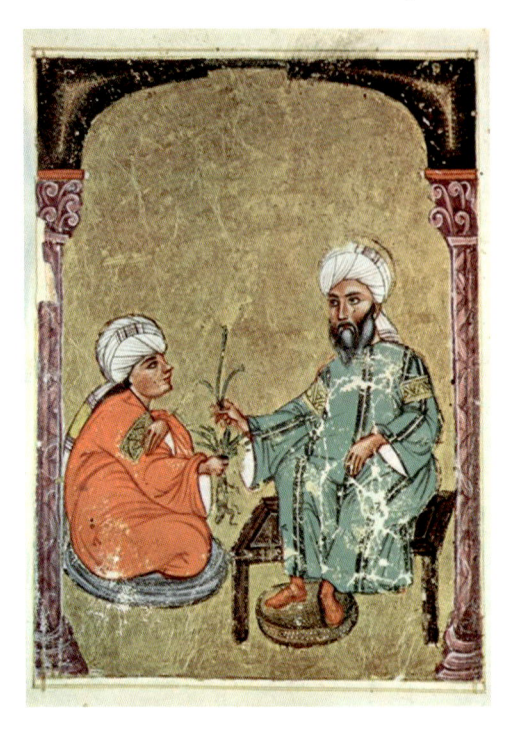

Abb. 1. De Materia Medica *von Dioskurides, arabische Übersetzung des griechischen Textes, Dioskurides und ein Schüler, Papier.*

phische Werke im ersten Schritt übersetzt, im zweiten verbessert. Das gilt beispielsweise für die von Ptolemäus überlieferte Koordinaten. Ebenso wurden die übersetzten Werke diskutiert. Nicht nur der Mediziner und Philosoph ar-Razi (845–925) setzte sich kritisch mit der galenischen Humoralpathologie auseinander.

Die arabischen Wissenschaften waren zudem an der Praxis orientiert, was nicht zuletzt in der Medizin, einem vorbildlichen Krankenhauswesen und einer experimentellen Chemiatrie, mit dem Ziel, effektive Heilmittel herzustellen, zum Ausdruck kam. Bereits der Wissenschaftshistoriker George Sarton (1884–1956) hatte herausgearbeitet, dass der Islam dem experimentellen Geist in den Wissenschaften entscheidend zum Durchbruch verholfen hatte. Wissenschaftliche Praxis war in der griechisch-römischen Antike oft verpönt, das Schreiben inbegriffen; für einen Denker gehörte es sich einfach nicht, in irgendeiner Weise tätig zu sein. Davon zeugt der Staatsentwurf (*Politeia*) eines Aristoteles (384–322 v. Chr.). Arbeit war den Vorstellungen von Aristoteles zur Folge vordergründig etwas für Sklaven, Bauern oder Frauen (im Haus). Diese Tradition elitärer und aristokratischer Denkweise hatte sich schon Verachtung seitens einzelner Strömungen des frühen Christentums zugezogen. Der wissensdurstige Kalif al-Ma'mun (reg. 813–833), wie es im Folgenden zu zeigen sein wird, konterkarierte solcherlei Habitus von einem rein kontemplativen und den Wissenschaften fernen Herrscher.

Eine weitere die Geschichte der Wissenschaften beflügelnde Innovation jener Zeit war eine quasi industrielle Verarbeitung von Papier. Das chinesische Verfahren zur Herstellung von Papier war in der Mitte des 8. Jhs. über Samarkand und die Seidenstraße nach Bagdad gelangt. Dort arbeiteten schiffbetriebene und weitere Mühlen rund um die Uhr als Stampfwerke. Sie verarbeiteten bereits ausgediente Textilien zu Pulpe, dem Grundstoff für die Papierherstellung. Das war nicht nur nachhaltig und ökologisch – eine Tradition, die sich in Gestalt der Lumpensammler noch bis in das industrielle Europa fortsetzen würde – sondern revolutionierte über die Buchproduktion die Wissensverbreitung ungemein. Papier war weniger brüchig als Papyrus und leichter als Pergament.

Um die Papierproduktion bildeten sich ganze Stadtteile, mit Kaligrafen, Kopisten, Buchbindern etc. Bagdad, die runde Stadt wie sie auch aus 1001 Nacht bekannt ist, wurde zu einer Wissenschafts- und Kulturmetropole ersten Ranges. Dort sammelten sich nun die Gelehrten aus den spätantiken Wissenszentren Gundishapur, Antiochia und anderen Orten. Und auch hier war es entscheidend für die Fortentwicklung der Wissenschaften, dass in einem Klima toleranter Gelehrsamkeit im Dialog der Religionen und Kulturen diskutiert, geforscht und publiziert wurde.

Wellen dieses dem Bagdader *Haus der Weisheit* entspringenden Modells reichten bis an den Sizilianischen Hof von Friedrich II. (1194–1250) und in das Toledo unter Alfons dem Weisen (1221–1284).

Sicherlich zählt die Toleranzkultur zu den entscheidenden Faktoren für den Aufschwung von Wissenschaften und Kultur. Der Begriff *Toleranz* ist hier bewusst gewählt, da schließlich eine jede Gemeinschaft (Muslime, Christen, Juden, Sabier und weitere) mehr oder weniger auf der Richtigkeit ihres Glaubens beharrte, sich aber gegenüber anderen, vordergründig monotheistischen Auffassungen aufgeschlossen zeigte. Im 9. und 10. Jh. kamen immer wieder Gelehrte unterschiedlichen Glaubens zu religiösen und philosophischen Debatten in Bagdad, Mosul und anderen Orten zusammen. Neben der Tatsache, dass der Islam Wissen einen überaus großer Stellenwert zukommen lässt, zuweilen der Vernunft einen höheren Rang als den Engeln einräumt und Wissenssuche bis in die letzten Winkel der Welt, einschließlich Chinas erstrebt, kommt sicherlich der Toleranzkultur eine überragende Bedeutung bei, wenn es gilt, mögliche Antworten auf die Frage zu finden, warum Bagdad um 800 zu einer welthistorisch so bedeutenden Wissenschafts- und Kulturmetropole aufsteigt.

Theologisch rational ausgerichtete Schulen innerhalb des Islams, allen voran die Mu'tazilla, welche in der ersten Hälfte des 8. Jhs. v. a. in Basra, dem Süden des heutigen Iraks, aufkamen und schließlich in Folge des in Bagdad residierenden Kalifen al-Ma'mun (reg. 813–833) zur einzig anerkannten Lehrmeinung und in den Rang einer Staatsdoktrin erhoben wurden, zeichneten sich durch Prinzipien aus, welche der Entwicklung der Wissenschaften und Philosophie förderlich waren.

Die theologische Frage, ob der Mensch für seine Taten eigenverantwortlich sei, war für die rational ausgerichtete Schule der Mu'tazilla entschieden: der Mensch verfügt über einen freien Willen, der es ihm jederzeit freistellt, zu denken und zu handeln oder auch nicht. Demnach konnte Gott auch nicht als Ursache menschlichen Handelns verstanden werden; göttlicher Determinismus[1] im Sinne theologisch abgeleiteter Vorherbestimmung war entschieden zurückgewiesen. Der Koran galt der Mu'tazilla als von Menschen Hand erschaffen. Die absolute Einheit (*at-tauhid*) und die Gerechtigkeit (*al-adl*) Gottes stand neben anderen Prinzipien des Islams auch für die theologische Schule der Mu'tazilla nicht zur Debatte.

Der theologische Streit erstreckte sich über Jahrhunderte und wirkte auch auf die Philosophie ein, denken wir nur an die Philosophie geschichtlich so bedeutsamer und schriftlich geführter Debatten zwischen Muhammad al-Gazzali (1058–1111), Ibn Sina (980–1037) und Ibn Rushd (1126–1198).

Fruchtbare Streitfragen waren das Für und Wider einer Kenntnis Gottes der Partikularien etc. Ist der göttliche Akt der Schöpfung einmalig, innerhalb oder jenseits von Zeit zu verstehen, permanent, in jedem Moment und unaufhörlich, wie letzteres in Folge der Kalam Tradition (Ashariten) von al-Gazzali und Descartes, bis hin zum gegenwärtigen Okkasionalismus vertreten ist. Ist die Welt im Sinne von Aristoteles alt (*qadim*) oder erschaffen? Es ist hier nicht der Ort, diese eher theologischen Fragen im Einzelnen aufzuwerfen; die Debatten kamen aber auch philosophischer Argumentation zu Gute, da die Ontologie unmittelbar angesprochen war.

Der durchaus fruchtbare Streit zwischen Theozentrismus und Anthropozentrismus – ein Ansporn für die Theologie, wie die Philosophie – prägte selbstverständlich das Verständnis von Wissenschaften, Medizin, Kultur und Kunst, und konnte hemmend oder eben fördernd wirken. Im Falle der Mu'tazilla, die vom Kalifen al-Ma'mun protegiert war, kam das politisch-theologische Zusammenspiel den Wissenschaften zu Gute. Unter dem Kalifen wurde eine staatlich betriebene Forschungspolitik gefördert. Eine Entwicklung, die, wie bereits erwähnt, häufig mit dem Namen *Haus der Weisheit* in Bagdad assoziiert wird.

In der Mu'tazilla wurde der Mensch als für seine Taten selbstverantwortlich verstanden. Sicherlich erfuhr diese Haltung Widerspruch seitens Teilen der Geistlichkeit, welche die Wirkmacht Gottes nicht menschlich eingeschränkt sehen wollte. Es steht aber außer Frage, dass die metawissenschaftliche Position der Mu'tazilla eine anthropologische Dynamik freisetzte, die für den Aufstieg Bagdads zur Wissenschaftsmetropole seit der zweiten Hälfte des 8. Jhs. wohl mit entscheidend war. Über die lange Ära der Abbasiden (752–1258) hinaus, verfügten Wissenschaften, Philosophie und Medizin über ausreichenden Raum, sich zu entwickeln. Die Entscheidung der Mu'taziliten für die Erkenntnisautonomie des Menschen wird dazu einen wichtigen Beitrag geleistet haben.

Die Geistlichkeit intervenierte nicht in Fragen von Wissenschaft und Philosophie. Gleiches galt selbstverständlich auch umgekehrt. Vergleichen wir diese Zeit des frühen 9. Jhs. in Bagdad mit den Debatten an der Pariser Universität um die Mitte des 13. Jhs., dann tun sich Welten auf. Eine der berühmten von Bischof Tempier vertretenen Pariser Thesen von 1257 lautete: es ist verboten zu behaupten, der Mensch erkenne.

In Paris wurde die lange Welle einer frühen Aufklärung, die dem Menschen Erkenntnisautonomie zugestand und von Bagdad aus seit dem 8. Jh. in die Welt über Al-Andalus und Süd-Italien auch in das weitere Europa gestrahlt hatte, gebrochen. Es war kein Zufall, dass sich die Debatte an der Pariser Universität vordergründig gegen die Philosophie von Ibn Sina und Ibn Rushd richtete. Der Scholastiker Thomas von Aquin (1224–1274) – selbst für lange Zeit Anhänger des die Wissensautonomie des Menschen vertretenden Ibn Rushd – wurde schließlich zum Sieger über seine Widersacher erhoben. Ein italienisches Gemälde inszenierte Thomas triumphierend, Ibn Sina und Ibn Rushd niedergerungen zu seinen Füßen (Abb. 2).

Abb. 2. Triumph des Hl. Thomas von Aquin über Averroes, Gemälde (Ausschnitt) von Benozzo Gozzoli (1420–1497), Entstehungszeit 1468–1484, Louvre, Paris.

Der Streit wirkte noch lange fort, v. a. an den jungen Universitäten im Süden Italiens, darunter in Bologna, wo er immer wieder ausbrach. Gerade hier hatte Ibn Rushd viele Anhänger, während zur gleichen Zeit in Al-Andalus auf der Iberischen Halbinsel die Inquisition mit ihren berüchtigten Autodafés wütete. Den inquisitorischen Bücherverbrennungen fielen nicht zuletzt die Werke einer frühen Aufklärung, darunter die Philosophie von Ibn Rushd neben vielen weiteren Büchern, zum Opfer. Der französische Historiker Braudel hatte auf die verheerenden Auswirkungen der Eroberung von Al-Andalus, die gravierende Wunden hinterließ, aufmerksam gemacht. Nach den erneuten Vertreibungen der Araber (*Moriscos*) des Jahres 1609, stellte sich den Spaniern die Frage: „Wer wird unser Land bewirtschaften?"[2] Nach dieser massiven Verfolgungswelle gab es innerhalb Europas über 350 Jahre keine zusammenhängenden muslimischen Gemeinschaften mehr. Auch wurde eine sich Wissenschaften, Philosophie und Medizin auf dem Wege der Vernunft nähernde Herangehensweise – hier spielte weniger der Glauben, als die Autonomie menschlicher Ratio, welche von verschiedenen Strömungen vertreten war, eine entscheidende Rolle – aus der theologisch dominierten Lehre verdrängt. Sie brach sich erst in einer zweiten Welle des 18. Jhs. Bahn, nun als deutliche Kritik theologischer Dogmen und kirchlicher Herrschaft, und ebnete so der zweiten Aufklärung den Weg.

Nicht nur die Landwirtschaft und die dafür notwendigen Bewässerungssysteme kamen im vormaligen Al-Andalus zum Erliegen, auch Wissenschaften verschwanden angesichts der ihnen feindlich gegenüber stehenden Inquisition. Dasselbe gilt für die zahlreichen öffentlichen Badeanstalten. Die kurze Blüte wissenschaftlichen Austausches verschiedener Kulturen, Sprachen und Glaubensgemeinschaften (Muslime, Christen und Juden) unter Alfons X. dem Weisen (*el sabio*) – er wird an anderer Stelle des vorliegenden Bandes ausführlich behandelt – fand mit Abschluss der sogenannten Reconquista keine Fortsetzung. Im Gegenteil, das katholische Königspaar Ferdinand und Isabella rief unmittelbar nach der vollständigen Eroberung des arabisch-nasridischen Grenadas – die Nasriden hatten von 1232 bis 1492 regiert – zur Eroberung Afrikas auf. Zwar gelang eine Eroberung, abgesehen von kleinen und meist zeitweiligen Enklaven (*Ceuta* und *Melilla* in Marokko stehen noch heute unter spanischer Verwaltung) nicht, dafür fielen jedoch die Karibik und das Südamerikanische Festland nach und nach unter spanisch-portugiesische Herrschaft. Die Spanier wendeten die gleiche Kriegstaktik zur Belagerung von Städten an, darunter die Aztekische Hauptstadt Tenochtitlán, wo die Konquistadoren schließlich nahezu jedes Haus niederrissen. Die erste von den Spaniern in Mexiko errichtete Kapelle in Cholula ist in seiner Architektur der Säulengänge deutlich an die große Moschee von Córdoba angelehnt.

Die langen Kreuzzüge gegen die Araber – dem ersten dieser Art, der 1098 n. Chr. Jerusalem (*Bait al-Maqdis*) erreichte, fielen arabische Christen, Juden und Muslime zu zehntausenden zum Opfer – bewegten sich seit dem 9. Jh. und ausgehenden 11. Jh. in einer Art Zange vom Westen über Al-Andalus und Nordafrika, über das Mittelmeer und den Balkan in Richtung Palästina. Mit der Eroberung weiter Teile Persiens seit den 50-er Jahren des 13. Jhs. und dann Bagdads im Jahre 1258, seitens der Mongolen unter Hülägü (1217–1265), war dem zusammenhängenden Wissensraum ein schwerer Schlag versetzt worden. Es heißt, Euphrat und Tigris hätten sich mit dem Blut der Opfer und der Tinte der Bücher gefärbt. Gleichwohl lässt sich keineswegs sagen, dass mit den Mongolen ein wissenschaftlicher Einbruch eingeleitet wurde. Im Gegenteil nahm die Oberschicht der Mongolen, bald nach Hülägü, der die Dynastie der Ilhane (1256–1335) begründete, den Islam an und förderte die arabischen Wissenschaften. Nasir ad-Din Tusi (1201–1274) ist ein herausragendes Beispiel für diese Kontinuität der Wissenschaften in Diensten der Mongolen und im Islam über das 13. Jh. hinaus. Er wurde von Hülägü in den Dienst genommen. Der Mongolenherrscher war es auch, der das Observatorium in Maragha einrichtete und die Leitung Nasir ad-Din Tusi unterstellte. Von hier aus gingen nicht nur bedeutende Entwicklungen in der Astronomie und Innovationen von Instrumenten hervor, astronomische Kenntnisse, Instrumente und die entsprechenden Termini gelangten von Maragha auch an den chinesischen Hof in Peking.

War die Mongolenherrschaft über Bagdad eine schwerer Schlag für die vormalige Wissensmetropole, so kündigte sich schon vor Abschluss der Eroberung von Al-Andalus Ende des 15. Jhs. ein über 400 Jahre währender Seekrieg im und um das Mittelmeer an. Dieser vereinte auf der einen Seite die Spanier mit den Habsburgern, Venezianern, Genuesen und anderen europäischen Mächten. Auf der anderen Seite standen die Länder Nordafrikas (Ägypten, Libyen, Tunesien, Algerien und zeitweilig auch Marokko), die mehr oder weniger dem Osmanischen Reich mit Sitz in Istanbul unterstanden. Portugiesen und bald auch Niederländer zerstörten die historischen gewachsenen Handels- und Kulturbeziehungen zwischen Indien, China, Süd-Ost-Asien, der Arabischen Halbinsel, Ägypten und Ostafrika. Der lange in sich integrierte afro-asiatisch-arabische Raum wurde aufgelöst, was selbstverständlich auch einen Schlag für die Wissenszirkulation bedeutete.

Die ununterbrochenen Versuche, die andere Seite des Mittelmeeres zu unterwerfen, gipfelten schließlich in den kolonialen Besatzungen von Algerien im Jahre 1830 (Frankreich), Tunesien 1881 (Frankreich), Ägypten 1882 (England), Libyen 1911 (Italien) und zeitweilig Marokko seit 1912 (Spanien). Die nicht endenden Seekriege stellten für die arabischen Länder rund um das Mittelmeer eine große Bürde dar, die wissenschaftliche und geistige Potenziale absorbierte. Selbiges galt für das Osmanische Reich, ein Imperium, welches schließlich nicht zuletzt durch diese Entwicklungen Ende des 19. Jhs. zum kranken Mann am Bosporus wurde. An den Küsten Ost- und Westafrikas sah es nicht anders aus. Die Engländer eroberten wichtige Häfen im Jemen, vom Zugriff auf Indien ganz zu schweigen. Die Frage von Krieg und Frieden ist im Kontext von Aufschwüngen bzw. Niedergängen wissenschaftlichen Lebens eine ganz entscheidende. Der wissenschaftliche Aufschwung im Islam lässt sich maßgeblich auf die langen und friedlichen transkontinentalen Austauschbeziehungen zurückführen.

Fragen um das Auf und Nieder von Wissenschaften lassen sich nicht eindeutig an geographische Räume und bestimmte Weltanschauungen binden. Die Erkenntnisbefähigung des Menschen und deren mögliche Grenzen stellen sich einer universalhistorischen und langzeitgeschichtlichen Betrachtung folgend als Raum und Zeit überschreitend dar. Dem Verständnis vom Menschen, welches auch eine religiöse Weltanschauung prägt, kommt dabei eine große Rolle zu. Skeptizismus gegenüber menschlicher Erkenntnis findet sich in unterschiedlichen religiösen Weltanschauungen, nicht nur in den großen monotheistischen Religionen Judentum, Christentum und Islam. Umgekehrt lassen sich aber auch den Wissenschaften gegenüber aufgeschlossene Strömungen in den monotheistischen Religionen im Allgemeinen, dem Islam im Besonderen, verorten.

Dennoch stellt sich natürlich die Frage, warum zu einer bestimmten Zeit und an einem bestimmten Ort Wissenschaften aufblühen, während sie an anderen Orten niedergehen. Der Niedergang der alten, sprich spätantiken Wissenszentren, darunter Alexandria, und der Aufstieg neuer Zentren – bereits unter dem Omayyaden Walid wurde, wie bereits erwähnt, die medizinische Schule von Alexandria nach Antiochia (Antakya) verlegt – ist nur aus einem langzeitlich historisch-kulturellen Kontext heraus nachvollziehbar. Das gilt sicherlich auch für einen möglichen Niedergang der Wissenschaften im Islam, zumindest im Hinblick auf die Verlagerung der Wissenszentren. Sicherlich spielten die langen Abwehrkämpfe gegen die Kreuzzüge eine nicht zu unterschätzende Rolle: nicht nur weil auf diese Weise Wissenspotenziale gebunden waren, sondern auch weil das sensible Gefüge von religiösen Weltanschauungen und Kulturen in Mitleidenschaft gezogen war.

Interne Faktoren mögen der späte Buchdruck in islamisch geprägten Regionen der Welt gewesen sein. Der gewichtige Berufsstand der angesehenen Schreiber sperrte sich hier lange gegen den Druck von Büchern. Wenn wir die Werke von Leonardo da Vinci (1452–1592) betrachten, wird ersichtlich, dass sich die Aneignung nicht zuletzt technischen Wissens rasant verbreitete, darunter Waffentechniken, die starke Parallelen zu arabischen und osmanischen Entwicklungen aufweisen. Das gilt auch für das perspektivische Zeichnen, deren mathematisch-optische Kenntnisse da Vinci der lateinischen Übersetzung des arabischen Werkes zur Optik von Ibn al-Haitham (*Alhazen*, 965–1040) entnahm. Das Werk zirkulierte unter dem Titel *Perspectiva* oder *De Aspectibus* in Europa. Die von Ibn al-Haitham entwickelten Gesetze zur Reflexion und Brechung von Licht, darunter in Glaskörpern, leiteten über die Entwicklung des Lesesteins schließlich zur Brille. Der Historiker Friedrich Engels hatte bereits geschrieben, dass die Kreuzzüge u. a. die Brille nach Europa gebracht hatten. Auf den historischen Kontext bezogen mag dies richtig gewesen sein, gleichwohl kannten die Wissenswege und Netzwerke über das Mittelmeer andere Verbindungen. Vielleicht hatte ein Aufschwung der Wissenschaften in Europa mehr Ambitionen auf Weltherrschaft inspiriert. Die Herrschaft der Spanier in der neuen Welt und die der Portugiesen mit Beginn des 15. Jhs. im Indischen Ozean, lassen daran kaum Zweifel. Leider stellten sie das vordergründig über das Arabische erworbene astro-navigatorische und geographische Wissen in den Dienst kolonialer Eroberungen.

Vor diesem Hintergrund ist dem Mystiker Meister Eckhart (1260–1328) beizupflichten – die Hauptquelle für seine philosophisch-mystischen Werke war Ibn Sina (980–1037) (Abb. 3) – der schrieb, dass es besser sei, den Armen zu helfen, als über das Meer zu fahren. Eine Anspielung auf die Kreuzzüge, die sicherlich einen entscheidenden Anteil am Rückgang der wissenschaftlichen Blüte arabisch-islamischer Provenienz hatten.

---

1 McGinnis, John: *Avicenna*, Oxford: University Press, 2010, 14.
2 Braudel, Fernand: *The Mediterranean and the Mediterranean World in the Age of Philip II*, Vol. 2, Los Angeles: University of California Press, 1995, 795.

Mittler zwischen Okzident und Orient: der Kastilier Alfons X., „der Weise"

Monika Walter

Schon früh ist die Iberische Halbinsel als Ort von Kulturvermittlung gerühmt worden. So rief im 7. Jh. der Kirchenvater Isidor von Sevilla in *Laus Hispaniae* begeistert aus, dass sich *„Spanien"* mit vollem Recht *„die Königin der Provinzen"* nennen darf, denn von ihr wurden sowohl der Orient wie *„auch der Okzident erleuchtet."*[1] Als hochgebildeter Sevillaner wusste er genau um die ständigen Kontakte v. a. mit orientalischen Christen aus Byzanz und Händlern aus aller Welt, die uralten Handelsrouten folgten. Der Heilige Isidor, der bereits die Kunde vom Aufkommen des Islam vernommen hatte, konnte jedoch kaum ahnen, dass schon im Jahre 711 muslimische Araber über das Mittelmeer kommen und dem hochgelobten Westgotenreich unter dem Namen von Al-Andalus das Privileg eines Brückenkopfs zwischen den Kontinenten für mehrere Jahrhunderte entreißen würden. Erst im 13. Jh. sollte in Kastilien ein König herrschen, der sich dieser Stellung einer christlichen *Hispania* zwischen Okzident und Orient wieder bewusst wurde. Es war Alfons X., „der Weise", der über dieses Land von 1252 bis 1282 herrschte.

„Weise" haben die Spanier diesen Herrscher schon früh genannt, doch verstanden sie keineswegs nur Rühmliches darunter. Sicher nicht zufällig blieb von dem „weisen" König lange jenes merkwürdig schillernde Bild lebendig, das im 16. Jh. der Jesuit und Historiker Juan de Mariana in einer ersten frühmodernen Spaniengeschichte geprägt hat:

„Was für eine so schändliche Sache, dass er mit so viel Bildung und Studien, mit denen ein anderer viel Macht hätte erringen können, weder das Imperium bewahren und verteidigen konnte, das ihm die Fremden boten, noch das Reich, das ihm sein Vater hinterließ [...] Den Beinamen des Weisen, den er durch seine Schriften oder durch die Schmähung seiner Feinde bekam [...] scheint er selbst zerstört zu haben, denn trotz allem Ansehen, so weise zu sein, verstand er es nicht, auf sich zu schauen und Vorsorge zu treffen."

Worauf Mariana hier anspielt, ist das persönliche Schicksal des Herrschers, wie es sich schon in frühen Chroniken widerspiegelt. Denn gescheitert war Alfons X., als er weitsichtig das Bildungsmonopol des Klerus und die Machtprivilegien des Adels herausforderte und ihm daraufhin vom Gefolge seines eigenen Sohns die Entmachtung drohte. Völlig vereinsamt und von schweren Krankheiten entstellt starb er in Sevilla. Doch an anderer Stelle ist der Jesuit voll des Lobes über den Kastilier: *„Dieser große und überaus kluge König […] war der erste unter den Herrschern Spaniens, der befahl, alle Kaufbriefe und Verträge in spanischer Sprache auszustellen."*[2] Wie einflussreich diese Deutung für kommende Jahrhunderte sein sollte, bestätigt noch einmal Voltaire in *Über den Geist und die Sitten der Nationen* von 1756. Der französische Aufklärer kannte Mariana höchstwahrscheinlich aus populären Universalgeschichten seiner Zeit. In der eigenen Sittengeschichte sieht Voltaire den Kastilier ganz und gar nicht *„der Erde entglitten"*: *„Dieselbe Geistesrichtung, die ihn zum Philosophen werden ließ, machte ihn auch zum ausgezeichneten König."*[3] Doch selbst dieses tiefgründige Urteil Voltaires veränderte das Bild des Kastiliers auch in kommenden Zeiten wenig. Es war vielmehr die grundlegende Wende, die einige spanische Historiker erst in der zweiten Hälfte des 20. Jhs. einleiteten. So fragte im Jahre 1994 der spanische Philologe und Historiker Francisco Márquez Villanueva in einem bahnbrechenden Buch über den kastilischen Monarchen: *„Vielleicht wissen wir fast alle nicht, wie schwer es fällt, sich an eine andere Brille zu gewöhnen?"* Betrachtet man Alfons X. mit einer solchen *„andere[n] Brille"*, tritt nun hervor, was der Forscher das Konzept des *„alfonsinischen Mudejarismus"* genannt hat.[4]

Der Begriff bedarf einer Erklärung. Ihm liegt das arabische Wort *mudadschan* zugrunde, mit dem jene Muslime bezeichnet worden sind, die *„unter Christen blieben und Tribut zahlten"*. Diese spanischen Muslime, die einst für Jahrhunderte im islamischen Teil der Iberischen Halbinsel gelebt hatten, nannte man *mudéjares* oder Mudejaren. Die Weisheit des Kastiliers Alfons X. zeigt sich schon hier, war er doch der einzige Herrscher im damaligen Westeuropa, der den Muslimen, also dem größtem Glaubensfeind, erlaubte, auf christlichem Boden *„zu bleiben"*. Erwiesen die Mudejaren dem Christenkönig uneingeschränkte politische Loyalität, konnten sie in eigenen Vierteln oder Dorfgemeinden nach ihren Bräuchen und mit ihrem Besitz leben, hatten eigene Richter und Bürgermeister und regelten ihre Rechtsangelegenheiten weitgehend autonom. Mit solchen Regelungen funktionierte Alfons X. die islamischen Schutzpakte (*dhimma*) um, die in Al-Andalus Christen und Juden gewährt worden waren. Diese juristische Praxis war durch das heilige Koranwort garantiert, und in der Tat steht in vielen Koransuren eine respektvolle Duldung dicht neben der Verachtung der Buchgläubigen. Laut des Korans waren sie an der Botschaft des Evangeliums zwar beteiligt gewesen, hatten sie dann aber zutiefst verfälscht. Doch trotz aller religiösen Vorbehalte konnte Juden wie Christen im muslimischen Spanien durch solche Schutzpakte mit Kalifen und Emiren zumindest ein soziales, religiöses und kulturelles Überleben garantiert werden.

Obwohl durch kein Bibelzitat gedeckt, übernahm Alfons X. diese islamische Duldungspraxis für seine eigenen Verträge mit den Mudejaren. „Weise" handelte er aber nicht nur in solchen pragmatischen Verhandlungen. In seinem großen Rechtswerk *Die sieben Teile* räumte er neben den Juden auch den Muslimen einen juristisch gesicherten Platz zumindest am Rande der Gesellschaft ein. *„Alfonsinischer Mudejarismus"* zielt also zuallererst auf die ganz besonderen Voraussetzungen, die die Entstehung einer umfassenden Kontaktzone zwischen islamisch-arabischen und christlich-hispanischen Kulturen ermöglichten. Schon als Kronprinz

Mittler zwischen Okzident und Orient

hatte er im Jahre 1251 die kastilische Übersetzung von *Kalila und Dimna* in Auftrag gegeben. Diese bedeutsame indisch-persische Fabelsammlung war bereits im 8. Jh. von dem konvertierten Perser al-Muqaffa ins Arabische übersetzt worden.[5]

Das Interesse des königlichen Kastiliers gerade an diesem Text war wohl begründet, sah er ihn doch ausdrücklich in der langen Tradition arabischer Fürstenspiegel. So finden sich in seinem Rechtskodex einige „*Gesetze*", die diese Tradition der Ratgebung an den Herrscher auf neue Weise fortsetzten – eben als Ratgebung des „*Volkes*" an den „*Herrscher*". Seit Alfons X. auf den Thron gelangte, umgab er sich mit hochgebildeten christlichen, jüdischen wie islamischen Gelehrten und beauftragte sie selbst mit zahlreichen Übersetzungen. Das christlich gewordene Toledo verwandelte sich seit dem 12. Jh. in das Zentrum umfassender und systematischer Übersetzungsarbeit, was auch in der Bezeichnung der „*Toledaner Übersetzerschulen*" zum Ausdruck kommt. Ihre Leitung übernahmen zunächst die städtischen Erzbischöfe. Sie beriefen zahlreiche Arbeitsgruppen, in denen sich ortsansässige arabisierte Juden und Christen, in Kastilien gebliebene islamische Gelehrte der Moscheeschulen oder Medresen, Mönche aus dem nahen Vatikan-Kloster von Cluny und junge, wissbegierige Kleriker fanden. Im Auftrag von Königen und Kirchenleuten waren sie im 12. Jh. aus allen Teilen Europas herbeigeeilt, um die dortigen Manuskripte arabischer Werke zu Astronomie, Mathematik, Optik, Medizin, Philosophie, Magie, Literatur und Geschichte zuerst ins Kastilische und dann ins Lateinische zu übersetzen.

Die Fülle der übersetzten Titel erstaunt noch heute. Schon zu Beginn des 12. Jhs. soll allein Gerhard von Cremona, der erst vor Ort Arabisch lernte, über 80 Titel übersetzt haben. Unter ihnen seien hier nur das *Handbuch zur Optik* von al-Kindi, *Einleitung der Wissenschaften* des Philosophen al-Farabi und Avicennas *Kanon der Medizin* ausgewählt. Der Philosoph Michael Scotus übersetzte einige Jahrzehnte später schon den umfassenden Aristoteles-Kommentar des bedeutenden arabischen Philosophen Averroes aus Córdoba, der erst 1198 in Marrakesch gestorben war.

Waren die *Toledaner Übersetzerschulen* zunächst der Verantwortung führender Kleriker unterstellt, so bekamen sie während der Herrschaft von Alfons X. ausdrücklich eine königliche Unterstützung. Unter den königlichen Auftragswerken sind v. a. die *Toledaner Tafeln* besonders berühmt geworden. Sie bilden den Höhepunkt einer Datensammlung, die zur Berechnung von Positionen der Planeten und von Sonnenfinsternissen im Laufe der Jahrhunderte durch arabische Wissenschaftler zusammengetragen worden waren, unter denen v. a. al-Chwarizmi und al-Battani zu nennen sind. Alfons X. konzentrierte die Darstellung auf die Umlaufberechnung der bekannten Planeten und schuf mit diesen *Tafeln* eine entscheidende Grundlage für Kopernikus' epochales Werk *De Revolutionibus Orbium Coelestium*, mit dem er im 16. Jh. das heliozentrische Weltbild begründete. Aufsehen erregten in seiner Zeit auch andere Übersetzungen – von dem klassischen arabischen Magie-Buch *Picatrix*, von *Vollständiges Buch über die Urteile der Sterne* und von dem Astronomie-Buch *Lapidario* (Abb. 1).

In den Vorworten zu diesen Büchern kommt ein doppeltes Anliegen des königlichen „Weisen" zum Vorschein: Das eine ist auf eine *translatio imperii* gerichtet, die von den Babyloniern, den Römern und Westgoten bis zum kastilischen Thron reicht. Das andere zeichnet eine weltweite Wissenswanderung, eine *translatio sapientiae* nach, die die Genealogie des christlichem Weltwissens bis nach Toledo umfasst.[6] Die erste Aufgabe meisterten die Kastilier durch ihre Eroberungssiege über die muslimischen Herrscher von Al-Andalus. Wie aber war die Lösung der zweiten Aufgabe zu verstehen? Wie rechtfertigte Alfons X. die systematische Förderung und Verbreitung arabischen Wissens sogar in der Volkssprache des Kastilischen, wenn er gleichzeitig gegen den islamischen Glaubensfeind zu Felde zog?

Ein Jahrhundert zuvor hatten bereits Geistliche wie der Abt des Cluny-Klosters, Petrus Venerabilis, und Jahrzehnte später der berühmte Dominikaner Thomas von Aquin gewagt, mit solchem heidnischen Wissen nicht nur in polemischer Propaganda umzugehen. In *Gegen die Sekte oder Häresie der Sarazenen* hatte Venerabilis versucht, den nicht allzu überzeugenden Kriegstaten der damaligen Kreuzzüge das vielleicht viel wirkungsvollere Schwert der friedlichen Überzeugungsarbeit entgegenzusetzen. Thomas von Aquin war schon ein Zeitgenosse des kastilischen Monarchen. In *Summe gegen die Heiden* nutzte er den gerade ins Lateinische übersetzten Naturphilosophen Aristoteles, um über ein anderes Verhältnis von Vernunft und Glauben nachzudenken.

Der „weise" Alfons hatte genau beobachtet, wie sehr einige Fraktionen der katholischen Kirche das arabische Wissen für die Neubegründung ihrer eigenen Dogmen nutzten und wie stillschweigend der Vatikan alle Übersetzungsinitiativen auf spanischem Boden tolerierte. Doch war der Kastilier alles andere als ein Ketzer. Er rang vielmehr um ein spirituelles Wissenskonzept, das ihm gleichzeitig viel Raum für sein säkulares Tun eröffnete. Entworfen hat er es beispielsweise im Vorwort zu dem Magie-Traktat *Lapidario*. Nach ihm war ein frühes christliches Weltwissen über Jahrhunderte vergessen und erst *„jüngst bei einem Juden in Toledo"* wieder aufgetaucht. Aus Alfons spricht hier nicht länger der Kirchenmann, sondern der königlich privilegierte Verwalter von Weltwissen. Denn er stellt nun lediglich einen ursprünglich christlichen Weisheitszustand wieder her, in dem die Wissenschaftsentwicklung selbst in Al-Andalus nicht mehr als ein *„arabischer Umweg"* gewesen war.[7]

Zugleich tritt aus seinen Vorworten nicht nur ein tiefer Respekt gegenüber Wissen und Kultur der Araber und der arabisierten Juden hervor. Unverkennbar ist hier ein ritterlicher Geist gegenseitiger Wertschätzung zu spüren, der nicht nur den eigentlichen Trägern dieses Wissenstransfers an seinem Hofe gilt. Das *„alfonsinische Kulturkonzept"* des Mudejarismus steht für eine solche neue Wertschätzung des säkularen Wissens, ganz gleich, ob

Abb. 1. Ein Fürst empfängt die drei Weisen des Schachspiels. Codex Alfonso.

Mittler zwischen Okzident und Orient

es arabischen oder antiken Ursprungs war. Indem der „weise" König nicht zuerst ins Lateinische, sondern in die kastilische Volkssprache übersetzen ließ, rüttelte er in seinem Königreich erstmals an dem klerikalen Wissensmonopol. Hier wird sichtbar, dass Alfons mit der geförderten Toledaner Übersetzungsarbeit das traditionelle Quadrivium der „Freien Künste" von Arithmetik, Geometrie, Musik und Astronomie nicht nur bereicherte, sondern auch ein überliefertes Wissenssystem zu gefährden drohte.

Aber Alfons X. war gleichzeitig umgeben von jenen arabisierten Ratgebern, die die Besonderheiten sowohl der Wissensfindung als auch der Wissensvermittlung in der islamischen Welt zuweilen sogar aus unmittelbarer Nähe erfahren hatten. Im damaligen Islam war das säkulare Wissen der Naturwissenschaften und der Naturphilosophie nicht bedingungslos der Kontrolle einer klerikalen Kaste von Koranexperten unterworfen, den sogenannten *ulama*. Die Verantwortung für diese Wissensbildung übernahmen sehr oft einzelne Universalgelehrte, die sowohl in unabhängigen, von privaten Stiftungen unterstützten Moscheeschulen, als auch in dezentralen Akademien wirkten und nicht selten unter dem persönlichen Schutz der Kalifen und Emire standen. Zugang zu solchen Bildungsstätten hatte eigentlich jedermann, ganz gleich, aus welcher sozialen Schicht er kam, wenn er nur genug Begabung und Interesse zeigte. Der Unterricht war kostenlos und der Grad der Verschulung dementsprechend hoch (Abb. 2).

Abb. 2. Lieder für die Heilige Maria. *Sammlung von Liedern des Mittelalters unter der Herrschaft König Alfons X.*

Schon vor der christlichen Eroberung existierte in Murcia eine solche *madrasa*, an der noch zu Zeiten von Alfons X. der Universalgelehrte al-Riquti gleichermaßen für Muslime, Juden und Christen lehrte und dafür nicht selten auf die romanische Umgangssprache zurückgriff. Alfons X. fand hier das Vorbild für seine Idee von Studienzentren und einer Universität *„des Arabischen"*, die er in Sevilla zu gründen versuchte. Sie war mit jenen Dominikanerschulen vergleichbar, die zur gleichen Zeit in Spanien und in Nordafrika Arabisch lehrten. Solche Pläne des Herrschers standen quer zu den lateinischen Bildungstraditionen des westeuropäischen Mittelalters: *„Der weise König schaute jetzt nach dem Orient und nicht nach dem Okzident."*[8] Gerade in Sevilla, das sein Sterbeort werden sollte, fand der Monarch viele Spuren einer lebhaften wissenschaftlichen Forschung zu Medizin, Astronomie und Naturphilosophie. Zweifellos war Alfons X. dort auf der Suche nach Bildungsinstitutionen, die weitgehend frei von kirchlicher Bevormundung sein und neue Ideale für die Adelserziehung formulieren sollten.

Darin zeigte er sich erneut als gelehriger Schüler seiner jüdisch-arabischen Ratgeber. Nicht zufällig ähnelten sie den *„Wissenssuchern"* am Hofe der almohadischen Berberherrscher in Nordafrika, wohin auch einst der Cordobese Averroes gerufen worden war. Alfons' Lehrer hatten allerdings auch etwas von jener weiteren Besonderheit erfahren, die erst in jüngster Zeit als *„Ambiguität"* der islamischen Kultur wiederentdeckt worden ist. Gemeint ist damit ein duldendes Nebeneinander von Sphären, die sich in der damaligen Christenwelt völlig ausschlossen: *„Offensichtlich gibt es Gesellschaften, in denen schwer miteinander vereinbare Normen und Werte nebeneinander stehen können."*[9] So suchte Alfons X. nach einem Bildungsmodell, in dem Wissensstreben und katholischer Glauben sich nicht ausschlossen, wie es eine katholische Orthodoxie zu predigen glaubte.

Sein Kulturkonzept des Mudejarismus zeigt vielmehr, dass tiefgläubige Spiritualität, mit der Alfons „der Weise" durchaus die Überlegenheit des Christentums verteidigen wollte, und die Öffnung auf ein respektiertes säkulares Wissen des Glaubensgegners *„nebeneinander stehen"* konnten. Deshalb ist bei dem kastilischen Monarchen nicht jene Doppelzüngigkeit westeuropäischer Herrscher und Kirchenleute zu finden, die dieses arabische Wissen offiziell verurteilten, doch zugleich viel Nutzen aus ihm zogen, um ihre eigene kirchliche Autorität besser begründen zu können. Nur so ist verständlich, warum der Vatikan die Toledaner Schulen ebenso wie die königlichen Schutzpraktiken für muslimische Untertanen auf der Iberischen Halbinsel einfach erduldete. Sein Schweigen ließ sich Rom überaus teuer bezahlen, eben mit einem Teil jenes Tributgoldes, welches die iberischen Christenkönige von allen Emiren aus Al-Andalus forderten, die auf der Iberischen Halbinsel *„bleiben wollten"*.

Was wäre aus diesem Toledaner Kulturkonzept geworden, wenn Alfons X., der über seine Mutter mit dem Adelsgeschlecht der Welfen verwandt war, die eigene langjährige Kaiserkandidatur für das *Heilige Römische Reich deutscher Nation* hätte durchsetzen können? Erst heutzutage wird die zukunftsweisende Staatsräson von Alfons X. „dem Weisen" auch als europäische Vision wiederentdeckt, als *„das Ideal, eine weltliche und volkssprachliche Kultur zu fördern, sich bewusst zu sein, in einer pluralen Gesellschaft zu leben und, mitten in der christlichen Reconquista, überhaupt keine Bekehrungen zum Christentum zu predigen noch sich der Autorität des Klerus zu unterwerfen."*[10] Hinter diesem *„Ideal"* verbarg sich in der Tat die Vision eines plurireligiösen und multikulturellen Europas, amtierte Alfons X. doch von 1257 bis 1273 als eine Art von Gegenkönig, ohne indessen je die Kaiserkrone zu erlangen. Hartnäckig und letztlich erfolgreich hintertrieb der Vatikan seine Wahl, war ihm doch dieser „*Magier aus Toledo*" zu suspekt, um eine Herrschaft über Europa erlangen zu dürfen.

Allzu lange ist die zukunftsweisende Weisheit des kastilischen Monarchen fehlgedeutet oder einfach vergessen worden. Es ist bedauerlich, dass der „Weise des Ostens", der Perser Jamal al-Din al-Afghani nichts von diesem Kastilier wusste, als er sich im Jahre 1883 mit dem bedeutenden französischen Orientalisten Ernest Renan traf. Ihr spektakuläres Pariser Gespräch fand seinen Niederschlag in mehreren gedruckten Texten der Beteiligten.[11] Angesichts der glanzvollen Entwicklung von Wissenschaften und Technik in Westeuropa spricht der Franzose dem Muslim jede Chance zur Modernisierung des Islam ab. Seiner Meinung nach hätte die vergangene Universalgeltung des Islam nichts mit dem westeuropäischen Universalanspruch der Gegenwart zu tun. Jamal al-Din dagegen, der selbst kühn um Reformmöglichkeiten in der damaligen islamischen Welt rang, sah in dem großzügigen Transfer arabischen Wissens in die christliche Welt des Mittelalters ein bleibendes Paradigma: „*[...] die seltsamste Sache von allen ist, dass unsere heutigen ulama die Wissenschaft in zwei Bereiche geteilt haben. Das ist einerseits die ‚Muslimische Wissenschaft', das ist andererseits die ‚Europäische Wissenschaft' [...] Sie haben nicht verstanden, dass Wissenschaft etwas Edles ist und nicht direkt mit irgendeiner Nation verbunden ist.*"[13] Al-Afghani erklärt hier einfach die moderne „*Europäische Wissenschaft*" zu jenem Allgemeingut der Menschheit, wie es einst die mittelalterliche „*Muslimische Wissenschaft*" für die Westeuropäer gewesen war. Mit dieser Schlussfolgerung kommt der „Weise des Ostens" der Bedeutung arabischen Wissens in der Entstehungsgeschichte westeuropäischer Wissenschaften und Kulturen ganz erstaunlich nahe, eine Bedeutung, die bis in die jüngste Gegenwart hinein unterschätzt oder wirkungsvoll verdrängt werden konnte.

---

1 Isidor von Sevilla: „Laus Hispaniae" in: elhidalgodelaspalabras.blogspot.de/2016/10/alabanza-de-espana-de-laude-spaniae-san.html.
2 Juan de Mariana: *Historia General de España*, in: *Obras de Padre Juan de Mariana*, Madrid: Atlas, 1950, Bd. 1, S. 382.
3 Voltaire: *Ueber den Geist und die Sitten der Nationen*, Leipzig: Otto Wigand, 1867, Theil 2, S. 87.
4 Francisco Márquez Villanueva: *El concepto cultural alfonsí*, Madrid, Mapfre, 1994, S. 18.
5 Vgl. unter den jüngsten deutschen Ausgaben Abdallah ib al-Muqaffa: *Kalila und Dimna. Die Fabeln des Bidpai*, Oldenburg, Landesmuseum Natur und Mensch, 2009.
6 Vgl. Monika Walter: *Der verschwundene Islam? Für eine andere Kulturgeschichte Westeuropas*, Paderborn: Wilhelm Fink, 2016, S. 234 f.
7 Barbara Schlieben: *Verspielte Macht. Politik und Wissen am Hof Alfons' X. (1252–1284)*, Berlin: Akademie-Verlag, 2009, S. 47.

8 Francisco Márquez Villanueva: *El concepto cultural alfonsí*, Ebd., S. 165.
9 Thomas Bauer: *Die Kultur der Ambiguität. Eine andere Geschichte des Islams*, Berlin: Verlag der Weltreligionen, 2011, S. 12.
10 H. Salvador Martínez: *Alfonso X., el sabio.
Una biografía*, Madrid: Polefemo, 2003, S. 582; María del Carmen Jiménez Vicente: *La razón de Estado en Alfonso X. el Sabio*, Valladolid: Universidad de Valladolid, 1993, S. 77.
11 Ernest Renan: *Der Islam und die Wissenschaft. Kritik dieses Vortrags vom Afghanen Scheik Djemal Eddin und Ernest Renans Erwiderung*, Basel: M. Bernheim, 1883.
12 Hani Sour: *Die Staats- und Gesellschaftstheorie bei Saydi Gamallding „al Afghani"*, Freiburg: Klaus Schwarz, 1977, S. 53.
13 Monika Walter: *Der verschwundene Islam*, S. 458.

Dürer und der Orient: die Rezeption orientalisch-arabischen Wissens in der Renaissance

Alexandra Bettag

Albrecht Dürer wurde von dem bekannten Kunsthistoriker Heinrich Wölfflin im 19. Jh. als der *„deutscheste aller deutschen Künstler"* bezeichnet.[1] Er folgt damit einer Tradition, die bereits Dürers Freund, der humanistische Dichter Conrad Celtis, begann. Dieser erarbeitete gemeinsam mit ihm Bildprogramme, die dazu beitragen sollten, Wissenschaft und Künste im Heiligen Römischen Reich zu neuer Blüte zu bringen und es zum Erbe großer Kulturen zu machen. Dürer und seine Auftraggeber setzten sich gemeinsam mit örtlich und zeitlich weit entfernten Kulturen, genauer gesagt mit arabisch-orientalischem Wissen und Wissenschaften auseinander.

Doch wie sah diese Rezeption aus und welche Bedeutung hatten arabische Wissenschaften und die Kultur des Orients für die europäische Kultur und Wissenschaft der Dürerzeit?

Arabische Wissenschaften, deren Hauptzentren in Bagdad, Kairo, später Córdoba und Toledo zu finden waren, hatten bereits im 8. Jh. gegenüber den westlichen Wissenschaften einen enormen Vorsprung erreicht. Wesentliche Kenntnisse in Medizin, Mathematik, Astronomie, Astrologie und Philosophie verdankt bereits die mittelalterliche Scholastik

Abb. 1. Albrecht Dürer: Selbstbildnis im Pelzrock, 1500; Bayerische Staatsgemäldesammlungen München, Alte Pinakothek, Inv.-Nr. 537.

den Arbeiten arabischer Gelehrter, ganz zu schweigen von der Überlieferung und Kommentierung antiker Texte, die v. a. in Bagdad ab dem 8. Jh. im Zuge der umfassenden Übersetzungsbewegung gesammelt und im sogenannten Haus der Weisheit aufbewahrt wurden. In bestimmten Bereichen, wie z. B. der Medizin, Optik und Astronomie erlangten arabische Gelehrte wie beispielsweise Ibn-Sina (Avicenna) im Europa des 12. Jhs. eine Vorrangstellung und Autorität, die bis ins 17. Jh. nachwirkte.[2]

Wie präsent Texte arabischer Gelehrter in der europäischen Renaissance waren und welche Bedeutung sie für wesentliche Neuerungen des westlichen Denkens hatten, belegt beispielsweise die Rede des italienischen Humanisten und Juristen Pico della Mirandorla

Abb. 2. Dürerkarte des Südlichen Himmels, 1515 (SUB Göttingen: 2 Astr.II, 325 Rara).

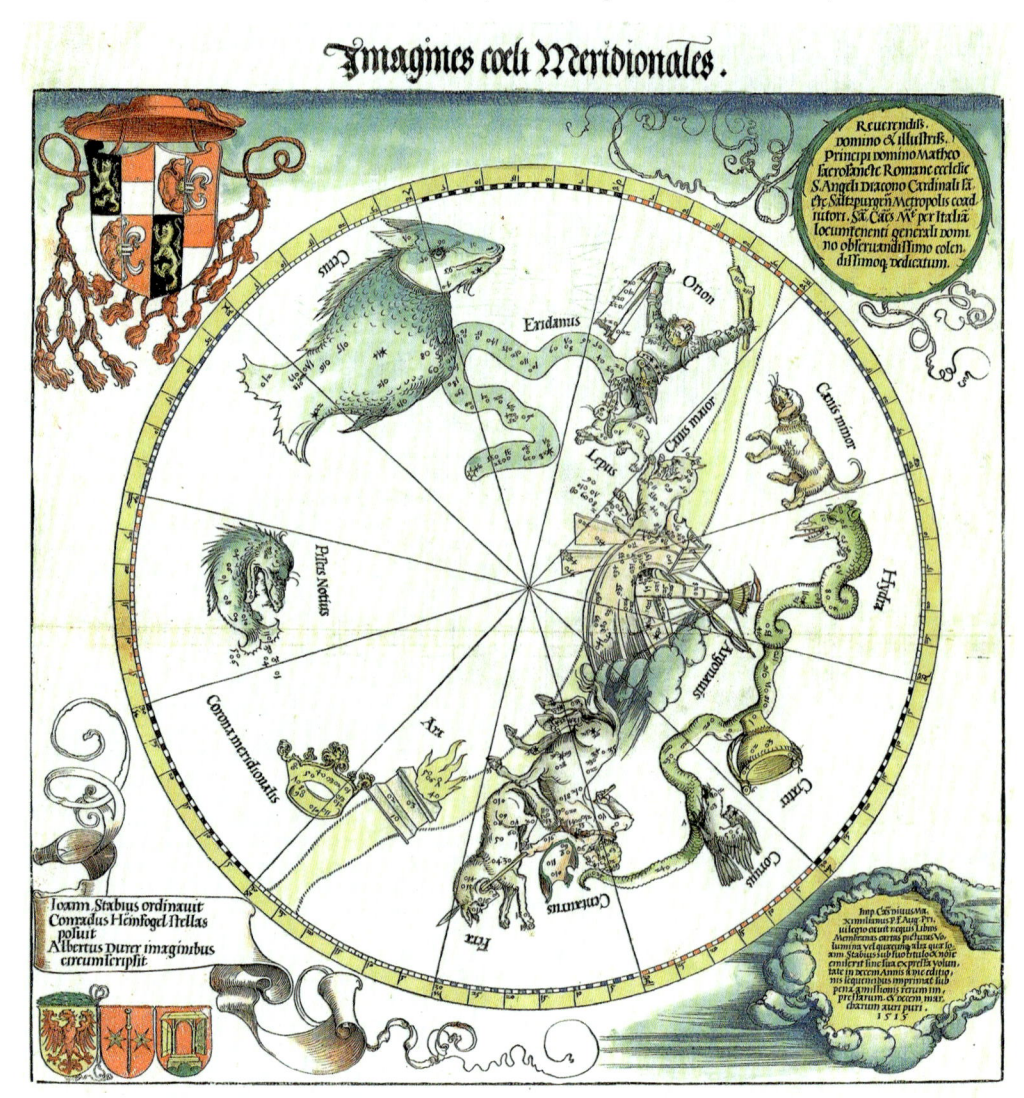

De hominis dignitate (*Über die Würde des Menschen*) von 1486/87 – sie zählt zu den bedeutendsten Texten der Renaissance und legte die Grundlage für ein neues, modernes Menschenbild. Gleich zu Beginn seiner Rede erklärt er: *„In den Schriften der Araber habe ich gelesen, der Sarazener Abdala habe auf die Frage, was sozusagen auf der Bühne dieser Welt als das Bewunderungswerteste erscheine, geantwortet, nichts erscheine der Bewunderung würdiger als der Mensch."*[3] Welche Bandbreite arabischer Autoren mit großer Selbstverständlichkeit neben Texten der Antike und Scholastik rezipiert wurden, belegt folgender Passus, der eine kritische Würdigung verschiedener philosophischer Schulen zum Inhalt hat:

„Bei den Arabern besitzt Averroes Stärke und unerschüttertes Beharren, Avempace und Alfarabi weisen Gewichtigkeit und Überlegung auf, und Avicenna beseelt Platons göttlicher Geist."[4]

Der vorliegende Essay beleuchtet das Phänomen der Rezeption arabischer Wissenschaften und orientalischen Wissens im Westeuropa der Renaissance an einem spezifischen Ort, nämlich Nürnberg, anhand zweier Beispiele aus dem Werk Albrecht Dürers: der Graphik der *Philosophia* (Abb. 3) von 1502 (Kunstsammlungen der Stadt Nürnberg, Bibliothek der Albrecht-Dürer-Haus-Stiftung) sowie der *Karte des nördlichen Sternenhimmels* (Abb. 4) von 1515 (SUB Göttingen).[5]

Sie resultieren aus einer engen Zusammenarbeit Dürers mit seinen Auftraggebern, im Falle der *Philosophia* mit Celtis, dem späteren Professor an der Universität Wien, und im Falle der *Sternenkarte des nördlichen Himmels* von 1515 mit den beiden Gelehrten Johannes Stabius, später Hofhistoriograph und

Abb. 3. Albrecht Dürer: Philosophia, Titelholzschnitt aus: Konrad Celtis, Quatuor libri amorum, *Nürnberg, 1502; Bibliothek der Abrecht-Dürer-Haus-Stiftung (Sign. 1987/1).*

Sekretär Kaiser Maximilians I., und Conrad Heinvogel, Vikar Kaiser Maximilians I.

Der Holzschnitt der *Philosophia* ist eines von zwei Titelblättern, die die Widmungsinschrift zu Conrad Celtis' Werk *quatuor libri amorum* an Kaiser Maximilian I. umrahmen. Es handelt sich hierbei um ein philosophisches Lehrgedicht in antiker Tradition. Das Titelbild *Philosophia* enthält in enorm konzentrierter und programmatischer Form einige der grundlegenden philosophischen, wissenschaftlichen und historischen Vorstellungen Celtis'.

Ohne das komplexe Bildprogramm in seiner Gesamtheit untersuchen zu wollen, wird im Folgenden die Frage der Rezeption orientalischen Wissens untersucht.[6]

Die personifizierte Philosophie thront in der Mitte des Bildes, ihre Teilbereiche, die sieben freien Künste sowie die Moralphilosophie sind ebenfalls dargestellt. Sie umfasst nach der Vorstellung Celtis' das gesamte dem Menschen verfügbare Wissen, wie auch die Bildunterschrift erläutert.[7] Besonders interessant für unsere Frage sind die vier Bildmedaillons, denen jeweils Bildunterschriften beigefügt sind. Diese umgeben die Philosophie. Das oberste Medaillon im Bild stellt den greisenhaften Ptolemäus mit einer Amillarsphäre, also einem astronomischen Instrument, dar. Ptolemäus war einer der bedeutendsten Gelehrten im antiken Alexandria, das damals als überragendes Zentrum der Gelehrsamkeit galt. Er war als der Verfasser des sogenannten *Almagest* und der *Geographia* bis in die Renaissancezeit einer der meistverbreiteten und einflussreichsten Autoren. Er repräsentiert im Gesamtkontext des Bildes, das alle damals bekannten Wissenschaftsdisziplinen und ihr Verhältnis zur Philosophie darstellen soll, die Astronomie, die direkt über der Philosophie einen hervorgehobenen Platz als besonders wichtige Wissenschaft einnimmt. Bemerkenswert ist in diesem Zusammenhang die Bildumschrift. Sie lautet: „*Ptolem. Egiptiorum Sacerdotes et Chaldei*" (*Die Priester der Ägypter und die Chaldäer*).

Es handelt sich also nicht nur um eine Darstellung der Person des Ptolemäus, sondern repräsentiert gleichsam das gesamte damalige verfügbare Wissen, das in Alexandria zur Zeit des Ptolemäus gesammelt wurde. Dieses reicht weit zurück in die Zeit der alten Hochkulturen des Orients (Ägypten, Babylonien und Mesopotamien) und wird durch die Ägypter und Chaldäer repräsentiert. Beide verfügten der antiken griechischen und römischen Überlieferung nach über ein damals bereits hoch entwickeltes Wissen in Astronomie und Astrologie, ja die Ursprünge dieser Wissenschaften gehen auf sie zurück. In Manilius Maximus' Lehrgedicht *Astronomica*, das in Nürnberg von Pirckheimer ediert wurde, wird die Erfindung der Astronomie beiden Völkern zugeschrieben. Die ägyptischen Priester galten als Weise, Magier und Sterndeuter. Antiken Überlieferungen zufolge reisten griechische Philosophen wie Pythagoras, Platon und Aristoteles zu den ägyptischen Priestern, um sich von ihnen in Philosophie und Geheimwissen einweihen zu lassen. Ägyptische Priester galten nicht nur als Gelehrte und Bewahrer geheimen Wissens mit besonderen Fähigkeiten in Sterndeutung und Wahrsagerei, sie bewahrten auch ein weit zurückreichendes „Urwissen" und kulturelles Gedächtnis, das weit über das Wissen anderer Völker, wie z. B. das des antiken Griechenlands, zurückreichte. Dies ist auch einer Erzählung Platons zu entnehmen: „*Als daher Solon dorthin kam, so wurde er, wie er erzählte, mit Ehren überhäuft, und da er Erkundigungen über die Vorzeit bei denjenigen Priestern einholen wollte, welche hierin vorzugsweise erfahren waren, so war er nahe daran zu finden, daß weder er noch irgendein anderer Grieche auch nur irgendetwas von diesen wisse. Und einst habe* er, um sie zu einer Mitteilung über die Urzeit zu veranlassen, begonnen, ihnen die ältesten Geschichten Griechenlands zu erzählen. […] Der Priester antwortete: ‚Nur aber liegt bei uns alles, was bei euch oder in der Heimat oder in anderen Gegenden vorgeht, von denen wir durch Hörensagen wissen […] insgesamt von alters her in den Tempeln aufgezeichnet und bleibt so erhalten.'"[8]

Zugleich diente Ägypten aber auch als ein idealisiertes politisches Modell, wie Jan Assmann anhand der Schrift *Busiris* von Isokrates zeigt: „*Busiris wird als der erste und ideale Pharao dargestellt, als Erfinder, Gesetzgeber und Kulturbringer legt er die Fundamente der in ihrer Dauerhaftigkeit einzigartigen ägyptischen Kultur.*"[9] „*Der König war Philosoph, Gesetzgeber und Hohepries-*

Abb. 4. Dürerkarte des Nördlichen Himmels, 1515 (SUB Göttingen: 2. Astr.II, 325 Rara).

ter. Von ihm gingen tiefe Einsichten, gute Gesetze und gottgefällige Riten aus."[10]

Diese Konnotation scheint besonders interessant für die Funktion von Dürers *Celtis' Philosophia* als programmatischem Bild, das die Widmung an Kaiser Maximilian I. begleitet, denn es zeigt die Verbindung von Philosophie und idealer Herrschaft.

Ähnliches kann von den Chaldäern gesagt werden, einem Volk, das im südlichen Zweistromland angesiedelt war. Strabo lokalisiert sie in der Nähe der Araber und des Persischen Golfes.

Nach der Idealvorstellung galten sie als ehrwürdige Weise, Bewahrer uralter Tradition und Lehrmeister der Menschheit. Sie unterwiesen Philosophen wie Pythagoras in der Magie Babyloniens, Plato hat die Lehre von der Unsterblichkeit der Seele von ihnen übernommen. Sie unterrichteten ebenso Propheten wie Mose u. a. Auch sie haben eine enge Verbindung zu Astronomie und Astrologie: eine Gruppe dazu bestellter Priester hatte bei den Chaldäern den Sternenhimmel zu beobachten. Dies brachte mit sich, dass sie sich allmählich erhebliches astronomisches Wissen sowie Kenntnisse in Mathematik aneigneten.

Stellt man dies in den Gesamtzusammenhang des Bildes, auf dem Plato für die griechische Kultur, Cicero und Vergil für die römische und Albertus Magnus für „Germanien" steht und setzt diese in Beziehung zur damals verbreiteten Vorstellung der *Translatio Sapientiae*, also der Verlagerung der Zentren des Wissens und kultureller Blüte in zeitlicher Abfolge, so heißt dies, dass Celtis die Wurzeln der Wissenschaft in Ägypten bzw. im Zweistromland lokalisiert. Damit stellt er deren Bedeutung für die weitere Entwicklung der Philosophie, die nach seiner bzw. antiker Vorstellung sämtliche Wissenschaften umfasste, heraus. Es war ein weit verbreitetes Denken dieser Zeit, von einer Wanderung des Wissens vom Orient nach Westen auszugehen. Pico della Mirandorla beispielsweise geht von einem ähnlichen Denken aus: *„Was hätte es für einen Sinn gehabt, nur die Philosophie der Lateiner zu behandeln, die des Albertus nämlich, des Thomas Scotus, Aegidius, Franciscus und Henricus, auf die Griechen und Araber dagegen zu verzichten, da sich doch alle Weisheit von den Barbaren zu den Griechen und von den Griechen zu uns verbreitet hat?"*[11] Es handelt sich um ein Konzept, das von der neuesten wissenschaftshistorischen Forschung bestätigt wird.[12] Zugleich bezieht die Philosophie aus der Vereinigung allen uralten Wissens auch Autorität.

Während das Wissen des Orients im Bildkonzept Celtis'-Dürers eher symbolisch-chiffrehaft dargestellt wird, können wir auf Dürers Karte des nördlichen Sternenhimmels konkretere Hinweise auf arabische Wissenschaften finden (Abb. 4).

Wie die Bildüberschrift erläutert, handelt es sich um eine Sternenkarte mit den Darstellungen der zwölf Sternzeichen. Die Vermischung von Astrologie und Astronomie ist charakteristisch für die Vorstellungswelt der Renaissance und kennzeichnet ein frühes Entwicklungsstadium der Astronomie. In den vier Bildecken der Karte finden sich vier Personen, die für das astrologische und astronomische Wissen der Zeit von Bedeutung waren, neben Aratus Citrix und Manilius Romanus auf der linken Seite des Blattes finden wir wiederum Ptolemäus Ägyptus und unten rechts Azophi Arabus, der mit dem arabischen Astronomen Al-Sufi identifiziert werden kann. Während Aratus und Manilius Lehrgedichte zur Astronomie verfassten, galten Ptolemäus und Al-Sufi als „wissenschaftliche" Vertreter der Astronomie.

Das Werk Al-Sufis (10. Jh.), mit eigenen Zeichnungen versehen, war ab etwa 1180 in

Europa bekannt und bis Ende des 16. Jhs. von Bedeutung.[13] Der Ingolstädter Astronom Peter Apian setzte sich etwas später intensiv mit Al-Sufi auseinander.[14] Al-Sufi hatte den Sternenkatalog des Ptolemäus mit eigenen, empirischen Beobachtungen verglichen und einige Sternenpositionen und Bezeichnungen korrigiert, was auch Niederschlag in einzelnen Sternbezeichnungen der Sternenkarte Dürers, insbesondere im Sternbild von Adler bzw. Lyra (*Vultur Cadens*), fand. Dürer stellt es hier als eine Synthese aus ptolemäischer Sternbezeichnung und derer Al-Sufis dar.[15]

Die Forschungen Al-Sufis stehen letztendlich in der langen Reihe der Forschungen, die auf die Initiative Al-Ma'muns zurückgehen, der in Bagdad im 8. Jh. die ersten Sternwarten errichten ließ und somit die systematische Erforschung des Himmels vorantrieb.

Das besondere Verdienst des Werks Al-Sufis, insbesondere seiner Schrift *Bilder der Fixsterne*, war es, zwei verschiedene Traditionslinien zu vereinen: die griechisch-astronomische Tradition, die durch mehrfache Übersetzungen und Überarbeitungen des *Almagest* entstanden war und die als *anwa*-Literatur bezeichnete Tradition, die sich mit der Wirkung der Sternkonstellationen auf verschiedene Bereiche des menschlichen Lebens und des Ackerbaus beschäftigte, einer ursprünglich arabischen und eher volkstümlichen Tradition.[16] Seine kritische Bearbeitung des *Almagest* von Ptolemäus enthielt sowohl Beschreibungen der Sternbilder und deren Sterne mit ihren griechischen und arabischen Namen sowie systematische Sternverzeichnisse mit Größenangaben etc. der einzelnen Sterne. Es wurde zum Standardwerk der Sternenkonstellationen. Mehrere hundert Jahre später war dieses Wissen immer noch letzter Stand der Wissenschaft und fand seinen Niederschlag in Dürers Sternenkarte. Sie veranschaulicht, welche Bedeutung arabische Wissenschaftler für die Entwicklung und den Fortschritt der westlichen Wissenschaft hatte. Die Sternenkarte Dürers ist hierbei nur ein Beleg für den Einfluss der arabischen Astronomie auf die Forschung und Astronomie der europäischen Renaissance, die sich speziell in Nürnberg etablierte. Die Stadt hatte sich bereits vor der Zeit Dürers zu einem der wichtigsten europäischen Zentren der Wissenschaft und des Baus wissenschaftlicher Instrumente entwickelt. Von wesentlicher Bedeutung hierfür war u. a. der Astronom und Gelehrte Regiomontanus, der sich für einige Jahre dort niederließ und eine Werkstatt für astronomische Geräte einrichtete. Er setzte sich nicht nur intensiv mit dem *Almagest* des Ptolemäus auseinander, sondern auch mit Schriften arabischer Wissenschaftler.[17] Darüber hinaus war er im Besitz arabischer Astrolabien, ein Exemplar von 1298 aus seiner Sammlung befindet sich noch heute in Nürnberg im Germanischen Nationalmuseum.[18] Ein Vergleich der arabischen Astrolabien mit seinen eigenen Geräten veranschaulicht, dass der arabische Vorläufer die Basis für seine weiteren Entwicklungen war. Zusammenfassend kann man sagen, dass die europäischen Wissenschaften den arabischen Arbeiten Rationalismus und Empirismus verdanken, den es in dieser Form in der griechisch-antiken Tradition noch nicht gegeben hatte. Darüber hinaus trug die Methode der kritischen Auseinandersetzung mit wissenschaftlichen Autoritäten und Traditionen unter Heranziehung eigener Beobachtungen wesentlich zum Fortschritt der westlichen Wissenschaften bei.

Die beiden Beispiele veranschaulichen nicht nur die Bedeutung des Wissens aus dem Orient für die europäische Philosophie- und Wissenschaftsgeschichte, sondern auch dessen positive Würdigung durch Gelehrte und Humanisten dieser Zeit. Das Geschichtsbild

Celtis' illustriert ein Wissen um die Ursprünge, das später aus verschiedenen Gründen verdrängt wurde und in Vergessenheit geriet. Die erste Welle dieser Verdrängung geht auf die sogenannte anti-arabische Bewegung zurück, die bereits in der Renaissancezeit aufkam. Sie war bestrebt, die antiken griechischen Quellen von arabischen Einflüssen zu reinigen und zu beenden. Es entstand ein Klima die überragende Autorität arabischer Wissenschaft in Medizin und Naturwissenschaftender wissenschaftlichen und geistigen Intoleranz, das zur Leugnung arabischer Quellen führte.[19] Das 19. Jh. und seine Nationalismen taten ein Weiteres. Erst neuerdings tragen Fragestellungen des Kultur- und Wissenstransfers dazu bei, dieses verschüttete Wissen wieder sichtbar zu machen.

Bibliografie:

Al-Khalili, Jim: *Pathfinders. The Golden Age of Arabic Sciences*, London 2010.

Assmann, Jan: *Weisheit und Mysterium. Das Bild der Griechen von Ägypten*, München 2000.

Belting, Hans: *Florenz und Bagdad. Eine Geschichte des ost-westlichen Blicks*, München 2008.

Compier, Abdul-Haq: *Rhazes in the Renaissance of Andreas Vesalius*. In: Medical History 56, o. O. 2012, S. 3–25.

Frankopan, Peter: *The Silk Roads. A New History of the World*, London 2015.

Gaab, Hans: *Die Sterne über Nürnberg. Albrecht Dürer und seine Himmelskarten von 1515*, Petersberg 2015.

Gruber, Joachim: *Nürnberg*. In: Pauly's Reallexikon zur Antike, München 2014.

Hess, Daniel; Eser, Thomas (Hrsg.): *Der frühe Dürer*, Ausstellungskatalog Nürnberg 2012.

Iwanczak, Wojciech: *Die Kartenmacher: Nürnberg als Zentrum der Kartographie im Zeitalter der Renaissance*, Darmstadt 2009.

King, David: *Islamic Astronomical Instruments*, London 1987.

Klauser, Theodor (Hrsg.): *Reallexikon zu Antike und Christentum*, Stuttgart 1954.

Kunitzsch, Paul: *Peter Apian und Azophi: Arabische Sternbilder in Ingolstadt im frühen 16. Jhd.*, München 1986.

Luh, Peter: *Kaiser Maximilian gewidmet: Die unvollendete Werkausgabe des Conrad Celtis und ihre Holzschnitte*, Frankfurt a.M. 2001.

Mirandorla, Pico della: *De Hominis Dignitate*, Stuttgart 2012.

Robert, Jörg: *Konrad Celtis und das Projekt der deutschen Dichtung*, Tübingen 2003.

Saliba, George: *Islamic Science and the Making of the Renaissance*, Cambridge, Mass., 2007.

Sander, Jochen (Hrsg.): *Dürer*, Ausstellungskatalog Frankfurt a.M., München 2013.

Schauerte, Thomas: *Dürer und Celtis: Der Aufbruch der Nürnberger Poetenschule*, München 2015.

Schmid, Wolfgang: *Dürer als Unternehmer. Kunst, Humanismus und Ökonomie in Nürnberg um 1500*, Trier 2003.

Schweizer Landesmuseum Zürich (Hrsg.): *Europa in der Renaissance*, Berlin 2016.

Wolfschmidt, Gudrun: *Astronomie in Nürnberg*, Hamburg 2010.

Wuttke, Dieter: *Humanismus als integrative Kraft, Die Philosophia des Conrad Celtis*, Nürnberg 1986.

---

1 Vgl. Hess, Daniel; Eser, Thomas: *Der frühe Dürer*, Aust. Kat. Nürnberg, Nürnberg 2012.
2 Vgl. Al-Khalili, Jim: *Im Haus der Weisheit*, Frankfurt a.M. 2016 (2. Aufl.) S. 123 ff.
3 Pico della Mirandorla, Giovanni: *Oratio de hominis dignitate – Rede über die Würde des Menschen*, Stuttgart 2009, S. 5.
4 Ebd. S. 51.
5 Nürnberg, von Regiomontanus als „*quasi centrum Europae*" bezeichnet, war bereits vor Dürer ein wichtiges Zentrum des deutschen Humanismus und Treffpunkt zahlreicher Gelehrter von internationaler Bedeutung. Vgl. Gruber, Joachim: Artikel „*Nürnberg*" in: *Pauly's Reallexikon*, München 2014.
6 Zahleiche Publikationen zu Conrad *Celtis' Amores* behandeln auch die Graphik der Philosophia, vgl. Luh, Peter: *Kaiser Maximilian gewidmet: Die unvollendete Werkausgabe des Conrad Celtis und ihre Holzschnitte*, Frankfurt a. M. 2001; Robert, Jörg: *Konrad Celtis und das Projekt der deutschen Dichtung*, Tübingen 2003; Wuttke, Dieter: *Humanismus als integrative Kraft. Die Philosophia des deutschen „Erzhumanisten" Conrad Celtis. Eine ikonologische Studie zu programmatischer Graphik Dürers und Burgkmairs*, Nürnberg 1985.
7 „*Quicquid habet Coelum quid Terra quid Aer et aequor, quicquid in humanis rebus et esse potest; et deus in toto quicquid facit igneus orbe, Philosophia meo pectore cunta gero*" zit. nach Luh, S. 89.
8 Zit. nach Assmann, Jan: *Weisheit und Mysterium. Das Bild der Griechen von Ägypten;* München 2000, S. 52.
9 Assmann, Jan: *Weisheit und Mysterium. Das Bild der Griechen von Ägypten;* München 2000, S. 46.
10 Ebd. S. 47.
11 Mirandorla, Pico della: *De dignitate hominis*, Stuttgart 2009, S. 53.
12 Vgl. Al-Khalili, Jim: *Pathfinders. The Golden Age of Arabic Sciences*, London 2010; Frankopan, Peter: *The Silk Roads*, London 2015.
13 Vgl. Gaab, Hans: *Die Sterne über Nürnberg*, Petersberg, 2015, S. 24; vgl. zur Wirkungsgeschichte: *v. Atlas getragener Himmelsglobus v. Michael Caucigh und Johann Beckher*, Linz 1726, in den Beständen des Germanischen Nationalmuseums, Inv. Nr. WI 1212.
14 Vgl. Kunitzsch, Paul: *Peter Apian und Azophi: Arabische Sternbilder in Ingolstadt im frühen 16. Jh.*, München 1986.
15 Vgl. Gaab, S. 94 ff.
16 Vgl. Saliba, George: *Islamic Science and the Making of the European Renaissance*, Cambridge, Mass. 2007.
17 Vgl. Al-Khalili, S. 334.
18 Vgl. Wolfschmidt, S. 25.
19 Vgl. hierzu: Compier, Abdul Haq: *Rhazes in the Renaissance of Andreas Vesalius* in: *Medical History*, 2012, 56, S. 3–25.

Die Autorinnen und Autoren

Dr. Salem Ayadi
geboren am 14. März 1970 in Sfax (Tunesien), ist Professor der Philosophie an der Universität Sfax, wo er zu der Geschichte der arabischen Philosophie und Musikphilosophie forscht. Zudem ist er als Musiker und Komponist tätig.
Zu seinen Publikationen zählen *La musique et son statut dans la philosophie d'Al-Farabi*, Hg. Wassiti, Tunis 2002 (auf Arabisch), sowie *Politique de la vérité dans la philosophie d'Al-Farabi. Métaphysique et Musique*, Hg. AliBaba, Sfax 2016 (auf Arabisch).

Dr. Alexandra Bettag
studierte Kunstgeschichte, Philosophie und Klassische Archäologie an den Universitäten Erlangen-Nürnberg, Wien und Köln.
Sie war Stipendiatin des Deutschen Historischen Instituts in Paris und des Französischen Außenministeriums und unterrichtet Kunstgeschichte am Zentralinstitut Studium Plus der Universität der Bundeswehr München. Dort ist sie im Bereich der internationalen Beziehungen der Universität tätig.
Ihre Forschung konzentrierte sich zunächst auf französische Kulturpolitik unter Ludwig XIV, zu nennen sind folgende Publikationen: *Die Kunstpolitik Jean-Baptiste Colberts* und *Die Académie de Peinture et de Sculpture als kunstpolitisches Instrument Colberts – Anspruch und Praxis* in: Barbara Marx/Christoph Oliver Mayer (Hg.): *Akademie und/oder Autonomie*. Ihr besonderes Interesse gilt nun ost-westlichen kulturellen Austauschprozessen. In Vorbereitung veröffentlichte sie zusammen mit Detlev Quintern *The Travel of the Hamam to Europe: the Turkish Bath in Literature, Art and Architecture*, in: Gülhane Studies (Yearbook of the Prof. Dr. Fuat Sezgin Research Foundation, Istanbul).

Prof. Dr. Mamoun Fansa
geboren in Aleppo, siedelte 1967 nach Deutschland um. Er studierte Kunst an der Fachhochschule für Kunst und Design in Hannover sowie von 1972 bis 1979 Nordeuropäische Archäologie an den Universitäten Hannover und Göttingen.
In den Jahren 1978 bis 1987 war er als wissenschaftlicher Mitarbeiter am Institut für Denkmalpflege in Hannover beschäftigt, im Anschluss daran zunächst Abteilungsleiter und schließlich Leitender Museumsdirektor am Landesmuseum Natur und Mensch Oldenburg. Hier ermöglichte er zahlreiche Ausstellungen über die historische Beziehung zwischen dem Orient und Europa. Seit 2011 wohnt Mamoun Fansa in Berlin und war bis 2016 Vorsitzender des Fördererkreises Museumsdorf Düppel, Berlin/Zehlendorf. Seit Februar 2017 ist er der Vorsitzende des Vereins „Freunde der Altstadt von Aleppo" und seit 2016 Mitglied des Archaeological Heritage Network und des Deutschen Archäologischen Instituts.
Zu seinen Veröffentlichungen zählen *Aleppo. Ein Krieg zerstört Weltkulturerbe. Geschichte, Gegenwart, Perspektiven*; *Syrien: Sechs Weltkulturerbe-Stätten in den Wirren des Bürgerkriegs*; *Die Kunst der frühen Christen in Syrien*; sowie *Ex Oriente Lux? Wege zur neuzeitlichen Wissenschaft*. Aktuell arbeitet Fansa an dem Band *Aleppo literarisch. Gedichte, Geschichten, Sprüche*.

Dr. Johannes Gottfried Mayer
geboren 1953 in Nürnberg, studierte von 1974 bis 1981 an der Universität Würzburg Germanistik, Geschichte, Politikwissenschaft und Philosophie. Von 1981 bis 1994 war er Mitarbeiter an zwei Großprojekten, die sich mit der Fachliteratur des Mittelalters befassten, darunter auch der Medizin. Parallel dazu promovierte er an der Katholischen Universität Eichstätt über den Mystiker Johannes Tauler. Ab 1995 war er als Direktor einer Forschungsstelle für Medizingeschichte in Würzburg, mit dem Schwerpunkt Geschichte der Arzneipflanzen in Europa und Pharmazeutische Biologie, bei Prof. Czygan (Würzburg) tätig. Er ist Gründungsmitglied der *Forschergruppe Klostermedizin* (1999), die er seit 2009 leitet. Er absolvierte Studienaufenthalte im Iran (2003), in Uzbekistan (2005) und Armenien (2006) und lehrt an den Universitäten Würzburg und Erlangen-Nürnberg.
Seine etwa 120 Publikationen umfassen u. a. *Das Handbuch der Klosterheilkunde*, ZS-Verlag München 2002 (13 Auflagen) und *Die Pflanzen der Klostermedizin in Darstellung und Anwendung*, DWV Baden-Baden 2009. Des Weiteren trat er bislang in über 100 Beiträgen in TV und Radio auf.

Dr. Brigitte Pedde
studierte europäische und islamische Kunstgeschichte, vorderasiatische Archäologie und Französisch in Berlin und Paris.
Sie promovierte zu dem Thema *Altorientalische Tiermotive in der mittelalterlichen Kunst des Orients und Europas*. Seither gehört der Transfer der nahöstlichen Kultur der Antike und der islamischen Zeit in die Kunst und Architektur des Westens zu ihren Forschungsschwerpunkten. Dazu sind bereits mehrere wissenschaftliche Artikel von ihr erschienen, eine umfassende Publikation ist in Arbeit.
Sie war langjährig bei den Staatlichen Museen in Berlin im Bereich der Kunstvermittlung tätig, hatte Lehraufträge an der Freien Universität Berlin und arbeitet beim GasthörerCard-Programm der Freien Universität.

Dr. Detlev Quintern
studierte u. a. Arabistik und Orientalistik in Hamburg und Leipzig, sowie International Economics und Politikwissenschaft in Bremen, wo er 2004 in früher arabischer Ideen- und Wissensgeschichte promovierte.
Seit 2011 ist er Direktor für Lehre und Entwicklung an der Prof. Dr. Sezgin Forschungsstiftung für die Geschichte der Wissenschaften im Islam in Istanbul und lehrt an den Universitäten in Istanbul und Bremen. Darüber hinaus kuratiert er wissenschafts- und kulturhistorische Ausstellungen.
Zu seinen Veröffentlichungen zählen *The Logos of Life and Cultural Interlacing; Islamic Philosophy and Phenomenology of Life in Dialogue*, sowie *Ibn Sina's Qanun fi al-Tibb: History, Tradition, Relevance*.

Prof. Dr. Mohamed Turki

geboren in Gabès (Tunesien), studierte Philosophie, Romanistik und Soziologie an der Universität Münster in Westfalen. Von 1980 bis 2008 lehrte er Philosophie an verschiedenen Universitäten in Deutschland (Bremen, Frankfurt, Gießen und Kassel) sowie Tunesien (Sfax und Tunis).

Seine Arbeitsschwerpunkte umfassen Existenzphilosophie (speziell Sartres Existentialismus), Blochs Utopie, sowie arabisch-islamische und interkulturelle Philosophie.

Zu seinen zahlreichen Veröffentlichungen in arabischer, deutscher und französischer Sprache zählen *Freiheit und Befreiung. Zur Dialektik philosophischer Praxis bei J. P. Satre*, Bochum 1986, *Glauben und Wissen in der arabisch-islamischen Philosophie. Ibn Rushd (Averroes) und der erste Versuch der Aufklärung im Islam*, in: Dialektik, Nr. 1 1996, sowie *Humanismus und Interkulturalität. Ansätze zu einer Neubetrachtung des Menschen im Zeitalter der Globalisierung*, Leipzig 2010.

Prof. Dr. Monika Walter

studierte Diplomromanistik an der Humboldt-Universität Berlin, wo sie sowohl promovierte, als auch habilitierte.

Von 1969 bis 1990 war sie wissenschaftliche Mitarbeiterin und ab 1986 Leiterin der Forschungsgruppe *Moderne Literaturen Westeuropas* am Zentralinstitut für Literaturgeschichte der Akademie der Wissenschaften. Nach der Auflösung der Akademie der Wissenschaften war sie von 1990 bis 1991 als wissenschaftliche Mitarbeiterin im ZfL Berlin tätig. Ab 1991 erhielt sie mehrere Gastprofessuren, bevor sie schließlich von 1993 bis 2007 die Professur für Romanische Philologie an der Technischen Universität Berlin besetzte.

Ihr primäres Forschungsgebiet befasst sich mit den Literaturen Spaniens und Lateinamerikas des 16. bis 20. Jh. Zuletzt publizierte sie den Band *Der verschwundene Islam? Für eine andere Kulturgeschichte Westeuropas,* Wilhelm Fink 2016.

Bildnachweis

M. Fansa: Die arabisch-islamische Kultur des 8.–16. Jhs. und ihre Wege nach Europa
Abb. 1 M. Fansa, aus Ex Oriente lux?, S. 37. - Abb. 2 British Museum London, ebd., S. 48. - Abb. 3 Forschungsbibliothek Gotha, ebd., S. 463. - Abb. 4 Universitätsbibliothek Leiden, ebd., S. 130. - Abb. 5 M. Fansa, ebd., S. 254.

M. Fansa: Stationen des Wissenstransfers von der Antike bis in die Neuzeit
Abb. 1 British Library London, ebd., S. 29. - Abb. 2 Archäologisches Institut Trier, ebd., S. 268. - Abb. 3 British Museum London, ebd., S. 39. - Abb. 4 Modell Landesmuseum Natur und Mensch Oldenburg. - Abb. 5 Forschungsbibliothek Gotha, aus Ex Oriente lux?, S. 284. - Abb. 6 Museum für Islamische Kunst Berlin, ebd., Umschlagseite innen. - Abb. 7 Biblioteca del Real Monasterio San Lorenzo de El Escorial, ebd., S. 292. - Abb. 8 A. Mori, G. Boffito, aus Firenze nelle vedute e piante, S. 25. - Abb. 9 Wikimedia (https://commons.wikimedia.org/wiki/File:Covens_et_Mortier,_Le_plan_de_Paris,_ses_faubourgs_et_ses_environs,_1742_-_David_Rumsey.jpg). - Abb. 10 Wikimedia (https://commons.wikimedia.org/wiki/File:Nicolas-Jean-Baptiste_Raguenet,_A_View_of_Paris_from_the_Pont_Neuf_-_Getty_Museum.jpg).

D. Quintern: Frühe Enzyklopädisten: Die Lauteren Geschwister von Basra
Abb. 1 Wikimedia (https://commons.wikimedia.org/wiki/File:Al-RaziInGerardusCremonensis1250.JPG). - Abb. 2 Wikimedia (https://commons.wikimedia.org/wiki/File:%22The_Mouse_Gnaws_the_Net_Imprisoning_the_Doves%22,_Folio_from_a_Kalila_wa_Dimna_MET_DP300753.jpg). - Abb. 3 Wikimedia (https://commons.wikimedia.org/wiki/File:%22The_Male_Dove_Pecking_the_Female_Dove%22,_Folio_from_a_Kalila_wa_Dimna_MET_DP300790.jpg). - Abb. 4 Wikimedia (https://commons.wikimedia.org/wiki/File:Kalila_wa_Dimna_MET_DT8706.jpg).

M. Fansa: Die arabisch-islamischen Naturwissenschaften des 8.–16. Jhs. und ihr Einfluss auf Europa
Abb. 1 Nasser D. Khalili Collection London, aus Ex Oriente lux?, S. 136. - Abb. 2 Staatliches Museum Kassel, ebd., S. 125. - Abb. 3 B. Lewis, 1976, S. 178. - Abb. 4 British Museum London, aus Ex Oriente lux?, S. 52. - Abb. 5 British Library London, ebd., S. 34. - Abb. 6 Nationalbibliothek Paris, ebd., S. 44. - Abb. 7 Aus M. Meisner, 1973, S. 18. - Abb. 8 Aus B. Lewis, 1976, S. 99. - Abb. 9 Museum Ayasofya Istanbul, aus Ex Oriente lux?, S. 445. - Abb. 10 Forschungsbibliothek Gotha, ebd., S. 46. - Abb. 11 M. Fansa. - Abb. 12 Süleymaniye-Bibliothek Istanbul, aus Ex Oriente lux?, S. 208.

J. Mayer: Der Einfluss der arabisch-islamischen Medizin auf das europäische Mittelalter
Abb. 1 Universitätsbibliothek Leiden, aus Ex Oriente lux?, S. 259. - Abb. 2 Dar al Kutub Kairo, ebd., S. 285. - Abb. 3 British Library, ebd., S. 28. - Abb. 4 Süleymaniye-Bibliothek Istanbul, ebd., S. 208.

D. Quintern: Seelen leiden, Seelen heilen – Psychologie als Prävention
Abb. 1–3 H. Borggrefe. - Abb. 4 Wikimedia (https://commons.wikimedia.org/wiki/File:Avicenna_canon_1597.jpg). - Abb. 5 D. Quintern.

M. Turki: Arabisch-islamische Philosophie: eine Brücke zwischen den Kulturen?
Abb. 1 Wikimedia (https://commons.wikimedia.org/wiki/File:C%C3%B3rdoba_2014.29.jpg). - Abb. 2 bpk-images, aus Ex Oriente lux?, S. 89. - Abb. 3 Süleymaniye-Bibliothek Istanbul, aus Richard Ettinghausen, 1973: Arab Painting, S. 101.

D. Quintern: Die Welt als Kugel und Karte – zur Geografie- und Kartografiegeschichte im frühen Islam
Abb. 1 Wikimedia (https://upload.wikimedia.org/wikipedia/commons/2/23/PtolemyWorldMap.jpg). - Abb. 2 Wikimedia (https://upload.wikimedia.org/wikipedia/commons/f/f0/Stylized_Persian_Gulf.jpg). - Abb. 3 Wikimedia (https://commons.wikimedia.org/wiki/File:Al-idrisi_world_map.jpg). - Abb. 4 Wikimedia (https://upload.wikimedia.org/wikipedia/commons/3/3c/1482_Cosmographia_Germanus.JPG).

D. Quintern: Arabische Geschichtsschreibung
Abb. 1 Wikimedia (https://upload.wikimedia.org/wikipedia/commons/0/07/Baghdad_150_to_300_AH.png). - Abb. 2 Aus Westermann Großer Atlas zur Weltgeschichte, 1972, S. 51.

M. Fansa: Politik- und Sozialwissenschaft in der Blütezeit der arabisch-islamischen Kultur
Abb. 1 Nationalbibliothek Irak, Bagdad, aus M. Meisner, 1973, S. 117. - Abb. 2 M. Fansa. - Abb. 3 J. Nagar. - Abb. 4 M. Fansa.

B. Pedde: Arabisches Kunsthandwerk in Europa von den Omayyaden bis zum Ende des Mittelalters
Abb. 1 Louvre Paris, Section Islam. OA 4068, Paris 2001, Abb. S. 121. - Abb. 2 Museo dell'Opera del Duomo di Pisa, Berlin 1989, Abb. 195, S. 180. - Abb. 3 Museo Nacional de Arte Hispano-Muselmàn Granada, Berlin 1989, Abb. 452, S. 379. - Abb. 4 Kunsthistorisches Museum Wien, Schatzkammer, Berlin 1989, Abb. 183, S. 170. - Abb. 5 Berlin, SMPK, Museum für Islamische Kunst, Berlin 1989, Abb. 642, S. 552.

S. Ayadi: Theorie der Musik von al-Farabi
Abb. 1a-b Forschungsbibliothek Gotha, aus M. Meisner, 1973, S. 45. - Abb. 2–3 Forschungsbibliothek Gotha, aus M. Meisner, 1973, S. 46. - Abb. 4 D. Quintern. - Abb. 5a-b Aus M. Meisner, 1973, S. 64f. - Abb. 6 B. Lewis, 1976, S. 173.

D. Quintern: Auf- und Abstieg arabisch-islamischer Wissenschaften?
Abb. 1 Wikimedia (https://commons.wikimedia.org/wiki/File:Dioscoride1.jpg). - Abb. 2 Wikimedia (https://commons.wikimedia.org/wiki/File:Benozzo_Gozzoli_004.jpg).

M. Walter: Mittler zwischen Orient und Okzident: der Kastilier Alfons X., „der Weise"
Abb. 1 bpk (00022733). - Abb. 2 bpk / Scala (00061051).

A. Bettag: Dürer und der Orient: die Rezeption orientalisch-arabischen Wissens in der Renaissance
Abb. 1 akg-images. - Abb. 2 Niedersächsische Staats- und Universitätsbibliothek Göttingen, 2 ASTR II, 325 RARA. - Abb. 3 akg-images. - Abb. 4 Niedersächsische Staats- und Universitätsbibliothek Göttingen, 2 ASTR II, 325 RARA.